ABRÉGÉ
DE L'HISTOIRE
DES
TRAITÉS DE PAIX.

ABRÉGÉ
DE L'HISTOIRE
DES
TRAITÉS DE PAIX
ENTRE
LES PUISSANCES DE L'EUROPE
DEPUIS LA PAIX DE WESTPHALIE.

PAR
Mr. KOCH,
DE L'INSTITUT NATIONAL DE FRANCE.

TOME PREMIER.

Contenant la premiere partie des traités entre les puissances du midi.

À BASLE
chez J. DECKER, imprimeur - libraire.

A PARIS, chez { ONFROI, libraire, rue Victor No. 11. CHARLES POUGENS, libraire, maison Y, No. 342, boulevart italien.

A STRASBOURG, chez { AMAND KÖNIG, libraire. F.G. LEVRAULT, impr. du Departement.

A LEIPSIC, chez F. A. LEO, libraire.

1796.

PRÉFACE
DES
ÉDITEURS.

L'ouvrage que nous donnons au public, est de Mr. KOCH, ancien professeur à l'université de Strasbourg, et associé de l'institut national de France, avantageusement connu par plusieurs écrits sur l'histoire et la politique. Le manuscrit dont nous nous sommes servis, a été revu dans le tems par l'auteur qui le destinait à l'impression, peu avant la révolution française. Appellé à jouer un rôle dans ce grand événement, comme membre de la premiere législature, les travaux auxquels il a dû se livrer depuis, l'ont empêché d'exécuter son projet.

Possesseurs légitimes d'un manuscrit que les circonstances avaient fait perdre de vue à son auteur, nous croyons rendre service au public en le mettant au jour. Le mérite de cet ouvrage est d'ailleurs connu d'une jeunesse nombreuse qui suivait jadis l'école de Strasbourg, et dont une partie remplit aujourd'hui des places distinguées dans différens états de l'Europe. Le moment actuel, où tous les esprits sont tournés vers la paix qui doit guérir les plaies profondes causées par une guerre funeste, nous a paru très-propre à cette entreprise. Le lecteur trouvera dans ce livre non-seulement une grande richesse de faits présentés avec clarté et précision, mais aussi l'impartialité la plus scrupuleuse, et cet esprit philosophique qui sait assigner à chaque événement la place qui le fait envisager sous le point de vue le plus intéressant.

Nous commençons par publier les deux premiers volumes de cet ouvrage; ils contiennent les traités des puissances du midi

)(2

et de l'occident de l'Europe, c'est-à-dire de l'Espagne, du Portugal, de la France, de la Grande-Bretagne, de la Hollande, de l'Allemagne et des états d'Italie, depuis la paix de Westphalie jusqu'à celle de Fontainebleau en 1785. L'intérêt du moment nous a engagé à les publier séparément, et avant que le troisieme volume n'ait pu être achevé. Celui-ci contiendra les traités des puissances du nord, telles que la Suede, le Danemarc, la Russie et la Pologne, depuis le seizieme siecle jusqu'au premier traité de partage de la Pologne en 1773. Il paraîtra sous peu avec le quatrieme volume, destiné aux différens traités entre les Turcs et les puissances chrétiennes. Nous y ajouterons une table de matieres très-détaillée, qui nous a paru indispensable pour un ouvrage de ce genre.

La table chronologique qui est une récapitulation des événemens rapportés dans le cours de l'ouvrage, et qui devait faire partie du quatrieme tome, a été mise à la fin du second, tant pour la commodité des lecteurs qui reçoivent ces deux volumes avant les autres, que pour ne pas trop grossir le dernier volume.

Nous espérons, et c'est avec un vrai plaisir que nous l'annonçons d'avance, pouvoir donner sous peu un cinquieme volume, qui fera supplément aux quatre premiers, et qui contiendra les traités conclus postérieurement à la paix de Fontainebleau de 1785 et au traité de Constantinople de 1784, par lesquels l'auteur a terminé son ouvrage.

LES ÉDITEURS.

INTRODUCTION

À L'HISTOIRE DES TRAITÉS.

CET abrégé a pour objet de développer les traités fondamentaux qui servent de base au système actuel de la politique de l'Europe. On ne peut donc l'envisager que comme le résultat des relations qui unissant entre elles les différentes puissances européennes, n'en forment, pour ainsi dire, qu'une nombreuse famille. L'intérêt pris généralement se trouve le même, quoiqu'il se subdivise en une infinité d'intérêts particuliers, et souvent même contraires.

Le but de l'intérêt général a été le maintien de la tranquillité publique, de préserver le faible de l'oppression du plus fort, d'opposer des barrieres aux projets ambitieux des conquérans, et de prévenir les dissentions, sources ordinaires des calamités inséparables de la guerre.

Il n'arrive cependant que trop souvent, par la faiblesse des vues humaines, ou par la force impérieuse des passions, que les moyens qu'on croyait propres à prévenir les guerres, en ont été précisément les mobiles. Le système de la balance ou de l'équilibre est celui dont on a fait jusqu'ici le plus souvent et le plus universellement usage. Il remonte au quinzieme siecle, lors de l'importante révolution qui fit changer de face à tous les états de l'Europe. Jusqu'à cette époque, chaque puissance isolée, et uniquement occupée de ses intérêts particuliers, n'avait d'autres démélés que ceux qui lui étaient propres, et auxquels aucun de ses voisins ne se croyait ni obligé, ni autorisé de prendre part.

Les vices inséparables de la constitution féodale tenant, pour ainsi dire, enchaînées les forces de tous les états, les souverains qui se trouvaient continuellement aux prises avec des vassaux factieux et puissants, ne pouvaient que très-difficilement déployer ces mêmes forces au dehors, ni causer d'ombrage à leurs voisins. Toute idée de balance entre les souverains ou de barriere contre les princes ambitieux, n'avait donc pu jusqu'alors se présenter, et eût été inutile.

La renaissance des lettres et des arts qui date de la même époque, opéra une révolution notable dans les mœurs ainsi que dans les gouvernements. L'abaissement du pouvoir des grands feudataires et des nobles, mina peu à peu le système féodal, et fit place à une constitution plus réglée, qui s'est soutenue et affermie jusqu'à présent.

La plûpart des états faibles jusqu'alors acquirent de la puissance, et les grands souverains hors d'inquiétude du côté de leur vassaux, commencerent à étendre leurs vues au dehors, et à former des projets d'agrandissement et de conquêtes.

La politique dut donc faire de nouveaux progrès, et les ressorts qu'elle mit en œuvre, opérerent l'influence des diverses puissances les unes sur les autres. Celles qui craignaient pour leur liberté, jalouses de leur indépendance, conçurent l'idée d'une balance de pouvoir, capable de les garantir de l'oppression, ainsi que des entreprises des princes ambitieux et puissants; de là ces fréquentes ambassades, ces négociations multipliées, ces guerres devenues générales par le concours des puissances qui se croyaient nécessitées d'y prendre part, enfin ces projets de barriere qui occuperent toutes les cours.

La maison d'Autriche qu'un concours de circonstances heureuses avait rendue assez puissante pour être soupçonnée d'aspirer à une monarchie universelle, fut la premiere contre laquelle on crut devoir diriger les ressorts de cette nouvelle politique. L'ambition de Charles V et de Philippe II son fils, ainsi que celle de l'empereur Ferdinand II exciterent l'attention des autres souverains. Ils sentirent la nécessité de la reprimer, et ce fut principalement la France qui se chargea du maintien de la balance contre la maison d'Autriche.

Toute l'Europe prit part à cette grande querelle, qui ne finit qu'à la paix de Westphalie dont les conventions ont été constamment renouvellées dans tous les traités subséquents. La constitution germanique y ayant été consolidée, se trouva par là érigée en barriere contre les autres puissances, et ce traité devint la source de la politique moderne.

Cette considération nous a fait commencer la présente esquisse par la paix de Westphalie, envisagée comme un traité fondamental, qui, liant les intérêts de toutes les puissances, a servi de base aux traités conclus postérieurement entre les souverains de l'occident de l'Europe. Ces traités, depuis la paix de Westphalie jusqu'à celle de Versailles en 1783 inclusivement, formeront la premiere partie de cet abrégé.

La seconde développera les traités entre les puissances du nord, depuis la paix d'Oliva en 1660, qui fixa pour la premiere fois l'équilibre du nord et servit de base aux traités qui se sont conclus depuis entre les souverains de cette partie de l'Europe, jusqu'au partage de la Pologne en 1773.

La troisieme et derniere partie aura pour objet les traités des princes chrétiens avec les Turcs, qui, sans entrer dans les querelles des autres puissances de l'Europe, eurent leur démêlés particuliers avec leurs voisins. Pour les terminer, la maison d'Autriche, la Pologne, la Russie et la république de Venise réunirent leurs forces contre ces orientaux, et parvinrent enfin, par le traité de Carlowitz en 1699, à fixer l'équilibre en leur faveur. Ce traité et ceux qui l'ont suivi jusqu'à la paix de Kainardgi en 1774 termineront l'abrégé.

Si l'on examine plus attentivement les révolutions qui ont contribué à constater l'état actuel de l'Europe, on en conclura qu'il y a peu de traités antérieurs à ceux de Westphalie, d'Oliva et de Carlowitz qui ayent quelque influence dans les affaires et dans le système de la politique de nos jours. L'étude des traités qui les précedent, ne laisse cependant pas d'avoir son utilité, en ce que les stipulations qu'ils renferment, sont souvent rappellées et confirmées dans des traités plus modernes; que les prétentions des puissances dérivent en grande partie des anciens traités, et que leur étude sert à étendre les vues de la politique; car plus l'on remonte dans les traités, plus on acquiert de lumieres pour se former aux négociations.

On regarde comme inutile d'entrer dans un plus grand détail sur les avantages de la science des traités; il suffit de remarquer qu'elle tend à faire connaître l'état actuel de l'Europe, et à développer les droits et obligations réciproques des puissances. Elle est donc indispensable à tous ceux qui ont le maniement des affaires publiques ou qui y aspirent. Elle n'est pas d'une moindre utilité à ceux qui veulent étudier l'histoire en philosophes et en politiques.

En suivant exactement le fil des traités et des négociations, on découvre l'origine de tous les événements qui ont changé la face du monde politique, et produit le régime actuel. Cette étude conduit donc à la vraie connaissance de l'histoire, et nous met en état de relever les fautes de la plupart des historiens qui ne les ont commises que pour avoir passé trop légèrement sur les traités.

La connaissance d'un traité suppose celle de la guerre et des négociations dont il a été précédé. Les objets politiques qui ont occasionné la guerre, déterminent aussi la paix, et l'histoire de la négociation d'un traité en est souvent le meilleur commentaire.

RECUEILS PRINCIPAUX DES TRAITÉS.

1° Celui de FRÉDÉRIC LÉONARD, Imprimeur à Paris, publié en 1693 en six volumes in-4° et continué jusqu'à la paix de Ryswick. Ce recueil n'est pas général, ne renfermant que les traités et conventions de la France avec les différentes puissances, depuis le regne de Charles VII. et la paix d'Arras en 1435, jusqu'à celle de Ryswick en 1697. Léonard eut pour aide dans son travail, Amelot de la Houssaye, un des plus habiles politiques du regne de Louis XIV.

2° *Recueil des traités*, publié en 1700, à la Haye, par un libraire, nommé MOETJENS, en 4 vol. in-folio. Il embrasse tous les états de l'Europe, et remonte jusqu'au 9ᵉ siecle.

3° Le célebre DUMONT qui s'était chargé de la direction de ce grand ouvrage, en ayant senti les défauts, entreprit de le refondre et de le suppléer. Il s'ensuivit le vaste recueil, imprimé à Amsterdam, sous le titre de *Corps universel, diplomatique du droit des gens.* Il est en 8 volumes in-folio, dont les quatre premiers parurent en 1726, les deux suivants en 1728, et les deux derniers en 1731. M. Dumont qui a commencé cet ouvrage, n'y a pas mis la derniere main. On lui reproche de s'être souvent servi de copies imparfaites, tandis qu'il était à même de consulter les originaux, et d'avoir rapporté des traités et actes conçus en des langues peu connues, sans en donner la traduction. Il faut cependant convenir qu'il n'est guere possible de former un bon recueil de diplomatique universel, avant que les principales nations de l'Europe n'aient donné des recueils particuliers des traités qui les concernent.

Un ouvrage fort intéressant qu'on a mis à la tête du recueil de Dumont, c'est celui de BARBEYRAC, sur les anciens traités depuis les tems les plus reculés jusqu'à Charlemagne, où proprement le recueil de Dumont commence. Cet ouvrage ne peut être trop recommandé à tous ceux qui veulent étudier avec fruit l'histoire ancienne; il forme un 9.e volume de Dumont.

4° ROUSSET a donné un recueil d'*actes, négociations, mémoires et traités* en 22 vol. in-12° qui commence à la paix d'Utrecht et qui finit à celle d'Aix-la-Chapelle en 1748.

5° Comme depuis la paix d'Aix-la-Chapelle il n'avait plus paru de recueil qui renfermât les traités et actes publics les plus modernes, un professeur de Leipsic, nommé WENK, en a entrepris un où il se propose de rassembler tous les traités et actes qui ont eu lieu depuis la troisieme paix de Vienne en 1738 inclusivement. Le premier volume de cet ouvrage a paru à Leipsic en 1781 sous le titre de *Codex juris gentium recentissimi, e tabulariorum exemplorumque fide dignorum monumentis compositus.*

6° *Recueil des principaux traités d'alliance, de paix, de trêve, de neutralité, de commerce, de limites, d'échange, conclus par les puissances de l'Europe, depuis* 1761 *jusqu'à présent*, par M. DE MARTENS, en cinq volumes in-8°.

ABRÉGÉS DES TRAITÉS.

La premiere histoire des traités de paix qui mérite d'être remarquée, c'est celle d'AMELOT DE LA HOUSSAYE. Il la publia séparément en 1692 sous le titre de *Préliminaires des traités faits entre les rois de France et tous les princes de l'Europe depuis le regne de Charles VII.* Léonard mit cet ouvrage d'Amelot à la tête de son recueil, pour lui servir d'introduction.

2° *Histoire des traités de paix et autres négociations du* 17e *siecle, depuis la paix de Vervins jusqu'à la paix de Nimegue.* Cette histoire qui ne pêche que par son trop de volume, a été attribuée à M. de Torcy ; mais c'est JEAN YVES DE S. PREST son secretaire, qui en est le véritable auteur. On l'a mise à la suite du Corps diplomatique de Dumont, dont elle fait le 14e volume.

3° M. SCHMAUSS, professeur à Göttingen, a donné une histoire des traités en allemand, sous le titre d'*Introduction à la politique*, (*Einleitung zu der Staatswissenschaft*,) en deux volumes in-8. Ce livre dont le premier volume est beaucoup mieux digéré que le second, a été entrepris par l'auteur pour servir d'introduction et d'explication à son *Recueil des Traités*, publié en 1730 en deux volumes in-8° sous le titre de *Corpus juris gentium academicum.*

4° *Le droit public de l'Europe fondé sur les traités*, par M. l'abbé MABLY. Cet ouvrage est une des meilleures productions en ce genre, quoique l'ordre et la méthode que l'auteur y a suivis, ne le rendent guere propre à servir de livre élémentaire à ceux qui se proposent d'étudier les traités.

ABRÉGÉ
DE L'HISTOIRE
DES
TRAITÉS DE PAIX
ENTRE
LES PUISSANCES DU MIDI.

PREMIERE PARTIE.

DEPUIS LA PAIX DE WESTPHALIE EN 1648, JUSQU'AUX TRAITÉS D'UTRECHT ET DE LA BARRIERE EN 1715.

HISTOIRE

DES TRAITÉS DE PAIX

DE WESTPHALIE,

DEPUIS L'ORIGINE DES TROUBLES DE RELIGION EN EMPIRE.

La révolution qu'éprouva la religion au commencement du seizieme siecle, eut, comme on le sait, son origine en Empire. Elle y occasionna successivement deux guerres civiles. L'une, sous Charles-Quint, fut suivie de la transaction de Passaw, et de la paix de religion; l'autre, sous Ferdinand II, finit par la paix de Westphalie.

Ce dernier traité, qui se trouve fondé sur les deux premiers, ne fit proprement que les interpréter; il est donc nécessaire, pour l'intelligence de la paix de Westphalie, de donner d'abord le précis de la transaction de Passaw, et celui de la paix de religion. Nous observerons en passant, que la politique eut autant de part à ces guerres que le fanatisme religieux.

L'ambition des empereurs Charles-Quint et Ferdinand II les porta à profiter du zèle inconsidéré des catholiques d'Empire, pour parvenir à fonder leur propre grandeur sur les débris de la constitution germanique. Les autres puissances en prirent de l'ombrage; et craignant pour leur sureté particuliere autant que pour la perte de l'équilibre général, elles s'unirent aux princes protestans contre les empereurs et le parti catholique. Il s'ensuivit donc que les traités, qui servirent au maintien du protestantisme en Empire, affermirent en même-temps la constitution germanique, et par conséquent l'équilibre du pouvoir en Europe.

GUERRE DE SMALKALDE.

DANS la diete que Charles-Quint convoqua à Worms, peu après son élévation au trône impérial, il publia un édit qui proscrivait Luther et tous ses adhérens, c'est-à-dire, qu'en les déclarant déchus de la paix publique, ils devaient être traités et poursuivis comme ennemis de l'Empire, selon toute la rigueur des lois.

Cet édit publié en 1521, eût mis dès-lors tout l'Empire en combustion, si des soins plus pressans et des guerres étrangeres n'eussent engagé l'empereur à en différer l'exécution jusqu'en 1546. Quoique agréé par la majorité des suffrages, il ne fut point compris dans le recez de cette diete *); on en donne pour raison l'opposition des princes qui favorisaient Luther, et la modération de l'électeur de Mayence, qu'on supposait même incliner pour le luthéranisme.

*) On le trouve en latin dans DUMONT, *Corps dipl.* T. IV. page 335.

L'animosité des princes catholiques, et la rigueur de leurs procédés contre leurs sujets luthériens, en conformité de l'édit, firent craindre aux princes de la communion de Luther, que l'empereur ne s'unit à eux pour leur faire la guerre. Jugeant donc nécessaire de pourvoir à leur sureté, ils formerent une ligue, qui prit le nom de *Confédération de Smalkalde*, d'une petite ville de Franconie où ils tenaient leurs assemblées.

Cette ligue ou association, qui se consolida en 1536, choisit pour ses chefs l'électeur Jean-Frédéric de Saxe, et Philippe le Magnanime, landgrave de Hesse *).

On vit avec quelque surprise qu'un prince aussi puissant et aussi ambitieux que l'était Charles-Quint, n'eût pas pensé plutôt à attaquer les princes ligués, et à établir en Empire le théâtre de sa politique et de sa grandeur. Avec des forces supérieures, secondées par l'activité de son génie et par le zele des catholiques, il aurait pu parvenir à cimenter pour toujours la domination autrichienne en Allemagne, par la destruction du parti protestant.

Loin d'adopter un plan aussi grand dans ses vues que simple dans son exécution, il s'épuisa par des guerres et des expéditions inutiles et ruineuses, et laissa aux princes unis le temps d'affermir leur ligue, et d'intéresser dans leur parti les puissances étrangeres. Ce ne fut que sur le déclin de son âge qu'il pensa sérieusement à leur faire la guerre; mais alors ses infir-

*) DUMONT, *Corps dipl.* T. IV. PART. II. pages 75. 141.

mités, l'épuisement de ses finances, et les contrariétés qu'il éprouvait de la part des puissances jalouses, ne lui permirent plus de former une entreprise qui exigeait de grands moyens, et une conduite aussi sage que ferme et courageuse.

S'étant enfin décidé à attaquer les princes confédérés, il s'allia secrétement avec Maurice, duc de Saxe, chef de la branche Albertine de cette maison, auquel il fit espérer l'électorat dont il comptait dépouiller son cousin, l'électeur Jean-Frédéric.

Une armée de près de cent mille confédérés contenait les forces de l'empereur sur le Danube; mais le duc Maurice ayant fait une invasion dans l'électorat de Saxe, l'électeur fut forcé d'abandonner ses alliés, pour marcher à la défense de son propre pays. Cette diversion fut cause que toute l'armée des confédérés se dissipa sans coup férir, et assura la victoire à l'empereur, qui, tournant ensuite ses forces contre l'électeur, le défit en 1547, à la fameuse bataille de Muhlberg. Ce malheureux prince, étant tombé lui-même au pouvoir du vainqueur, fut condamné par sentence à avoir la tète tranchée. Il n'obtint grace de la vie qu'après avoir signé une capitulation au camp de Wittemberg, par laquelle il renonça à la dignité électorale, pour lui et pour ses enfans, et consentit à être à jamais prisonnier de l'empereur.

Le landgrave de Hesse prit aussi le parti de la soumission, en signant à Hall en Saxe, des conditions très-dures, qui furent suivies le même jour de la perte de sa liberté.

Charles.

Charles-Quint se trouvait par ces succès l'arbitre de l'Empire, et le protestantisme, ainsi que la constitution germanique, couraient le plus grand danger. Dans la diete qu'il convoqua à Augsbourg, immédiatement après, il prit le ton et la conduite d'un vrai dictateur. Un gros détachement de ses troupes, réparti dans la ville, lui servait de gardes, et tout le reste de son armée campait dans les environs. Ce fut dans cette diete que, de sa propre autorité, il transféra l'électorat de Saxe au duc Maurice, et qu'il lui en accorda l'investiture solennelle. Il projeta dans la même diete la réunion des deux religions; et par le formulaire qu'il fit rédiger par des théologiens catholiques, il n'accordait presque aux protestans que la communion sous les deux especes, et le mariage des prêtres. Il donna à ce formulaire le nom d'*Jnterim*, parce qu'il devait servir de regle et d'arrangement provisoire jusqu'à ce qu'un concile libre et oecuménique eût statué définitivement sur la religion.

Ce formulaire déplut également aux catholiques et aux protestans; mais l'empereur, n'écoutant aucunes remontrances, l'introduisit de force par tout où il trouva de l'opposition. Il mit même au ban de l'Empire les villes de Constance et de Magdebourg, qui s'étaient opiniâtrées à ne point le recevoir.

Après une conduite aussi arbitraire, et qui semblait annoncer le bouleversement total du système germanique, Charles-Quint, au lieu de renforcer ses troupes, comme il aurait du le faire, prit le parti de les congédier. Il envoya les unes en Hongrie, les autres en Italie, et licencia tout le reste, qu'il ne pouvait plus soudoyer. Son trésor se trouvait épuisé; il ne recevait plus aucune remise du nouveau monde, et avait perdu tout son crédit auprès des négocians de Genes et de Venise.

GUERRE DE MAURICE.

TRANSACTION DE PASSAW.

MAURICE, nouvel électeur de Saxe, crut devoir profiter de la confiance présomptueuse, et de l'état de détresse où l'empereur se trouvait réduit. Il lui devait, à la vérité, sa nouvelle grandeur, mais il sentait qu'il se couvrirait de honte et d'ignominie, en lui sacrifiant ses principes de religion, et les droits les plus précieux du corps dont il était membre. Ce qui l'indisposait encore, c'était que, malgré ses plus vives instances auprès de l'empereur, il n'avait jamais pu en obtenir l'élargissement du landgrave de Hesse, son beau-pere. Maurice cachant ses vues sous le voile d'une politique artificieuse, recherchait des alliances, faisait des préparatifs de guerre, et détournait adroitement sur d'autres objets l'attention de l'empereur, qui restant dans la plus grande tranquillité à Inspruck, y était uniquement occupé à traiter des affaires de religion avec le concile assemblé à Trente.

Il commença par solliciter la protection de Henri II, roi de France, qui, plus sage et plus clairvoyant que son prédécesseur François I, sentit tout l'avantage qu'il pourrait tirer de ses liaisons avec les princes d'Empire, pour contrebalancer les projets ambitieux de la maison d'Autriche. Le roi envoya en Allemagne Jean de Fresse, évêque de Bayonne, pour négocier un traité avec Maurice et ses alliés. Il fut conclu, le 1 octobre 1551, à Friedwald en Hesse, et ratifié à Chambord le 15 janvier 1552. Ce traité porte en substance que les alliés joindront leurs forces pour procurer la liberté au landgrave, et pour prévenir le renversement de l'ancienne constitution, et des lois de l'Empire germanique. *) Il fut expressément convenu qu'on ne pourrait conclure ni paix ni treve, sans le commun consentement de tous les confédérés, et sans que chacun d'eux y fût compris. Ce qu'il y a de bien surprenant, c'est que la ligue resta si soigneusement cachée, que l'empereur et ses ministres n'en eurent pas le moindre soupçon. Ce fut en vertu de ce traité, que Henri II marcha sur le Rhin, et fit afficher par-tout des placards où il prenait le titre de vengeur de la liberté germanique: *Vindex libertatis germanicae, et principum captivorum.* En traversant la Lorraine, il s'empara, en 1552, des villes de Metz, Toul et Verdun, qui sont restées depuis sous la domination de la France, ainsi que ces Trois-Evêchés.

De son côté, Maurice, pour ne pas laisser le temps à l'empereur de rassembler des troupes, dirigea sa marche, avec toute la célérité possible, sur Augsbourg, et s'en rendit maître, le 4 avril 1552.

*) LEONARD, *Traités de paix*, T. II, page 484.

Il pénétra ensuite dans le Tirol, dont il força les défilés, et se portant directement sur Inspruck, il faillit y surprendre l'empereur, qui, affaibli par les douleurs de la goutte, eut à peine le temps de se sauver. *)

On conçoit aisément quel dut être l'étonnement et la consternation de ce prince, dont toute la gloire se trouvait éclipsée par une négligence et une crédulité qui l'exposaient au mépris public, et le mettaient dans le cas de recevoir la loi de ceux auxquels il avait peu auparavant commandé en maitre, et même en despote. Forcé par les circonstances, il eut recours à la médiation de son frere Ferdinand, qui signa, le 12 août 1552, avec les confédérés, la fameuse transaction de Passaw.

Par cette transaction, l'empereur mit en liberté le landgrave de Hesse, et s'engagea à convoquer une diete, dans l'espace de six mois, afin d'y aviser aux moyens de terminer à l'amiable les différens, en fait de religion.

On eut grand soin de stipuler qu'au cas que l'on ne parvint point dans cette diete à la réunion des deux religions, la paix entre les deux partis resterait néanmoins à jamais stable et permanente, et que dans l'intervalle de la diete, il ne serait exercé aucune violence contre les princes attachés à la confession d'Augsbourg.

Une clause de cette transaction, qui intrigua beaucoup les confédérés, regarde la chambre impériale,

*) GEORGII ARNOLDI *vita Mauritii*, *in* MENCKENII *Script.* T. II, page 1232. SLEIDANUS, THUANUS.

qu'ils taxaient de partialité. Il fut convenu que cette chambre administrerait la justice avec égalité, qu'on y admettrait des assesseurs protestans, et que dans les matieres de religion, la pluralité n'y aurait pas lieu. *)

L'électeur Maurice signa cette transaction à l'exclusion du roi de France, en contravention manifeste aux engagemens qu'il avait pris par le traité de Chambord.

Elle ne fut pas moins un chef-d'oeuvre de la politique de ce prince, puisqu'elle renversa, d'un seul trait, les vastes projets de l'empereur, qu'elle annulla les réglemens qu'il avait faits, relativement aux affaires de réligion, qu'elle affermit la réligion protestante, ainsi que la constitution germanique, et qu'elle obligea l'empereur à renoncer au plan qu'il avait formé, de rendre l'autorité impériale absolue et héréditaire dans sa maison.

PAIX DE RELIGION.

Peu après cette transaction, l'empereur, débarrassé de Maurice, tourna ses armes contre la France, et entreprit en personne le siége de Metz, vers la fin d'octobre 1552. Ce fut contre l'avis de ses meilleurs généraux, qui lui représenterent en vain le danger auquel il s'exposait, eu égard à la saison avancée, et aux inconvéniens du local. Aussi échoua-t-

*) DUMONT, T. IV. P. III. page 42, donne la transaction de Passaw en latin. Elle se trouve en allemand dans les recez de l'Empire.

il complétement dans son entreprise, par l'habileté et la bravoure du duc François de Guise, qui commandait dans la ville, et qui rendit inutiles tous les efforts des assiégeans. L'empereur fut obligé de lever le siége, au commencement de janvier 1553, pour faire sa retraite dans les Pays-Bas, où il continua la guerre contre la France jusqu'en 1556, qu'elle fut terminée par la treve de Vaucelles.

Pendant que l'empereur était totalement occupé de cette guerre, Albert l'Alcibiade, margrave de Brandebourg en Franconie, la faisait dans l'empire.

Ce prince, qui avait été allié de Maurice dans la guerre contre Charles-Quint, ayant improuvé la transaction de Passaw, refusait de mettre bas les armes, continuait ses courses en empire, et poursuivait à toute outrance les évêques de Franconie, et ceux du Rhin. Comme il se roidissait contre toutes les représentations, il fut proscrit par la chambre impériale, et plusieurs princes se réunirent contre lui, sous la conduite de l'électeur de Saxe. La victoire que ce dernier remporta en 1553 fut complete; mais un coup de pistolet qu'il reçut dans le bas-ventre, termina sa carriere au bout de deux jours, dans la trente-deuxieme année de son âge, et la sixieme de son élévation à l'électorat.

Maurice n'ayant point laissé de fils, l'électorat passa à son frere Auguste, qui en avait été investi conjointement avec lui à la diete d'Augsbourg, en 1548. Le vieil électeur Jean-Frédéric, qui vivait encore, reclama hautement l'électorat, dont il disait avoir été injustement dépouillé. Il s'ouvrit une négociation entre les deux princes, qui fut suivie d'un traité signé en 1554 à Naumbourg, sous la médiation du roi de Danemarc. Auguste conserva l'électorat pour lui et ses descendans mâles; et il fut stipulé qu'à leur défaut, il dévait revenir à Jean-Fréderic et à ses descendans mâles. Auguste ajouta encore plusieurs bailliages à ceux que la capitulation de Wittemberg avait laissés à Jean-Fréderic et à ses fils.

La guerre de France, et ces troubles intestins de l'empire, retarderent la convocation de la diete qui devait régler définitivement la paix entre les deux réligions. L'empereur comptait s'y trouver en personne; mais le dépérissement de sa santé, et la résolution où il était, d'abdiquer tous ses états, lui firent enfin prendre le parti d'abandonner à son frere Ferdinand le soin de pacifier l'empire.

Ferdinand convoqua, en 1555, une diete à Augsbourg, et parvint, à la suite d'une négociation très-épineuse, à arrêter la paix de réligion, dont nous allons rapporter les articles principaux.

1°. Les états catholiques laisseront les états de la confession d'Augsbourg, y compris la noblesse immédiate; et *vice versa*, les états de la confession d'Augsbourg laisseront les états catholiques dans le libre exercice de leur réligion, sans jamais user de violence, ni chercher à induire réciproquement les sujets, par des voies directes ou indirectes, a changer de réligion, ni tenter, autrement que par des voies amicales, la réunion des deux réligions.

2°. Les biens ecclésiastiques *médiats*, dont les princes et états protestants se seraient emparés, et dont ils auraient fait un autre emploi que celui auquel ils avaient été originairement consacrés, resteront entre les mains des possesseurs actuels, et sur le pied où ils se trouvent. En vertu de cette clause, tous les couvens et autres fondations que les princes protestans avaient sécularisés dans leurs états, antérieurement à la transaction de Passaw et de la paix de religion, resterent sécularisés.

3°. La jurisdiction ecclésiastique du clergé romain est suspendue à l'égard des adhérens de la confession d'Augsbourg, sauf aux électeurs, princes et communautés ecclésiastiques, leurs revenus, dixmes, fiefs et autres droits dans les territoires des princes protestans.

4°. Les sujets qui professeraient une autre religion que leur seigneur et maitre, jouiront de la liberté de sortir du pays.

5°. Ceux qui ne seraient ni de la réligion catholique, ni de la confession d'Augsbourg, ne pourront point alléguer en leur faveur les dispositions de cette paix.

6°. Si la réunion des deux réligions ne pouvait se faire, ni par la voie d'un concile, ni par d'autres voies amicales, la paix n'en restera pas moins dans toute sa force et vigueur.

7°. Tout ecclésiastique qui renoncera à l'ancienne réligion, pour embrasser la confession d'Augsbourg, perdra son bénéfice, sauf son honneur.

Cette clause, qui essuya les plus vives contradictions, est connue sous le nom de *Réserve ecclésiastique.*

8°. Enfin toutes les peines statuées contre les infracteurs de la paix publique, sont étendues à ceux qui enfreindront la paix de religion.

Cette paix renouvellée depuis et confirmée dans plusieurs dietes, fournit ample matiere à contestations. Chaque parti en interpréta les différens articles à son avantage. Il en résulta des voyes de fait qui occasionnerent enfin la guerre de trente ans. Voici les points litigieux entre les deux religions, par les différentes interprétations que les catholiques et les protestants donnerent à cette paix.

1°. Les catholiques soutenaient que la paix et la liberté de conscience qui y était stipulée, ne regardait que les états immédiats d'empire, et non les sujets protestants des princes catholiques, auxquels la paix n'accordait d'autre avantage que celui de pouvoir demander à sortir du pays. Les protestants avançaient au contraire, que la liberté de conscience regardait aussi les sujets, et que l'émigration n'était qu'une faveur de plus qui leur avait été accordée par la paix.

2°. Les catholiques affirmaient qu'il n'était pas permis aux princes et états protestans de mettre la main sur les biens ecclésiastiques médiats, que des ecclésiastiques catholiques avaient possédés dans leurs états, lors de la transaction de Passaw et de la paix de religion. Les protestans au contraire, croyaient pouvoir séculariser ces biens, même après la paix de religion, en vertu du droit de reformer qu'ils s'arrogeaient comme seigneurs territoriaux.

3°. Les protestans prétendaient que par la paix de réligion, la jurisdiction des évêques catholiques était suspendue sans réserve à l'égard des adhérens de la confession d'Augsbourg.

Les catholiques au contraire, voulaient sauver cette jurisdiction dans tous les cas où son exercice leur paraissait compatible avec les principes de la réligion protestante. Ils y rapportaient entre autres, les causes matrimoniales, l'exercice des droits du pape etc.

4°. Les catholiques avançaient que les avantages de la pacification ne regardant que les catholiques et ceux qui professent la confession d'Augsbourg, les partisans de Zwingle et de Calvin ne pouvaient point s'en prévaloir, comme n'étant pas de vrais adhérens de la confession d'Augsbourg, parce qu'ils n'adoptaient pas la confession non variée, telle qu'elle avait été présentée à l'empereur Charles V. à la diete d'Augsbourg de 1530.

5°. Enfin la grande contestation dérivait de la réserve ecclésiastique que les protestans soutenaient être en opposition avec leur honneur et conscience, puisqu'elle ôtait la faculté aux états de même qu'à leurs sujets, d'embrasser librement la confession d'Augsbourg; qu'elle déclarait les protestans inhabiles à posséder des biens ecclésiastiques, et qu'elle les mettait même dans le cas de poursuivre à main armée ceux de leur croyance qui chercheraient à se maintenir dans la possession de ces biens. Selon eux, l'admission de cette réserve anéantirait toute égalité entre les états des deux réligions, vraie base de leur bonne intelligence, et ferait naitre une source intarissable de désunion et de discorde entre eux.

Les catholiques, pour sauver la réserve qu'ils envisageaient comme la plus forte barriere de la réligion romaine contre la réformation, alléguaient aussi leur conscience, qui ne leur permettait pas d'admettre les protestans dans la jouissance de ces biens, attendu que d'après l'intention des fondateurs, ces biens ayant été destinés, dans l'origine, à la subsistance de ceux qui professaient leur doctrine, ils ne devaient pas changer de destination; que d'ailleurs les protestans permettant le mariage aux prêtres, il en arriverait successivement que tous les évêchés deviendraient des principautés séculieres et héréditaires etc.

Les catholiques ajoutaient que les ministres des princes protestans ayant signé la paix, sans en excepter la réserve, il ne leur était plus libre de revenir contre cette clause qui fesait une partie intégrante de la paix.

Ces argumens du parti catholique n'empêcherent pas les protestans de s'emparer successivement, en dépit de la réserve, de 23 archevèchés, évêchés et abbayes immédiats de l'empire, tels que les archevêchés de Magdebourg et de Bremen, les évêchés de Lébus, Havelberg, Camin, Lubeck, Brandebourg, Naumbourg, Mersebourg, Ratzebourg, Verden, Meifsen, Minden, Halberstadt, Schwerin, et plusieurs abbayes, comme Hirschfeld, Saalfeld, Walkenried, Quedlinbourg, Herforden, Gernrode.

TROUBLES QUI PRÉCÉDERENT LA GUERRE DE TRENTE ANS.

Ces contraventions à la paix de religion que se permettaient les protestans à l'égard de la réserve ecclésiastique, durent nécessairement aigrir l'esprit des catholiques et les exciter à des voyes de fait. Delà une longue suite de troubles qui commencerent sous le malheureux regne de l'empereur Rodolphe II, et qui amenerent enfin la guerre de trente ans.

Guebhard Truchsess, archevêque de Cologne, ayant embrassé le calvinisme pour épouser une comtesse de Mansfeld, prétendit conserver son archevêché au mépris de la réserve ecclésiastique. Le chapitre lui substitua Ernest, prince de Baviere, qui ayant été soutenu par plusieurs princes catholiques, réussit à chasser son adversaire en 1584. *)

À la mort de *Jean de Manderscheid*, évêque de Strasbourg, en 1592, les chanoines de la cathédrale se partagerent sur l'élection d'un nouvel évêque. Les chanoines protestans élurent Jean-George, prince de Brandebourg, qui fesait alors ses études à Strasbourg. Les chanoines catholiques au contraire se déciderent pour Charles de Lorraine, cardinal-évêque de Metz. Il en arriva une guerre en Alsace, qui ne fut terminée que par la transaction de Haguenau en 1604, **) par laquelle le prince de Brandebourg résigna l'évêché en faveur du cardinal de Lorraine, pour une somme

*) THUANUS. MICHEL AB ISELT, *de bello Coloniensi.*

**) DUMONT Corps diplomatique, T. V. P. II. p. 43. THUANUS. SCHILTER *sur Königshoven*, p. 735.

d'argent qu'on lui paya, et huit chanoines protestans furent maintenus dans leurs prébendes pour quinze ans. Cette transaction fut renouvellée en 1619, pour sept ans et aux mêmes conditions portées par le traité de 1604. *)

Les troubles de Strasbourg furent suivis de près par ceux d'*Aix-la-Chapelle*. Les persécutions du duc d'Albe dans les Pays-Bas avaient attiré dans cette ville libre et impériale, quantité de réfugiés flamands qui, non contens d'y trouver la liberté de conscience, s'emparerent des principales places de la magistrature. Les magistrats catholiques en ayant porté leurs plaintes au conseil aulique, ce tribunal, par une sentence rendue en 1593, ordonna de remettre les choses sur l'ancien pied.

L'exécution de cette sentence ayant été déférée aux archevêques de Treves et de Cologne, ainsi qu'au duc de Cleve, ils rétablirent en 1598 les magistrats catholiques, chasserent de la ville les ministres protestans, et y défendirent tout autre culte que le catholique. **)

Un sort encore plus triste accabla la ville impériale de *Donaverth*, qui fesait partie du cercle de Suabe. Elle avait embrassé dans le seizieme siecle, la doctrine de Luther, et conservait dans son enceinte l'abbaye catholique de la St^e^. Croix. L'abbé s'étant avisé de renouveller une procession qui n'avait plus lieu depuis longtems, la bourgeoisie insulta l'abbé et dispersa

*) DUMONT, T. V. P. II. p. 47. SCHILTER *sur Königshoven*, p. 744.

**) THUANUS.

la procession. L'empereur mit la ville au ban de l'empire, et chargea de son exécution le duc de Baviere, en contravention aux lois de l'empire qui déferaient cette exécution au cercle de Suabe et au duc de Wirtemberg, en sa qualité de capitaine du cercle. Le duc de Baviere, à la tête de ses troupes, attaqua la ville et s'en étant rendu maitre, y abolit l'exercice de la réligion protestante, chassa les ministres, et fit de cette ville immédiate, une ville municipale de la Baviere en 1607. *)

Ces voyes de fait causerent une grande fermentation dans les esprits; elle se manifesta à la diete assemblée à *Ratisbonne* en 1608. L'empereur y ayant demandé des subsides contre les Turcs, les princes protestans déclarerent hautement qu'ils ne voteraient point sur cet objet, à moins qu'on ne commençât pas redresser leurs griefs. Ils se plaignaient amèrement des procédures illégales et arbitraires du conseil aulique, et surtout de celles intentées contre les villes d'Aix-la-Chapelle et de Donaverth. Ils s'érigerent contre la pluralité des suffrages dans les dietes, et déclarerent qu'ils ne l'admettraient plus en matiere de réligion. La dispute s'étant échauffée de part et d'autre, la diete fut rompue.

Les princes protestans jugerent alors nécessaire de cimenter leur *union* qu'ils avaient renouvellée en 1594 dans une assemblée tenue à Heilbron. Henri IV roi de France, en avait été le premier moteur. Ce prince désirant mettre un frein à l'ambition de la

*) JÖCHERS Donauwerthische Relation; FABERS beständige informatio; THUANUS.

cour de Madrid, dont les conseils dirigeaient celle de Vienne, avait encouragé les princes protestans à pourvoir à leur sureté par une confédération qui fut négociée par le célebre Bongars. Ils en resserrerent les nœuds après la rupture de la diete de 1608, et se choisirent pour chef l'électeur Palatin. *) On y mit ensuite la derniere main, lors du différent qui s'éleva sur la succession de Juliers.

Jean-Guillaume, dernier duc de *Juliers*, mort en 1609, laissa une riche succession qui fut convoitée par une foule de prétendans. Ses états situés sur le Bas-Rhin, embrassaient les duchés de Juliers, de Cleves et de Berg; les comtés de la Mark et de Ravensberg, et la seigneurie de Ravenstein. Les principaux prétendans étaient la maison de Saxe et celles de Brandebourg et de Neubourg. La maison de Saxe fondait sa prétention sur des lettres d'expectatives que plusieurs empereurs lui avaient accordées. Les maisons de Brandebourg et de Neubourg fesaient valoir les droits des deux sœurs ainées du dernier duc de Juliers. Elles soutenaient de concert que les fiefs de Juliers étaient des fiefs féminins, au lieu que la maison de Saxe les fesait passer pour masculins.

L'électeur de Brandebourg et le prince palatin de Neubourg commencerent par prendre conjointement possession de tous les états de Juliers, et passerent en 1609 une convention à Dortmund, par laquelle ils convinrent de posséder en commun les états contestés, et s'engagerent à les défendre à forces réunies contre

*) LONDORP, *acta publica*, T. III. p. 509. DUMONT, T. V. p. 505.

tous ceux qui voudraient les troubler dans leur possession, jusqu'à ce que leur propre différent aurait été vuidé par sentence ou par accommodement. *)

Cette démarche des maisons de Brandebourg et de Neubourg révolta la cour impériale et celle de Madrid, qui virent avec jalousie l'agrandissement de deux princes attachés au luthéranisme, et ayant des intérêts opposés à la maison d'Autriche.

L'empereur, en sa qualité de seigneur direct, prétendit être en droit de séquestrer toute la succession contestée jusqu'à ce qu'il eût discuté les titres de tous les prétendans. Il ordonna à l'archiduc Léopold, évêque de Passaw et de Strasbourg, de rassembler des troupes avec lesquelles il s'empara de Juliers, et se mit en devoir de chasser les princes de Brandebourg et de Neubourg de tous les états qu'ils avaient envahis.

Dans ces circonstances, les princes protestans s'assemblerent à Halle en Suabe en 1610; ils y renouvellerent l'union, et résolurent de donner des secours à l'électeur de Brandebourg et au duc de Neubourg. **)

Henri IV envoya M. de Boissese à Halle, où ce ministre conclut un traité formel avec les princes unis, par lequel le roi s'engagea à faire marcher une armée à leur secours. ***)

Les

*) TESCHENMACHER, *Annales Juliae, Cliviae, Montium.* DUMONT, T. V. P. II. p. 103.

**) DUMONT, T. V. P. II. p. 27.

***) DUMONT, T. V. P. II. p. 135. LEONARD, T. III. p. 1. 3.

Les Hollandais craignant l'agrandissement des Autrichiens sur le Bas-Rhin prirent le même parti ; et l'intention de Henri IV était de profiter de cette circonstance pour tenter l'exécution du grand projet qu'il avait formé, de cimenter la paix perpétuelle entre les nations européennes par l'abaissement de l'Autriche, à laquelle il comptait enlever, outre la dignité impériale, les royaumes d'Hongrie et de Boheme, et toutes ses possessions dans les Pays-Bas, en Italie et en Allemagne, pour les donner à des princes et états moins puissans. *)

La maison de Saxe n'accéda pas à l'union des princes protestans, afin de se rendre la cour impériale favorable dans l'affaire de la succession de Juliers. C'est ce qui fit perdre à cette maison la direction du corps évangélique qui passa, pour quelque tems, à la maison Palatine.

Pour ne pas être pris au dépourvu, les princes catholiques de l'empire indiquerent de leur côté une assemblée à Wirzbourg des membres de leur communion, et y conclurent la ligue, dont Maximilien duc de Baviere fut déclaré le chef. **)

L'armée des princes protestans se joignit aux troupes des Hollandais, pour entrer dans le pays de Juliers, sous les ordres du prince Maurice d'Orange qui reprit en 1610 la ville de Juliers sur les Autri-

*) Les historiens de la vie de Henri IV ne parlent point de ce projet; mais on en trouve le développement dans les *Mémoires de Sully*, publiés par l'abbé DE L'ÉCLUSE, au liv. XXX. p. 221, et 225.

**) DUMONT, T. V. P. II. p. 118.

chiens et leurs alliés, les Espagnols. Un autre corps de ces mêmes princes s'établit en Alsace, pour y observer les mouvemens des Autrichiens.

Les princes de la ligue catholique ne tarderent pas de leur côté à mettre leurs troupes en campagne. L'animosité des deux partis excitée et fomentée par les puissances étrangeres, annonçait un embrasement général, lorsque l'assassinat de Henri IV et la mort de l'électeur Palatin, chef de l'union, causerent un changement subit dans les affaires. La cour de France adopta une autre politique; elle rappela aussitôt ses troupes, *) et c'est ce qui engagea les princes unis à entrer en accommodement avec la ligue par des traités qui furent signés à Wildstett et à Munich en 1610. **) Les princes ligués penchaient aussi, de leur côté, pour la paix, à cause des divisions qui s'étaient élevées dans la maison d'Autriche sous le faible regne de l'empereur Rodolphe II. Ainsi les deux partis cédant sagement au tems et aux circonstances, firent taire pour le moment la haine et le ressentiment qu'ils nourrissaient de part et d'autre; mais les causes de leur désunion subsistant toujours, on vit bien que le feu qui continuait à couver sous la cendre, éclaterait à la premiere occasion.

Ce fut dans la Boheme que commença la guerre qui s'étendit delà en Allemagne et qui enveloppa insensiblement une grande partie de l'Europe.

*) *Mémoires de* SULLY, L. XXX. p. 152.

**) DUMONT, T. V. P. II. p. 147. CARAFA *germania sacra restaurata*, p. 45.

GUERRE DE TRENTE ANS.

Les troubles de Boheme qui occasionnerent la guerre de trente ans, eurent pour origine des lettres patentes de l'empereur Rodolphe II, connues sous le nom de *lettres de majesté*, par lesquelles il accorda en 1609 aux évangéliques de ce royaume le libre exercice de leur religion, *partout et sans aucune distinction des lieux.* Il leur permit aussi de faire construire des temples où ils le jugeraient à propos, sans que personne pût y trouver à redire. *) En conformité de ces lettres, les évangéliques s'aviserent entre autres d'élever des temples dans les territoires de l'archevêque de Prague et de l'abbé de Braunau. Ces prélats y ayant formé opposition, et ayant employé même des voyes de fait, les évangéliques jugerent le cas si grave qu'ils procéderent à la convocation de tous les états de leur communion. Cette assemblée eut lieu à Prague, malgré la défense de l'empereur qui contestait aux états le droit de s'assembler de leur chef. Les états députerent un certain nombre de seigneurs, à la tête desquels se trouvait le comte de la Tour, pour exposer leurs griefs au conseil de l'empereur siégeant au château de Prague. Le mauvais accueil que Slabata, président du conseil, et Martinitz, l'un des conseillers, firent aux députés, les irrita au point qu'ils se saisirent brusquement de ces deux magistrats et les jetterent par la fenêtre, avec le secrétaire du conseil, nommé Fabrice.

*) LUNIG *Reichsarchiv*, *Part. spec. erste Abtheilung*, p. 55.

Un attentat de cette espece, qui ne pouvait qu'exciter le ressentiment de l'empereur, engagea les états à ne plus garder de mesure, et à se soulever ouvertement. Ils nommerent trente directeurs, pour gouverner souverainement le royaume, mirent une armée sur pied, et solliciterent le secours de leurs voisins, les Silésiens, les Moraviens, les Lusaciens, ainsi que celui des princes protestans de l'empire.

Ainsi commença la guerre de trente ans, qui de la Boheme passa dans le Palatinat, et s'étendit ensuite dans tout l'empire. Elle a quatre périodes.

La premiere est celle de la *Boheme* ou la *palatine*, depuis 1618 jusqu'en 1625.

La seconde est la *danoise*, depuis 1625 jusqu'en 1630.

La troisieme est la *suédoise*, depuis 1630 jusqu'en 1635.

La quatrieme et derniere est la *française*, depuis 1635 jusqu'en 1648.

PÉRIODE PALATINE

DE LA GUERRE DE TRENTE ANS,

1618—1625.

Les états de Boheme, étroitement alliés à ceux de Silésie, de Moravie et de Lusace, après avoir déposé l'empereur Ferdinand II en sa qualité de roi de Boheme, procéderent à l'élection de Frédéric V, électeur Palatin, dont ils croyaient pouvoir tirer de grands secours contre la maison d'Autriche. Ce prince était gendre de Jacques I, roi de la Grande-Bretagne, et neveu du prince Maurice d'Orange, qui gouvernait alors la nouvelle république des provinces unies des Pays-Bas. On se flattait que des parens aussi illustres et aussi puissans ne l'abandonneraient pas, et qu'il pourrait également disposer des forces de l'union évangélique dont il était le chef. Le trône lui fut déféré le 5 Septembre 1619; il l'accepta, et se fit couronner à Prague le 4 Novembre suivant, contre l'avis du roi Jacques son beau-pere, et celui de l'électrice Louise-Juliane, sa mere. Il se prêta aux insinuations d'une épouse ambitieuse, et à celles du prince d'Orange et du duc de Bouillon. *)

Toute la Boheme, la Silésie, la Moravie, la Lusace et la Haute-Autriche tenaient d'abord pour le nouveau roi. Les Hongrais pareillement révoltés contre la maison d'Autriche, soutinrent sa cause, et offrirent leur trône à Betlem Gabor, prince de Transilvanie.

La face des affaires ne tarda pas à changer: les Hongrais séparerent leurs intérêts de ceux du roi de Boheme, qui fut aussi abandonné de son beau-pere et de l'union évangélique.

Rien de si adroit que la conduite de l'empereur Ferdinand II dans une situation aussi allarmante que l'était la sienne. Outre le secours qu'il se ménagea

*) SPANHEIM *Mémoires de Louise-Juliane*, p. 142. AUBERY *Mémoires de Hollande*, p. 322.

de la part du pape, *) du roi d'Espagne et du roi de Pologne, il mit plus particulierement dans ses intérêts le duc Maximilien de Baviere, chef de la ligue catholique, ainsi que l'électeur de Saxe. À l'un il promit de lui engager la Haute-Autriche, et à l'autre la Lusace, pour les dédommager des frais de la guerre. Il sut aussi se concilier la cour de France par l'influence de celle d'Espagne; et cette puissance, qui s'épuisait depuis long-tems pour abaisser la maison d'Autriche, son ancienne rivale, ne craignit pas de lui prêter une main secourable. Le connétable de Luynes, qui était alors principal ministre, gagné par la cour de Madrid, **) disposa le conseil du roi à nommer une ambassade des plus brillantes, qui fut chargée de la pacification des troubles de Hongrie et d'Allemagne. Le duc d'Angouleme, fils naturel de Charles IX, en fut déclaré le chef; on lui adjoignit les personnages les plus distingués du conseil. ***) Cette ambassade se rendit d'abord en Hongrie où elle parvint à arrêter une treve entre l'empereur et Betlem Gabor; ****) elle passa ensuite en Allemagne,

*) Outre un subside de vingt mille florins que le pape payait à l'empereur par mois, il imposa, en sa faveur, des décimes en Italie, qui lui rendaient deux cens cinquante mille écus par an. Les douze congrégations fournirent aussi une contribution de cent mille écus. VITTORIO SIRI *Mémoires secrets*, T. XXXVI. p. 51.

**) AUBERY *Mémoires*, p. 320.

***) Il est étonnant que ce fut le président Jeannin qui ouvrit l'avis d'envoyer cette ambassade. Voyez son mémoire dans *Ambassade de M. le duc d'Angouleme*, p. 25.

****) Cette treve fut signée le 20 Fevr. 1620. DUMONT, T. V. P. II. p. 358.

pour négocier de même la paix entre l'union et la ligue, ou plutôt pour détacher l'union des intérêts du roi de Boheme.

Le duc Maximilien de Baviere, zélé partisan de l'empereur, avait rassemblé du côté de Donawerth toutes les forces de la ligue. Les princes unis, alliés du roi de Boheme, s'étaient aussi réunis sous les ordres du Marggrave d'Anspach, et avaient établi leur camp aux environs de Languenau proche Ulm. On croyait généralement qu'à la premiere occasion, les deux partis en viendraient à une action, lorsque l'ambassade française arriva, et réussit à les accorder par une paix qui fut signée à Ulm, le 3 Juillet 1620. *)

Les princes unis eurent la faiblesse d'abandonner, par ce traité, la cause de l'électeur palatin relativement à sa nouvelle royauté de Boheme, se réservant seulement de marcher à sa défense, s'il venait à être attaqué dans ses états palatins. L'empereur restait ainsi le maître d'employer les forces de la ligue contre l'électeur dans la Boheme, sans opposition de la part des princes unis; et quant au palatinat, rien ne l'empêchait de le faire attaquer par les Espagnols qui n'entraient pour rien dans le traité d'Ulm. **)

Aussitôt que le duc de Baviere se vit débarrassé des princes unis, il entra dans la Haute-Autriche, la reconquit, et se porta dans la Boheme à la tête de l'armée des princes ligués.

*) Dumont, T. V. P. II. p. 369.

**) Le traité d'Ulm n'était donc qu'une duperie pour les princes de l'union; et à dire vrai, ce furent les ambassadeurs de France qui livrerent, par ce traité, l'électeur palatin entre les mains du prince autrichien. *Ambassade de M. le duc d'Angouleme*, p. 184. 348.

Dans le même tems l'électeur de Saxe attaqua la Lusace, et les Polonais, alliés de l'empereur, répandirent l'allarme dans la Silésie et dans la Moravie.

Les troupes de la ligue, réunies à celles de l'empereur, marcherent contre l'armée de Boheme qu'elles atteignirent devant Prague. La bataille qui s'y donna le 8 novembre 1620, fut décisive, et la défaite de l'électeur si complete qu'il abandonna la Boheme qui rentra sous l'obéissance de l'empereur.

Jean-George, prince cadet de Brandebourg et ancien évêque de Strasbourg, qui tenait en appanage des principautés de sa maison en Silésie, entreprit la défense de cette province pour le roi de Boheme. Tous ses efforts ayant été inutiles, il fut chassé de toutes ses terres qui furent confisquées au profit de l'empereur, malgré les réclamations de la maison électorale de Brandebourg. Le roi de Prusse en a dérivé de nos jours ses prétentions sur la Silésie.

L'empereur ayant reconquis la Boheme, y rétablit la religion catholique, par un édit qu'il publia en 1621. Il en chassa les ministres protestans, et enjoignit en 1627 indistinctement à tous les protestans, de se faire catholiques ou de sortir de ce royaume. Il fit aussi condamner à mort et exécuter à Prague en 1621 quantité de seigneurs bohemiens : un plus grand nombre fut proscrit, et leurs biens confisqués.

L'électeur palatin qui s'était sauvé en Hollande, fut mis au ban de l'empire. Une armée espagnole commandée par Spinola, envahit le palatinat, et ses opérations furent secondées par Tilly, général de la ligue. L'électeur abandonné de l'union et des puissances ses alliés, n'eut plus que quelques faibles partisans en empire qui oserent épouser sa querelle. Le comte Ernest de Mansfeld, le prince Christian de Brunswic, administrateur de Halberstadt, et le Marggrave George-Frédéric de Baden mirent chacun une armée sur pied, pour entreprendre la défense du palatinat. Mais n'ayant point agi de concert, Tilly les défit l'un après l'autre.

Dans le cours de la campagne de 1622, Mansfeld fut battu à Wiseloch, le 29 avril, le Marggrave à Wimpfen, *) le 6 May, et l'administrateur à Höchst, le 19 Juin suivant. Mansfeld et l'administrateur, après leur défaite, prirent enfin le parti de se réunir. Ayant abandonné alors le palatinat, ils donnerent l'allarme à la France, en entrant dans le pays Messin et en menaçant la Champagne; mais forcés d'abandonner ces provinces, par la sage conduite du duc de Nevers, gouverneur de la Champagne, ils se replierent sur les Pays-Bas, qu'ils comptaient traverser pour aller joindre le prince d'Orange. Le général Cordoue les arrêta dans leur marche, et leur livra bataille près de Fleurus en Brabant, le 29 Août 1622. Elle ne fut point décisive; le prince de Brunswic y perdit le bras gauche, qu'il se fit couper au son des trompettes et des timbales; et les deux généraux alliés se virent réduits à faire leur retraite, l'un dans la Frise orientale, et l'autre en Westphalie. Tilly acheva la

*) Cette bataille fut perdue par la confusion que cinq chariots de poudre, sautés en l'air, mirent dans l'armée du Marggrave. On en prit occasion d'attribuer la victoire de l'armée catholique à un miracle. CARAFA, p. 122.

conquête du palatinat par la prise de Heidelberg et de Manheim.

Il ne restait à l'électeur que la seule ville de Frankenthal, sa principale forteresse, qui était gardée par des troupes anglaises; il en fut dépouillé par la lâcheté du roi Jacques d'Angleterre, qui se laissa duper par les Espagnols, pour leur livrer cette place. *)

A la suite de ces heureux exploits, l'empereur transféra en 1623 la dignité électorale palatine au duc de Baviere, qui partagea le Palatinat avec les Espagnols et avec quelques créatures de l'empereur. **)

Enfin l'administrateur ayant été défait dans une derniere action que Tilly lui livra le 6 Août 1623 proche Stadlo, dans l'évêché de Munster; on devait s'attendre à voir finir la guerre, l'empereur n'ayant plus d'ennemis à combattre. Mais ce prince, enhardi par ses succès, donna plus d'étendue à ses projets, et prit des mesures qui tendaient ouvertement à affermir son pouvoir arbitraire en empire. Ses troupes répandues dans une grande partie de l'Allemagne, mettaient tout à contribution, et fesaient indistinctement la loi aux princes. Les biens ecclésiastiques dont les protestans s'étaient emparés depuis la paix de religion, leur furent successivement enlevés, en vertu des sentences du conseil aulique.

Le danger dont le système germanique paraissait de nouveau menacé, fixa l'attention des puissances étrangeres. Le roi de Danemarc fut le premier qui

*) *Mémoires de Louise-Juliane*, p. 262.

**) *Idem*, p. 258.

s'érigea en 1625 contre la maison d'Autriche pour la défense de ce système.

PÉRIODE DANOISE
DE LA GUERRE DE TRENTE ANS,
1625—1630.

Christian IV, roi de Danemarc, un des plus grands princes de son tems, avait plusieurs motifs pour se mettre à la tête du parti anti-autrichien. Outre qu'il craignait pour ses propres états, si le système germanique venait à péricliter, il désirait conserver à ses fils les évêchés et coadjutoreries de la Basse-Saxe, dont ils étaient en possession, et que l'empereur paraissait vouloir leur enlever.

L'Angleterre et la Hollande ne négligerent rien pour entretenir ces dispositions du roi. Ces puissances voyaient avec peine le succès des Autrichiens en Allemagne, et le danger dont sa constitution était ménacée. Elles s'engagerent envers ce prince, par un traité conclu en 1625, à lui payer de gros subsides et à seconder ses opérations par leurs flottes. *) La France, quoique occupée chez elle par la guerre qu'elle fesait aux Calvinistes, lui promit aussi des secours pécuniaires. **)

Encouragé par des alliés aussi puissans, le roi de Danemarc convoqua en 1625 une assemblée des états de la Basse-Saxe à Ségeberg dans le Holstein, et y

*) DUMONT *Corps dipl.* T. V. P. II. p. 482.

**) VITTORIO SIRI *Mémoires secrets*, part. 48. p. 198.

conclut avec eux une ligue défensive contre l'empereur. *) Après avoir mis sur pied une armée formidable, il prit poste sur le Wéser, pour observer les mouvemens de Tilly, en chargeant le comte de Mansfeld de marcher sur l'Elbe, pour faire une diversion dans les pays héréditaires de l'empereur. Ce général fut défait à l'attaque du pont de Dessau, par le fameux Wallenstein, général de l'empereur, qui tailla presque toute son infanterie en pieces dans la journée du 25 Avril 1626. **) Mansfeld ne tarda pas à se remettre de cet échec. Il recruta son armée dans le Brandebourg, et pénétra dans la Silésie, pour porter la guerre dans l'intérieur des états d'Autriche; mais l'activité de Wallenstein déconcerta tous ses projets, et une maladie languissante dont il fut attaqué, termina sa bruyante carriere dans le cours de l'année 1626. Sa mort fut précédée de celle de l'administrateur d'Halberstadt, qui était pareillement au service du roi de Danemarc; et une seule et même année délivra l'empereur de deux de ses plus mortels ennemis. ***) Tandis que Wallenstein poursuivait Mansfeld, Tilly poussait la guerre contre le roi de Danemarc. Ce prince abandonné ou mal soutenu de ses différens alliés, n'eut que des forces inégales à opposer à l'ennemi; réduit à se tenir sur la défensive, et dépouillé successivement de plusieurs de ses places fortes, il fut joint le 26 Août 1626 par Tilly, auprès de la petite ville de Lutter, et forcé à lui livrer bataille. Le roi, après avoir

*) LONDORP *act. publ.* T. III. p. 505.

**) CARAFA, p. 236. PIASECIUS, p. 387.

***) AUBERY *Mémoires d'Hollande*, p. 234. 260.

repoussé deux fois l'ennemi, fut totalement défait, et laissa 10,000 hommes sur le champ de bataille. *)

Toute la Basse-Allemagne fut alors ouverte aux impériaux, Tilly pénétra même dans le Holstein, dans le Slesvic et dans le Jutland, et fit la conquête de ces provinces danoises. Il fut secondé dans ses opérations par le général Wallenstein, qui étendit ses troupes dans le Brandebourg, le Meklenbourg et la Poméranie. Il conçut même le projet d'équiper une flotte sur la mer baltique, pour imposer à la Suede et achever la réduction du Danemarc. Dans ce dessein il chercha à se rendre maître du port de Stralsund, et en entreprit le siége; mais malgré ses efforts, il y échoua par les soins vigilans du roi de Suede, qui sentant toute l'importance de cette place, y envoya de puissans secours en troupes et en munitions de guerre.

L'empereur enorgueilli de la prospérité de ses armes contre le roi de Danemarc, ne garda plus de mesure, et en agit arbitrairement en empire. L'archevêché de Magdebourg, l'évêché de Halberstadt et l'abbaye de Hirschfeld furent enlevés aux protestans, et donnés à l'archiduc Léopold-Guillaume, évêque de Strasbourg et de Passaw.

Le nouvel électeur de Baviere obtint en 1628 l'investiture du Haut, et celle d'une partie du Bas-Palatinat, en renonçant à la dette de treize millions que l'empereur avait contractée auprès de lui, et pour laquelle il lui avait d'abord hypothéqué la Haute-Autriche. **)

*) Carafa, p. 262.

**) Dumont, *corps dipl.* T. V. P. II. p. 538 et suiv.

Le général Wallenstein fut gratifié cette même année du duché de Meklenbourg qu'il reçut à titre d'engagement pour les sommes immenses que l'empereur lui devoit; *) mais dès l'année suivante l'investiture formelle de ce duché lui fut conférée par l'empereur qui comptait en dépouiller à jamais les ducs de ce nom, comme ayant été impliqués dans l'alliance du roi de Danemarc.

Enfin ce prince publia, le 28 Avril 1629, le fameux édit de restitution, par lequel il décida, de son autorité privée, les principaux différens qui s'étaient élevés entre les catholiques et les protestans sur l'interprétation de la paix de religion. Il y ordonnait aux protestans de se dessaisir de tous les biens ecclésiastiques tant immédiats que médiats, dont ils s'étaient emparés depuis cette paix, et déclarait que la liberté de conscience qui y était accordée aux immédiats, ne regardait nullement les sujets protestans des princes catholiques qui étaient les maîtres de les faire sortir de leurs états, dès qu'ils le jugeraient à propos. Il restraignit enfin par le même édit la paix de religion aux seuls adhérens de la confession d'Augsbourg non variée, et en déclara exclus les calvinistes. **)

PAIX DE LUBECK.

Cet édit fut suivi de près de la *paix de Lubeck*, signée le 22 May 1629 entre l'empereur et le roi de Danemarc, auquel on rendit ses états à condition

*) DUMONT, *corps dipl.* T. V. P. II. p. 546.

**) LONDORP, *acta publica*, T. III. p. 1048. DUMONT, T. V. P. II. p. 564.

qu'il ne se mêlerait plus des affaires germaniques, qu'autant que sa qualité de duc de Holstein pourrait l'exiger. *) Cette paix ne stipulait rien ni pour la sureté de la mer baltique, ni pour celle des états de la Basse-Saxe alliés du roi de Danemarc. Les ducs de Meklenbourg entre autres y étaient sacrifiés en plein à la vengeance de l'empereur. Si jamais le système germanique s'était trouvé en danger, c'était certainement à cette époque. L'électeur palatin et tous ses adhérens dépouillés de leurs états; le roi de Danemarc humilié et forcé à une paix honteuse; les protestans foulés par l'édit de restitution, et les princes en général tenus dans l'oppression par une armée de plus de 200,000 hommes répartie dans tout l'empire, sous les ordres du fier Wallenstein qui imposait les états à sa guise et leur commandait en maître; tout semblait concourir au bouleversement de l'ancien système.

L'empereur pour affermir sa domination absolue en empire, n'avait besoin que de conserver les forces qu'il y tenait sur pied, et de les augmenter même suivant l'exigence des tems et des circonstances. Il aurait du maintenir surtout les côtes de la mer baltique, pour tenir en respect les puissances du nord, et occuper le roi de Suede par la Pologne avec laquelle il était en guerre; mais il suivit une politique entierement opposée à ses véritables intérêts. Sa paix avec le Danemarc lui fit abandonner le projet d'équiper une flotte sur la mer baltique, croyant n'avoir rien à craindre du roi de Suede qu'il méprisait. Il

*) Dumont, T. V. P. II. p. 584. Piasecius, p. 410.

partagea imprudemment ses forces, en envoyant des secours en Italie aux Espagnols contre les Français, dont il réveilla la jalousie, et qui d'ailleurs se reprochaient l'agrandissement subit d'une puissance rivale qu'ils avaient contribué à relever et à rendre plus formidable que jamais. Ce qu'on a le plus de peine à concevoir, c'est que l'empereur congédiât Wallenstein, son plus habile général, et qu'il licenciât la meilleure partie de ses troupes dans l'instant même qu'il se voyait attaqué par le roi de Suede. Voici ce qui l'engagea à prendre une aussi étrange résolution.

Ayant convoqué en 1630 une diete électorale à Ratisbonne, le principal but de ce prince avait été d'y engager les électeurs à élire roi des Romains, son fils l'archiduc Ferdinand. Il ne lui vint point en idée qu'au milieu du pouvoir arbitraire qu'il usurpait alors en empire, il pouvait se passer d'une pareille formalité, pour transmettre à son fils la couronne impériale. Les électeurs se voyant récherchés par l'empereur, furent à peine assemblés qu'ils se concerterent pour lui demander hautement le redressement de leurs griefs. Ils se plaignirent du grand nombre de troupes dont l'empire se trouvait innondé, des distributions arbitraires des quartiers, des contributions forcées, des excès et insolences de toute espece de ces mêmes troupes. Il se déchaînerent surtout contre Wallenstein qu'ils disaient être le rebut et l'exécration du genre humain, lui attribuant tous les maux et tous les désordres dont on se plaignait en empire; ils exigerent même sans détour que l'empereur lui donnât son congé. Ce prince, désirant appaiser la grande

agitation

agitation qu'il voyait dans les esprits, crut devoir donner aux électeurs des marques de complaisance. Il fit une grande reforme dans ses troupes, ne conserva que trente neuf mille hommes sur pied; l'armée de la ligue fut réduite à treize mille, et Wallenstein reçut aussi sa démission. Ce général, cherchant probablement à parer le coup qui le menaçait, s'était rendu en personne à la diete de Ratisbonne en sa qualité de duc de Meklenbourg, et y avait étalé un faste et une magnificence qui acheverent de le perdre. Après des complaisances aussi déplacées que nuisibles, l'empereur comptait sans doute voir couronner ses voeux par l'élection de son fils à la dignité de roi des Romains; mais ses espérances furent encore trompées. La diete se sépara sans avoir procédé à cette élection, et l'on sent bien que l'intrigue s'en était mêlée. Léon Brulart, ambassadeur de France; et le fameux Pere Joseph, capucin, envoyés tous les deux à la diete par le cardinal de Richelieu, aiderent les électeurs à jouer l'empereur et faciliterent par là l'exécution des projets du roi de Suede. *)

PAIX DE RATISBONNE.

Il y eut à la même diete de 1630 un traité signé entre l'empereur et la France au sujet de la succession de Mantoue qui était ouverte depuis 1628, époque de la mort du duc Vincent II de la maison de Gonzague. En vertu de ce traité, le duc de Nevers protégé par la France, fut maintenu dans ce duché contre le gré

*) LE VASSOR, *hist. de Louis XIII*, T. X. p. 425. 441.

de l'empereur et des Espagnols, qui protégeaient le duc de Guastalle. *) Ils étaient tous deux de la maison de Gonzague, mais le duc de Nevers était plus proche agnat et celui à qui la succession revenait en vertu de la loi féodale. Les Espagnols s'étaient avisés de vouloir l'exclure comme partisan de la France, et de lui préferer le duc de Guastalle. De nouvelles contestations qui s'éleverent à la suite du traité de Ratisbonne, furent cause que cette affaire ne fut entierement terminée que par le traité de Querasque, en 1631. Le duc de Savoye, qui fesait valoir de vieilles prétentions qu'il avait sur le duché de Montferrat, y obtint une partie de ce duché, que le duc de Mantoue lui céda sous la médiation de la France. En revanche le duc de Savoye abandonna au roi, par un traité particulier signé en 1632, l'importante place de Pignerol. **) On ne fait que rappeller ici ces traités qui n'entrent qu'indirectement dans le plan qu'on s'est proposé.

PÉRIODE SUÉDOISE

DE LA GUERRE DE TRENTE ANS,

1630—1635.

La confédération des états de la Basse-Saxe étant dissipée, et le roi de Danemarc forcé à la paix, il y avait à craindre que la maison d'Autriche ne parvint enfin à faire la loi à tout l'empire, et qu'au-

*) DUMONT, T. V. P. II. p. 615.

**) DUMONT, T. VI. P. I. p. 9. LÉONARD, T. IV. p. 60. 78.

cune puissance étrangere n'osât plus prendre les intérêts du corps germanique. Ce fut cependant dans ces circonstances que le roi de Suede, suscité par le cardinal de Richelieu, parut sur la scene, et s'érigea en défenseur de ce corps contre la formidable maison qui l'opprimait.

Gustave-Adolphe, fils du roi Charles IX, réunissait dans un dégré éminent toutes les vertus d'un grand roi. Il était en guerre avec le roi de Pologne, qui lui disputait le trône de Suede. Les secours que l'empereur donnait aux Polonais ses alliés, n'arrèterent point les succès de Gustave, qui s'était emparé dans le cours de cette guerre de toute la Livonie et d'une grande partie de la Prusse-Polonaise. Il lui était facile de pousser encore plus loin ses avantages, s'il n'avait pas cru devoir se mêler des affaires de l'empire, qui d'abord n'avaient paru le toucher que faiblement. Mais la sagacité de sa politique lui fit bientôt appercevoir que l'indépendance et le lustre de sa couronne étaient inséparablement liés à la conservation du système germanique. Il sentit que, si l'empereur parvenait à bouleverser ce système et à étendre sa domination sur la mer baltique, il parviendrait à mettre les puissances du nord dans sa parfaite dépendance. Gustave ne pouvait d'ailleurs se dissimuler que se trouvant en guerre avec le roi de Pologne, allié de l'empereur, la Suede pouvait être attaquée et inquiétée par une armée impériale. Toutes ces considérations déterminerent ce prince à interrompre le cours de ses victoires dans le nord, pour porter ses armes en empire, afin d'en secourir les princes opprimés et mettre un frein à l'ambition de l'empereur. Il fut affermi dans ce dessein par la cour de France, également intéressée au maintien de la constitution germanique.

Le cardinal de Richelieu lui envoya le baron de Charnassé, qui fut chargé de ménager un accommodement entre la Suede et la Pologne. Il en résulta une treve de six ans entre ces deux puissances, qui fut signée au camp du roi de Suede, sous la médiation de la France. Le même ministre négocia ensuite un traité d'alliance entre la France et la Suede. Elle fut conclue le 13 Janvier 1631, et la France promit de payer annuellement au roi de Suede une somme de 240,000 rixdalers à titre de subsides, aussi longtems que durerait la guerre d'empire. *)

Le roi de Suede se trouvant libre du côté de la Pologne, fit des préparatifs pour son expédition d'Allemagne, après la publication d'un manifeste, **) et fit sa descente dans l'île de Rügen, le 24 Juin 1630, à la tête d'une armée qui ne passait pas quinze mille hommes. Arrivé dans la Pomeranie et devant les portes de Stettin, il conclut avec le duc un traité d'alliance, qui le rendait maître de cette province, dont il chassa les garnisons impériales. Entrant ensuite dans le Brandebourg, il offrit son alliance à cet électeur et à celui de Saxe, qui montrerent l'un et l'autre de la répugnance à contracter des liaisons avec lui. Cependant l'électeur de Saxe se trouvant encouragé par l'arrivée des troupes suédoises, prit le

*) LÉONARD, T. V. DUMONT, T. VI. P. I. p. I.

**) LONDORP, T. IV. p. 73.

parti de convoquer pour le mois de Février 1631 une assemblée de tous les états protestans de l'empire à Leipsic. Il y conclut avec eux une ligue, à l'effet de mettre une armée sur pied et de se donner des secours mutuels pour empêcher les contributions, exactions, passages et logemens arbitraires et illégales des troupes impériales. *) Le roi de Suede envoya à cette assemblée le célebre Chemnitz, homme d'un mérite supérieur, et connu par son histoire de la guerre suédoise. Il était chargé d'engager les princes protestans à faire cause commune avec le roi, ou du moins de lui payer des subsides. Il échoua dans l'un et l'autre objet de sa mission, malgré les efforts du baron de Charnassé, ministre de France, qui se trouvait présent à cette assemblée.

L'électeur de Saxe en se mettant à la tête de cette ligue, comptait tenir la balance entre l'empereur et le roi de Suede, afin de se faire rechercher par l'un et par l'autre, et se rendre ainsi l'arbitre de la paix; mais ce rôle ne lui convenait gueres, et il était aisé de voir qu'il serait la victime de sa politique. **)

L'empereur enjoignit aux alliés de Leipsic de renoncer à leur ligue, et sur le refus qu'ils en firent, il fit marcher des troupes pour les y forcer, et Tilly eut ordre d'observer le roi de Suede. Ce prince s'arrêtait dans le Brandebourg, où il négociait avec l'électeur, qui, ne sachant quel parti prendre, traînait la négociation en longueur. Tilly, pour obliger

*) LONDORP, T. IV. p. 136. 142.

**) LE VASSOR, T. X. p. 605.

le roi de sortir du Brandebourg, et pour se ménager une occasion de lui livrer bataille, entreprit le siége de Magdebourg. Ce fameux évenement exige quelque détail.

Un prince de la maison de Brandebourg, nommé Christian-Guillaume, oncle de l'électeur, était archevêque ou administrateur de Magdebourg au commencement de la période danoise. Ayant pris alors parti dans la ligue danoise, il fut déclaré déchu de l'archevêché par l'empereur. Le chapitre élut à sa place le prince Auguste de Saxe, fils de l'électeur Jean-George; mais le pape ayant réprouvé le prince saxon, adjugea l'archevêché à Léopold-Guillaume, fils cadet de l'empereur. Le prince Auguste trouva cependant moyen de se maintenir à Magdebourg, et Wallenstein échoua dans le siége de cette ville, qu'il entreprit en 1629.

L'invasion du roi de Suede occasionna une révolution dans cet archevêché. Le prince de Brandebourg, ancien administrateur, y rentra par le moyen d'un parti qu'il s'était ménagé dans la ville, et qui lui en facilita l'entrée pendant la nuit du 28 Juillet 1630, et il obligea les magistrats et la bourgeoisie à le reconnaître comme archevêque. Ce prince s'alliant alors avec le roi de Suede, leva des troupes et entreprit la guerre contre l'empereur. Un officier suédois, nommé Thierry de Falkenberg, fut envoyé à Magdebourg, et y prit le commandement de la garnison.

Un événement aussi extraordinaire dut nécessairement fixer l'attention des impériaux. Pour venger cet outrage, Tilly eut ordre de former le siége de cette place, qu'il entreprit sur la fin de 1630. Les habitans comptant sur l'assistance du roi, se défendirent courageusement, et se refuserent à toutes les sommations que leur fit Tilly, qui emporta enfin cette ville d'assaut le 10 de May 1631. Les citoyens se battirent en désespérés, même après la prise; mais leur commandant Falkenberg ayant été tué, ils perdirent enfin courage. Les soldats furieux assouvirent leur rage par le fer et par le feu. Presque tous les habitans furent passés au fil de l'épée. La ville fut ruinée de fond en comble, et il n'en resta que la cathédrale et quelques cabanes de pêcheurs. *)

Le roi de Suede se disculpa par un manifeste de n'avoir pas secouru la ville. Il en rejetta la faute sur les électeurs de Brandebourg et de Saxe, qui s'étaient non seulement réfusés à son alliance, mais n'avaient pas même voulu lui donner les suretés nécessaires pour son passage. Enfin ennuyé des lenteurs qu'il éprouvait de la part de l'électeur de Brandebourg, il marcha droit à Berlin, et le força de lui accorder, par traité, droit de garnison à Spandau et le libre passage à Custrin. Il établit alors son camp à Werben, à l'endroit où la Havel se jette dans l'Elbe. **) Tilly vint l'attaquer dans ce camp; mais ayant été repoussé avec perte, il prit la résolution de tomber sur l'électeur de Saxe, pour forcer le roi de quitter sa position sur l'Elbe, qui était des plus avantageuses.

*) ARCHENHOLZ, *hist. de Gustave-Adolphe*, p. 322.

**) On trouve le plan de ce camp célèbre dans le *theatrum europaeum* au Tome II.

L'électeur ayant été sommé par Tilly de renoncer à la ligue de Leipsic, sur son refus, ce général pénétra dans la Saxe à la tête d'une armée de 40,000 hommes, et se rendit maitre de Mersebourg et de Leipsic.

L'électeur se porta à Torgau et dépêcha au roi de Suede pour le supplier de marcher à son secours. Gustave, qui avait tout lieu d'être mécontent de ce prince, fit d'abord quelques difficultés; mais il signa ensuite généreusement l'alliance, et ayant passé l'Elbe du côté de Wittemberg à la tête d'une armée de 22,000 hommes, il fit sa jonction avec l'électeur près de Dieben, entre Wittemberg et Leipsic. Les deux armées combinées marcherent sur cette derniere ville, dans l'intention de combattre les impériaux. L'aîle droite était commandée par le roi, et l'électeur commandait la gauche. Tilly comptait éviter la bataille, jusqu'à ce qu'il eût renforcé son armée; car il attendait un renfort considérable; mais le général Pappenheim, qui commandait la cavalerie impériale, ayant eu l'imprudence d'engager le combat, on en vint à une action générale, le 7 Septembre 1631, dans les champs appellés Breitenfeld, aux environs de Leipsic. Les Saxons, composés pour la plupart de troupes nouvellement lévées, furent aussitôt mis en fuite; l'électeur se sauva à Eulenberg, et les impériaux croyaient deja tenir la victoire, mais le roi de Suede manoeuvra si bien sur son aîle droite, qu'il finit par battre complettement l'ennemi. Tilly dangereusement blessé se retira à Halle et de là à Halberstadt. Il y eut du côté des impériaux 7600 hommes de tués, sans compter ceux qui périrent dans leur fuite.

Le roi poursuivit le fuyards jusqu'à Halle, dont il se rendit maître. *)

Ce fut dans cette ville qu'il tint conseil avec l'électeur sur le parti à prendre pour la continuation de la guerre. Il y fut décidé que l'électeur attaquerait la Silésie et la Boheme, pendant que le roi se porterait en Franconie et dans les autres provinces de l'empire. Plusieurs modernes ont critiqué cette résolution du roi de Suede, et ont avancé qu'il aurait mieux fait de pénétrer lui même dans les pays héréditaires de l'empereur, en laissant le soin à l'électeur de faire la guerre en empire; qu'en suivant ce parti, il lui aurait été facile de percer jusqu'au centre des états d'Autriche et de forcer l'empereur à la paix. ARCHENHOLZ, dans son histoire de ce prince, s'est attaché à le justifier de ce reproche. Tilly s'étant, dit-il, retiré en empire, où il rassemblait de nouvelles forces, il aurait été imprudent de la part du roi d'envoyer contre lui les Saxons, qui avaient à peine soutenu le premier choc de cet habile général à la journée de Leipsic. Il est vrai que par un de ces événemens rares, dont il est difficile de développer les causes secretes, il arriva que l'armée de Tilly, portée derechef à soixante mille hommes, se dispersa sans avoir rien fait; mais comment le roi pouvait-il prévoir un événement aussi singulier et aussi inexplicable? Le comte de Furstemberg, officier général dans l'armée de Tilly, qu'on regarde

*) CHEMNITZ, *histoire de la guerre de Suede*, p. 209. PUFFENDORF, *de rebus Sueciae.* PIASECIUS, p. 430. ARCHENHOLZ, p. 371 *Theatrum europaeum*, T. II. p. 432.

comme l'auteur des notes allemandes sur le *Florus germanicus* de WASSENBERG *) attribue la retraite de ce général devant l'armée du roi infiniment inférieure à la sienne, à des ordres supérieurs, dont il ne lui appartenait pas d'approfondir les motifs.

Le roi n'ayant point trouvé d'opposition de la part de Tilly, parcourut rapidement les provinces de Franconie, du Haut-Rhin, de Suabe et de Baviere. Toutes les villes lui ouvrirent leurs portes, et les princes protestans s'empresserent à l'envie de contracter alliance avec lui. Il passa le Rhin aux environs d'Oppenheim, et s'empara de plusieurs villes du Palatinat et de l'Alsace. Tournant ensuite contre Tilly, qui s'était retiré dans la Baviere, il prit Donawerth, et força, le 15 Avril 1632, le passage du Lech, où Tilly perdit beaucoup de monde, et reçut lui-même une blessure mortelle, qui emporta ce grand général trois jours après l'action. Le roi s'avança jusqu'à Munich, dont il se rendit maître le 17 May 1632. Ce prince aurait encore eu de plus grands succès, si l'électeur de Saxe avait mis autant d'activité que lui dans ses opérations; mais après la prise de Prague, le général Arnheim, commandant des troupes saxonnes, restant dans l'inaction, laissa à l'empereur le tems de rétablir ses forces et de mettre une nouvelle armée sur pied. Le roi eut beau lui représenter qu'il devait profiter de la consternation des impériaux, pour pénétrer dans la Moravie et dans l'Autriche, en dissipant les nouvelles recrues de l'empereur, il s'opiniâtra à perdre son tems dans Prague, et il est à présumer

*) p. 247.

qu'il n'agissait ainsi qu'en vertu d'ordres supérieurs. L'électeur craignait de se donner un nouveau maître dans la personne du roi de Suede, s'il secondait efficacement ce prince et lui facilitait les moyens de renverser la puissance de l'empereur.

On sent quelle dut être alors l'agitation de Ferdinand, qui du faite de la grandeur et de la fortune se trouvait tout à coup sur le bord du précipice! Que de reproches ne se fesait-il pas de sa coupable facilité à se prêter aux demandes des électeurs dans la diete de Ratisbonne, et surtout à consentir au renvoi de Wallenstein. Il eut l'humiliation de se voir réduit à supplier un sujet orgueilleux qu'il avait maltraité, et qui, dans son état de détresse, devenait cependant son unique ressource. Il fit donc tout pour le gagner et pour l'engager à prendre le commandement d'une armée, qui devait se former sous ses auspices.

Wallenstein, tout plein de son ressentiment, fut longtems inflexible, et ne se rendit qu'à des conditions extrêmement dures qui auraient du révolter l'empereur. Ayant alors accepté le commandement, il mit en très peu de tems une armée de quarante mille hommes sur pied, à la tête de laquelle il reprit Egra et Prague sur les Saxons, qu'il chassa de toute la Boheme, et marcha ensuite contre le roi de Suede, qui avait établi son camp auprès de Nuremberg. N'ayant pu l'engager à son gré dans une action, il prit le parti de transférer le théâtre de la guerre en Saxe, pour forcer le roi de quitter la Baviere et de renoncer au projet qu'il avait, de pénétrer au centre des états d'Autriche. Wallenstein s'avança donc droit sur Leipsic, dont il se rendit maître le 12 Novembre 1632. L'électeur rappella alors ses troupes de la Silésie, et implora dérechef l'assistance du roi de Suede, qui quoique justement irrité de la conduite de ce prince aussi bien que de celle de ses généraux, ne jugea cependant pas qu'il fût prudent de l'abandonner, de peur qu'il ne prît le parti de s'accommoder à tout prix avec la cour de Vienne.

Le roi marcha donc à grandes journées dans la Saxe, et campa d'abord à Naumbourg, d'où il se porta à Lutzen, dans l'évêché de Mersebourg, avec la résolution de livrer bataille aux impériaux, avant le retour du général Pappenheim, qui avait été détaché par Wallenstein. Cette bataille s'engagea le 16 Novembre 1632, et le roi y fut tué au premier choc. L'opinion générale fut alors, qu'il était mort par trahison. Les uns en accusaient un nommé Falkenberg, qui servait dans les troupes de l'empereur, et qui ayant reconnu le roi, le tua de propos déliberé: les autres, comme PUFFENDORF, le font assassiner par le duc de Saxe-Lauenbourg, qui donna lieu à ce soupçon, parcequ'ayant quitté peu auparavant le parti de l'empereur, il s'était attaché à la personne du roi de Suede, et qu'immédiatement après sa mort il était retourné aux impériaux, et s'était montré l'ennemi acharné des Suédois. Il parait aujourd'hui hors de doute, que le roi, trompé par le brouillard, s'étant trop avancé, tomba dans un parti ennemi, et qu'il fut tué par un cuirassier impérial, qui lui lâcha un coup de pistolet à la tête. Ceci est confirmé par la relation d'un jeune officier suédois, nommé le baron de Leubelfing, qui assista le roi dans ses derniers momens. Cet officier, blessé mortellement lui-même, fit ce recit à son pere dans la lettre qu'il lui écrivit avant que de mourir. Suivant cette relation le roi n'était accompagné que de huit personnes, du nombre desquelles était le duc de Saxe-Lauenbourg; ayant été entouré par les ennemis, il en avait tué six de sa propre main: mais affaibli par les différentes blessures qu'il avait reçues, il était tombé de cheval, et au moment où le jeune Leubelfing fesait ses efforts pour aider le roi à se relever, un cuirassier impérial lui avait lâché le coup mortel. *)

Quoique l'armée suédoise apprît aussitôt cette facheuse nouvelle, loin d'en être découragée, les Suédois se montrerent si ardens à venger la mort de leur roi, et surent si courageusement observer ses savantes et dernieres dispositions, que tous les efforts de Wallenstein furent inutiles, et qu'il se vit forcé d'abandonner le champ de bataille et de se retirer dans la Boheme. Les impériaux y eurent dix à douze mille hommes de tués.

C'est à tort que FOLARD **) avance, qu'on cacha la mort du roi à l'armée; tous les auteurs contemporains disent le contraire. Il n'en est pas moins vrai, que la mort de ce prince fit perdre aux Suédois tous les avantages qu'ils auraient pu retirer de leur victoire. Elle allarma leurs alliés, et en fit pencher plusieurs pour la paix.

*) *Journal de M.* DE MURR, T. IV. p. 65.

**) *Histoire de Polybe*, T. I. p. XCII.

Le chancelier Oxenstiern, ce fameux ministre de Gustave Adolphe, eut besoin de toute sa prudence et de sa politique, pour maintenir le parti suédois en empire. Il convoqua à Heilbron, au mois de Mars 1633, une assemblée des états protestans des quatre cercles supérieurs. Les deux cercles du Rhin et ceux de Franconie et de Suabe s'y rendirent, et conclurent une alliance formelle avec la couronne de Suede; et le chancelier Oxenstiern fut chargé de la direction générale des affaires.

M. de Feuquieres, ambassadeur extraordinaire du roi, y signa pareillement un nouveau traité d'alliance, par lequel la France s'engagea de payer annuellement à la Suede un million de livres tournois aussi longtems que durerait la guerre. Ce ministre se rendit de Heilbron aux cours électorales de Dresde et de Berlin, pour les engager d'accéder aux délibe-rations de cette assemblée et à l'alliance avec la Suede, mais il échoua dans l'une et dans l'autre. La direction générale confiée au chancelier Oxenstiern déplaisait à l'électeur de Saxe, et ce prince, quoique en guerre ouverte avec l'empereur, nourrissait cependant un penchant secret pour la maison d'Autriche, et cherchait dèslors à se préparer les voies d'un accommodement. *)

Après la mort de Gustave Adolphe, les Suédois continuerent la guerre sous la conduite de leurs généraux, Gustave Horn, Jean Banier, et le duc de Weimar. Wallenstein se borna à défendre l'entrée

*) *Mémoires pour servir à l'histoire du cardinal de Richelieu*, T. I. p. 381.

de la Boheme, il battit les Suédois près de Steinau en Silésie, le 18 Octobre 1633, et s'empara alors de plusieurs places de cette province. La lenteur que ce général mit dans ses opérations, donna lieu à ses ennemis de tramer sa perte. On l'accusa d'entretenir des intelligences secretes avec les ennemis de l'empereur, d'aspirer à la couronne de Boheme, et de machiner même contre la vie de son souverain et de ses enfans. Ce qui est certain, c'est que Wallenstein fit faire des ouvertures à M. de Feuquieres pendant son séjour à Dresde, et qu'il en fit pareillement au Chançelier Oxenstiern. On ne saurait cependant décider si ces propositions étaient sérieuses, ou si elles ne tendaient qu'à amuser les alliés. Quoiqu'il en soit, ses ennemis en ayant profité pour le perdre, l'empereur le fit assassiner à Egra, **) le 25 Février 1634, et chargea son fils Ferdinand, roi de Hongrie, du commandement en chef de l'armée.

Aussitôt après la mort de Wallenstein, les Saxons, sous les ordres du général Arnheim, reconquirent la Lusace et firent une invasion dans la Silésie. Ils défirent les impériaux à Liegnitz, le 3 May 1634, et leur tuerent plus de 4000 hommes. Les succès du roi de Hongrie réparerent bientôt cet échec, et firent même de nouveau pencher la balance du côté de l'Autriche. Ce prince, après s'être emparé de Ratisbonne et avoir chassé les Suédois de toute la Baviere, se porta dans la Suabe, et entreprit le siége de Nordlingue.

*) PIASECIUS, p. 468. CHEMNITZ. PUFFENDORF.

Les généraux suédois, Gustave Horn et le duc de Weimar, s'étant approchés pour dégager cette ville, il s'y donna le 6 Septembre cette fameuse bataille, dont l'issue fut très malheureuse pour la Suede. Le premier jour les Suédois y eurent de l'avantage, mais le lendemain ils furent entierement défaits, et perdirent plus de 6000 hommes, sans compter les prisonniers; Gustave Horn fut pris et le duc de Weimar eut peine à se sauver. *)

La défaite de Nordlingue fit tomber le parti suédois en empire. Oxenstiern s'épuisait depuis longtems en négociations pour engager les cercles de la Basse-Allemagne d'accéder à l'alliance de la Suede, à l'exemple des cercles supérieurs. Il avait indiqué à Francfort sur le Mein une assemblée générale de tous les états protestans. Cette assemblée venait de se former, lorsque la nouvelle de la défaite des Suédois la dissipa et rompit toutes les mesures du ministere suédois.

L'électeur de Saxe fut le premier des alliés de la Suede qui l'abandonna; il n'avait jamais été sincerement attaché à leur parti. Le landgrave de Hesse-Darmstadt, un des plus zélés partisans de la maison d'Autriche, saisit la circonstance de la défaite de Nordlingue, pour engager l'électeur, qui était son beau-pere, à entamer une négociation avec les impériaux à Pirna. On parvint à y signer un traité, le

*) PIASECIUS. CHEMNITZ. PUFFENDORF. *La relation de Gustave Horn*, dans les *mémoires du cardinal* DE RICHELIEU, T. I. p. 429.

le 23 Novembre 1634, lequel ayant été apporté à Prague pour la ratification, y essuya de grands changemens de la part de l'empereur. Quelque préjudiciables qu'ils fussent à la cause de l'électeur, il les agréa cependant, et le traité fut signé de nouveau à Prague, le 30 May 1635. *) En voici les principaux articles.

PAIX DE PRAGUE.

L'amnistie de la paix de Prague fut des plus limitées. L'électeur palatin en fut nommément exclu, ainsi que tous les états d'empire, qui avaient été impliqués dans sa cause. À la suite de la paix de Prague se trouve un recez particulier, qui indique tous ces états, tels que l'électeur palatin, le duc de Wirtemberg, le marggrave de Bade-Dourlac et un grand nombre de comtes d'empire, comme Löwenstein, Erbach, Isenbourg, Eberstein, Nassau, Hanau, Wied etc. **) Ils étaient sacrifiés à l'empereur, qui disposait de leurs pays, soit en faveur de sa maison, soit en faveur d'autres princes ses créatures. ***) En général, l'empereur n'accordait le rétablissement qu'à ceux qui avaient été dépouillés depuis

*) Voyez ce traité dans LONDORP, T. IV. p. 458. DUMONT, T. VI. P. I. p. 89, et dans un ouvrage imprimé en 1636 et intitulé : *Pirnaische und Pragische Friedenspacten, sammt angestellter Collation und Anweisung der Discrepanz und des Unterschieds zwischen denselben.* PIASECIUS, CHEMNITZ, PUFFENDORF, et *Mémoires de Louise-Juliane*, p. 328 et 331.

**) DUMONT, T. VI. p. 99.

***) *Pirnaische und Pragische Friedenspacten*, p. 269.

1630, ou bien qui étaient trop éloignés pour qu'il pût tirer parti de leurs états.

Quant aux biens ecclésiastiques tant immédiats que médiats, dont les protestans s'étaient emparés depuis la transaction de Passaw et la paix de religion, il fut décidé que leur possession se réglerait sur le pied du 24 Novembre 1627, et que cet arrangement aurait lieu pendant quarante ans, au bout desquels chaque parti rentrerait dans ses droits. Les états protestans, qui, en vertu de cet arrangement, restaient saisis de biens ecclésiastiques immédiats, furent exclus, à leur égard, de toutes les délibérations de la diete ainsi que des députations de l'empire.

Pour ce qui est de la religion protestante et de son exercice dans les pays catholiques, la paix de Prague n'en dit rien du tout, non plus que des réformés qui sont aussi tacitement exclus de cette paix.

La dignité électorale et le Haut-Palatinat sont confirmés à l'électeur de Baviere, ainsi que la partie du Bas-Palatinat que l'empereur lui avait conférée. On fait seulement espérer aux enfans de l'électeur déposé, de fournir à leur entretien, s'ils venaient à rentrer dans le devoir, en fesant leur soumission à l'empereur.

L'expectative de la Poméranie et la succession de ce duché sont confirmées à l'électeur de Brandebourg. Le fils de l'électeur de Saxe conserve, sa vie durant, l'archevêché de Magdebourg, et l'ancien administrateur de la maison de Brandebourg recevra une pension annuelle de douze mille écus. L'évêché de Halberstadt est assuré à l'archiduc Guillaume-Léopold, fils de l'empereur. Les ducs de Meklenbourg sont rétablis dans leur duché, s'ils acceptent la paix.

La Lusace, qui dès l'an 1623 avait été abandonnée à l'électeur de Saxe en dédommagement des frais de la guerre, lui est confirmée par la paix de Prague. Il la tiendra comme un fief mâle de la couronne de Boheme. Si les mâles de la branche électorale venaient à manquer, la Lusace passera aux filles; mais dans le cas de l'extinction des mâles de cette branche, il sera libre au roi de Boheme d'user du droit de retrait, en remboursant aux filles la somme pour laquelle cette province a été cédée à l'électeur, et qui se montait à 72 tonnes d'or, c'est-à-dire, à sept millions deux cents milles florins. *)

L'union héréditaire et le pacte de confraternité qui subsistaient depuis longtems entre les maisons de Saxe, de Brandebourg et de Hesse sont aussi confirmés.

Quoique ce traité ne fût proprement rédigé qu'entre l'empereur et l'électeur de Saxe, il doit cependant avoir force de loi et de pragmatique sanction en empire, dès que la plus grande partie des états y auront donné leur consentement.

Ce qu'on ne peut y voir sans quelque émotion, c'est que l'électeur de Saxe, dont les états avaient été deux fois sauvés par le roi de Suede, s'engageât en vertu de ce traité à réunir ses forces à celles de l'empereur et des autres princes qui embrasseraient

*) Cette cession de la Lusace est reglée par un traité particulier qui se trouve à la suite de la paix de Prague dans DUMONT, T. VI. P. I. p. 101.

la paix, pour chasser les Suédois de l'empire, s'ils refusaient d'en sortir de bon gré moyennant un million de florins qu'on leur offrirait.

La France ne négligea rien pour détourner l'électeur de Saxe de cette paix vraiment honteuse, par laquelle, pour son avantage particulier, il sacrifiait à l'empereur les intérêts les plus chers du corps germanique et ceux de la religion qu'il professait lui-même. Elle lui fit faire, par le baron de Rorté, son résident, les plus vives instances à ce sujet. Ce prince, obsédé par son gendre, le landgrave de Hesse-Darmstadt, persista dans sa résolution. Le cardinal de Richelieu en fut si piqué contre le landgrave, qu'il projetta de le faire enlever à Giefsen, où il fesait sa résidence. *)

Quelque préjudiciable que fût la paix de Prague à la cause commune et à l'intérêt particulier du parti protestant, cependant l'exemple de l'électeur de Saxe, et plus encore la situation facheuse des affaires de la Suede agirent si efficacement sur l'esprit des princes d'empire, qu'ils s'empresserent à l'envi d'accepter la paix et de faire leur accommodement avec l'empereur. Oxenstiern, incertain pendant quelque tems sur le parti qu'il devait prendre, entra lui-même en négociation avec l'électeur de Saxe, pour tacher de faire comprendre la Suede dans la paix; mais l'empereur s'étant refusé de traiter directement avec cette couronne, et l'électeur ne fesant que des propositions peu acceptables, il rompit derechef les con-

*) FEUQUIERES *Lettres et négociations*, T. III. p. 250.

férences, jugeant plus convenable aux intérêts de la Suede et à sa dignité, de courrir le risque de se voir chassé de l'empire que de mandier une paix honteuse.

PÉRIODE FRANÇAISE

DE LA GUERRE DE TRENTE ANS,

1635—1648.

Après la bataille de Nordlingue et la désertion du parti protestant, lors de la paix de Prague, les affaires de la Suede étaient tombées dans une entiere décadence. Il y avait tout lieu de craindre que cette puissance ne finît pas être entierement chassée de l'empire. L'empereur aurait alors regagné une préponderance, qui aurait pu tourner au détriment du système germanique et de l'équilibre général de l'Europe. Cette considération engagea le cardinal de Richelieu, premier ministre de Louis XIII, à changer son plan. Il s'était borné jusques là à soutenir la Suede par des subsides en argent; mais il jugea maintenant indispensable de faire marcher des troupes à son secours. Il prit cette résolution immédiatement après l'affaire de Nordlingue, et à l'occasion des offres que les Suédois qui avaient besoin de leurs troupes, lui firent de livrer à la France les places qu'ils tenaient en Alsace, à l'exception de celle de Benfeld. Cette tradition se fit en vertu d'un traité signé le 9 Octobre 1634, par lequel le roi s'engagea à laisser ces villes dans le même état où elles avaient été jusqu'alors, sans déroger en rien aux droits que l'empire avait sur elles, et à les rendre à la paix, suivant ce qui en serait ordonné. *)

C'est ainsi que les Français entrerent en *Alsace*, et y prirent possession de la plûpart des places, à l'exception de Strasbourg et de Benfeld. Cette derniere ville resta au pouvoir des Suédois jusqu'à la conclusion de la paix générale. Ce furent les Maréchaux de Brézé et de la Force qui amenerent sur la fin de 1634 dans cette province une armée française, pour la défendre contre les impériaux. La ville de Colmar se mit sous la protection du roi par une capitulation particuliere, qui fut signée le premier Août 1635. **)

Cette condescendance de la Suede, et plus encore la situation critique des affaires de cette couronne, porterent le cardinal à déclarer en 1635 la guerre aux Espagnols, alliés de l'empereur, et à envoyer en même tems des troupes en empire sous le nom de troupes auxiliaires, ce ministre n'ayant pas jugé convenable de déclarer directement la guerre à l'empereur, qui fut le premier à la déclarer à la France, dans le cours de l'année 1636.

Les Français jugeant nécessaire de reserrer les noeuds de leur alliance avec les Suédois, conclurent un nouveau traité, qui fut signé à Wismar, le 20 Mars 1636. Il y fut convenu, que la France attaquerait les pays héréditaires de la maison d'Autriche,

*) Léonard *Traités de paix*, T. V. Dumont, T. VI. P. I. p. 79.

**) Léonard, T. III. p. 43. Dumont, T. VI. P. I. p. 114.

situés sur le Rhin, pendant que la reine de Suede ferait la guerre en Boheme et en Silésie; que la France payerait annuellement un million de subside à la Suede, et qu'on ne traiterait que conjointement avec l'ennemi commun. *) Cette alliance fut depuis renouvellée à différentes reprises en 1638 et 1641.

Le roi désirant s'attacher plus particulierement le duc de Weimar, un des principaux éleves de Gustave-Adolphe, fit avec lui différens traités, signés à St. Germain en Laye, le 26 Octobre 1635,**) par lesquels le roi promit de faire toucher au duc, pendant la guerre, quatre millions par an, à condition qu'il entretiendrait une armée de 18000 hommes, dont 6000 de cavalerie, et qu'il la commanderait sous l'autorité du roi, comme général des forces des princes d'Allemagne confédérés. Le roi abandonna au duc le landgraviat d'Alsace, y compris la préfecture de Haguenau, pour en jouir à titre de landgrave avec tous les droits qui avaient ci-devant appartenu dans cette province, à la maison d'Autriche; et on lui en fit même espérer la cession à la paix. Les places que les Français tenaient en Alsace, passerent alors entre les mains du duc de Weimar, qui les conserva jusqu'à sa mort en 1639, qu'elles retomberent au pouvoir de la France.

*) LÉONARD, T. V. *Traités avec la Suede*, p. 14. DUMONT, T. VI. P. I. p. 123.

**) LÉONARD, T. III. p. 45. 49.

ÉVÉNEMENS DE LA GUERRE

DU CÔTÉ DES FRANÇAIS.

La France fit la guerre, en même tems, dans les Pays-Bas, en Italie, en Espagne et en Allemagne. En la déclarant en 1635 aux Espagnols, par un manifeste, *) elle allégua, entre autres motifs, l'emprisonnement de Philippe Christoph de Soettern, archevêque de Treves. Ce prince, pour se garantir des malheurs de la guerre, s'était mis par traité signé en 1632, **) sous la protection de la France, et avait reçu garnison française dans plusieurs de ses places. L'empereur et ses alliés s'en étant trouvés choqués, les Espagnols profiterent de la sécurité des Français, pour surprendre, au mois de Mars 1635, l'électeur dans sa capitale, et pour l'amener prisonnier en Espagne.

Avant d'attaquer les Espagnols, la France rechercha des alliés. Elle se ligua avec les états généraux des provinces unies des Pays-Bas révoltés contre l'Espagne depuis 1568. La grande treve conclue en 1609 étant expirée, la guerre avait recommencé entre les deux nations en 1621. Il ne pouvait rien arriver de plus heureux aux Hollandais que de cimenter leur liberté et leur indépendance par la réunion de leurs armes avec la France. Ils reçurent donc à bras ouverts la proposition qu'elle leur en fit. L'alliance fut signée à Paris le 8 Fevrier 1635. ***) On

*) DUMONT, T. VI. P. I. p. 107. PIASECIUS, p. 482.

**) DUMONT, T. VI. P. I. p. 35.

***) DUMONT, T. VI. P. I. p. 81. LÉONARD, T. V. *Traités avec la Hollande*, p. 47.

convint par ce traité d'un partage des Pays-Bas espagnols entre la France et les états généraux. La France devait avoir Cambray et le Cambrésis, le Luxembourg, les comtés de Namur, de Hainault, l'Artois et la Flandre jusqu'à une ligne qu'on tirerait depuis Blankenberg entre Dam et Bruges jusquà Rupelmonde. Tout le reste des Pays-Bas espagnols fut adjugé aux états généraux. On s'engagea à ne faire ni paix ni treve que du consentement commun.

CAMPAGNES DES PAYS-BAS.

En conséquence de ce traité, les armées françaises sous les ordres des maréchaux de Chatillon et de Brézé, entrerent dans les Pays-Bas, et gagnerent, le 20 May 1635, sur les Espagnols la fameuse bataille d'Avein, dans le Luxembourg, à la suite de laquelle ils firent leur jonction avec le prince d'Orange, près Mastricht. On s'attendait aux plus grands succès de la part des armées combinées; mais le défaut de vivres et de subsistance accabla l'armée française, et en fit périr un grand nombre par la faim et par les maladies.

Les campagnes suivantes ne furent pas beaucoup plus brillantes dans les Pays-Bas; elles se réduisirent pour la plûpart à des siéges. On a soupçonné les Hollandais d'avoir mis à dessein de la lenteur dans leurs opérations, afin de conserver les Pays-Bas aux Espagnols, dont ils craignaient moins le voisinage que celui de la France.

La prise de Corbie en Picardie par les Espagnols, en 1636, donna les plus vives allarmes à la ville de Paris, et découragea tellement le cardinal de Richelieu, qu'il fut sur le point de quitter le ministere, s'il n'en avait été retenu par le pere Joseph, capucin.

En 1639 le 7 Juin, le marquis de Feuquieres, qui assiégeait Thionville, fut battu par Piccolomini. Le siége d'Arras, en 1640, est fameux par les efforts que firent les Espagnols pour y jetter du secours, et par les combats qui s'y livrerent.

En 1641 le 6 Juillet, se donna la bataille de la Marfée, proche Sédan, gagnée par le comte de Soissons, ennemi du cardinal; il avait embrassé le parti de l'Espagne et ne jouit pas de sa victoire, ayant été tué dans cette action.

L'année 1643 est remarquable par la fameuse victoire de Rocroi en Champagne, remportée le 19 May par le duc d'Enguien à l'âge de vingt-deux ans.

CAMPAGNES D'ITALIE.

La France voulant aussi attaquer les Espagnols en Italie, mit dans ses intérêts le duc de Savoye, avec lequel elle se ligua par un traité signé à Rivoles en Piémont, le 11 Juillet 1635. *) On y comprit les ducs de Mantoue et de Parme. Le principal commandement fut donné au duc de Savoye, et l'on convint de ne traiter ni paix ni treve que conjointement. Par des articles secrets on régla le partage du

*) DUMONT, T. VI. P. I. p. 109. LÉONARD, T. IV. p. 84.

duché de Milan entre les ducs de Savoye et de Mantoue, et le roi se reserva quelques places et districts du côté du Piémont.

Les opérations commencerent en Italie par la réunion du maréchal de Créqui au duc de Savoye, qui gagna, le 23 Juin 1636, la bataille de Tésin sur le marquis de Léganès. La mésintelligence s'étant mise entre les chefs, cette guerre n'eut point de succès, et la mort du duc Victor-Amédée I survenue en 1637, occasionna une minorité orageuse.

Christine de France, fille de Henri IV, duchesse douairiere, prit la tutelle et la régence en vertu d'une disposition du feu duc. Cette princesse, forcée en quelque façon par les circonstances, renouvella son alliance avec la France. La tutelle lui était contestée par ses beaux-freres, le cardinal Maurice de Savoye et le prince Thomas de Carignan, grand-pere du fameux prince Eugene. Les Espagnols accorderent leur protection aux princes, et engagerent l'empereur à leur confirmer la tutelle, espérant qu'à la faveur de ces divisions, ils pourraient réussir à chasser les Français de l'Italie. Les princes s'emparerent de plusieurs places dans le Piémont, et le prince Thomas surprit même la ville de Turin; mais le comte d'Harcourt ayant forcé en 1640 les Espagnols dans leurs retranchemens de Casal, reprit Turin. Le même général vainquit le cardinal de Savoye devant Yvrée le 14 Avril 1641, et obligea le prince Thomas de lever le siége de Chivas. Enfin les princes firent leur accommodement avec la duchesse leur belle-soeur. Par un traité, signé en 1642, ils la reconnurent en qualité de tutrice et régente. Au moyen de quelques avantages qu'on leur fit, ils renoncerent à leur alliance avec l'Espagne, et embrasserent celle de la France. Le prince Thomas, déclaré général de l'armée française en Italie, chassa depuis les Espagnols de toutes les places qu'ils tenaient dans le Montférat et dans le Piémont.

CAMPAGNES EN ESPAGNE.

Du coté de l'Espagne, il arriva des événemens très favorables aux Français. Les comtés de Catalogne, de Roussillon et de Cerdaigne se révolterent en 1640, et se soumirent à la France par un traité que le roi signa à Péronne le 19 Septembre 1641.*) Les Français s'emparerent pendant la campagne de 1642 de tout le Roussillon, et firent successivement la conquête de la Catalogne.

La révolte de cette province fut suivie de près de celle du Portugal; les Espagnols en furent chassés, et l'on y proclama en 1640 Jean IV de la maison de Bragance. Ce prince pour s'affermir sur le trône, commença par s'allier avec la France par un traité signé le 1 Juin 1641.**) Elle s'engagea de fournir au nouveau roi de Portugal un certain nombre de vaisseaux; mais les ambassadeurs portugais exigeant que la France promît de ne point faire la paix avec l'Espagne, sans y comprendre le Portugal, ils ne purent l'obtenir.

*) DUMONT T. VI. P. I. p. 197. LÉONARD T. IV.

**) DUMONT T. VI. P. I. p. 214. LÉONARD T. IV.

CAMPAGNES SUR LE RHIN.

Quant aux événemens de la guerre sur le Rhin et en Empire, un des plus remarquables du côté des Français fut le siége du Vieux-Brisach entrepris en 1638 par le duc de Weimar. Cette forteresse, située sur le Rhin et dominant à la fois l'Alsace et le Brisgau, parut indispensable au duc pour s'assurer la possession du nouvel état que la France lui avait fait espérer sur le Rhin. Il crut donc ne devoir rien négliger pour s'en assurer la conquête. La maison d'Autriche mit aussi, de son côté, la plus grande importance dans la conservation de cette place qu'elle envisageait comme la clef qui ouvrirait l'Empire aux Français. Le duc fut obligé de livrer plusieurs batailles aux Impériaux, avant de pouvoir former ce siége. La premiere se donna le 28 Février à *Buckenum* près de Rhinfeld, où le succès fut à peu-près égal de part et d'autre ; mais le 3 Mars suivant le duc leur en livra une seconde près de *Lauffenbourg*, où il remporta une victoire complette, et fit prisonniers les quatre généraux Impériaux, Savelli, Jean de Werth, Sperreuter et Enckenfort. Alors maître des villes forestieres, il entreprit le blocus de Brisach. Les généraux Savelli et Goetz s'en étant rapprochés, le duc sortit de ses lignes et les attaqua le 9 Août près d'un village nommé *Wittenweyer*. Une singularité de cette action, c'est que dans la chaleur du combat le duc s'empara de l'artillerie des ennemis, qui lui prirent aussi la sienne, en sorte que chaque parti se canonnait avec l'artillerie de l'autre.

Enfin la victoire se décida en faveur du duc, qui resserra la ville de plus près, et en forma le siége en regle. Les Impériaux sans être découragés par les différens échecs qu'ils avaient reçus, rassemblerent de nouvelles forces, et marcherent encore une fois au secours de cette place, sous les ordres du duc de Lorraine et des généraux Lamboy et Goetz. Le duc de Lorraine se proposait d'attaquer les assiégeans sur la rive droite du Rhin, pendant que les deux autres généraux feraient leur attaque sur la rive gauche. Le duc de Weimar, instruit de la marche des ennemis, alla au-devant du duc de Lorraine avec une partie de ses troupes, et le défit le 15 Octobre à *Thann* dans la haute Alsace. Les généraux Lamboy et Goetz furent aussi repoussés le 24 du même mois, à l'attaque des lignes devant Brisach, et après un combat fort opiniâtre, où ils perdirent beaucoup de monde. Ces victoires réitérées entrainerent enfin la reddition de la ville qui capitula le 7 Décembre, après avoir essuyé toutes les horreurs de la famine. La belle défense de Brisach fit un honneur infini à son commandant qui était de la famille de Reinach.

La France aurait désiré que le duc lui livrât cette place ; mais il s'y refusa, résolu d'en faire le siége du nouvel état qu'il prétendait se former sur le Rhin. Il y eut à ce sujet des explications fort vives entre lui et le comte de Guébriant. Ces projets du duc s'évanouirent par sa mort arrivée au mois de Juillet 1639 ; elle fut occasionnée par une fievre chaude qui l'emporta à l'âge de 36 ans, laissant après lui la réputation d'un des plus grands capitaines de son siecle. *)

La France, la Suede, l'électeur palatin, et l'empereur même firent des démarches pour avoir l'armée du duc; mais elle passa au pouvoir de la France à la suite d'un traité que le comte de Guébriant conclut le 3 Octobre, au nom du roi, avec les principaux chefs de cette armée. Ce traité rendit aussi la France maîtresse des places que le duc tenait en Alsace et dans le Brisgau. Le commandement en chef de cette armée fut confié au duc de Longueville, qui eut sous ses ordres du Ballier, lieutenant-général, le vicomte de Turenne et le comte de Guébriant, comme maréchaux de camp.

Guébriant commandant depuis en chef sur le Rhin, attaqua le 17 Janvier 1642 le général Lamboy dans ses retranchemens de Kempen dans l'archevêché de Cologne, et y remporta une victoire complette qui lui valut le baton de maréchal de France.

En 1643 le maréchal de Guébriant fit la guerre en Suabe, et entreprit le siége de Rothweil; il s'en rendit maître le 19 Novembre, après y avoir perdu beaucoup de monde. Il y reçut lui-même une blessure dangereuse qui le mit dans le cas de se faire couper le bras, et il mourut de sa blessure le 24 Novembre. La reine, par une distinction toute particuliere, le fit enterrer dans l'église de Notre-Dame à Paris, et tout ce qu'il y avait de grands, ainsi que les cours souveraines assisterent à sa pompe funebre,

*) *Histoire du maréchal de Guébriant p. 126.*

par ordre de la cour qui lui fit dresser un monument dans la même église. *)

Après sa mort, l'armée qui avait été sous ses ordres, entra en quartiers à Dutlingen où elle se laissa surprendre par les généraux Hatzfeld, Mercy et Jean de Werth. Les Français y perdirent beaucoup de monde, et tous les officiers généraux furent faits prisonniers. **) Turenne qui venait d'être créé maréchal de France, prit alors le commandement de cette armée dont il rassembla les débris, et renforcé par le duc d'Enguien, il marcha en 1644 avec lui contre le général Mercy qui venait de se rendre maître de Fribourg. Il se passa devant cette ville trois actions des plus vives et des plus meurtrieres les 3, 5 et 9 Août. Les Français forcerent les ennemis jusques dans leurs derniers retranchemens derriere Fribourg, et s'emparerent de leur camp, canons et bagages.

En 1645 Turenne se laissa surprendre par le général Mercy dans ses quartiers de Mergentheim ou Mariendal en Franconie le 5 du mois de May. Il fit cependant une vigoureuse résistance; mais le fameux Jean de Werth étant venu seconder les efforts du général Bavarois, Turenne fut obligé de faire sa retraite; les bagages et les munitions de guerre furent la proye du vainqueur.

Turenne réuni depuis au duc d'Enguien, répara complettement l'échec de Mariendal par la victoire signalée

*) *Histoire de Guébriant*, p. 730.

**) Ibid. p. 713.

signalée qu'il remporta, le 3 Août suivant, sur les Bavarois près d'Allersheim dans la principauté d'Oettingen, aux environs de Nordlingue. L'action fut des plus vives, l'aile droite des Français plia, et le maréchal de Grammont fut fait prisonnier ; mais le comte de Gelchu ayant été trop ardent à poursuivre les fuyards, la victoire se décida en faveur du duc d'Enguien. Cette bataille couta la vie au général Mercy ; le duc d'Enguien y fut blessé et eut trois chevaux tués sous lui.

ÉVÉNEMENS DE LA GUERRE

DU CÔTÉ DES SUÉDOIS.

Les Suédois furent successivement commandés par trois généraux, Banier, Torstenson et Wrangel, tous les trois éleves de Gustave Adolphe et grands hommes de guerre.

Banier défit en 1636, le 4 Octobre, les Impériaux réunis aux Saxons proche Witstock dans la marche de Priegnitz, et ravagea depuis toute la Misnie.

En 1637 les Impériaux tournerent toutes leurs forces contre ce général, qui s'étoit retranché près de Torgau, n'ayant que 14000 hommes à opposer aux ennemis qui en avaient au-de-là de 40000. Il se tira de cette situation critique avec une adresse admirable. La retraite qu'il fit alors de la Saxe en Poméranie, en traversant deux grands fleuves, l'Elbe et l'Oder, et ayant continuellement sur les bras une armée infiniment supérieure à la sienne, est envisagée comme un chef-d'oeuvre de l'art militaire. *)

En 1639, le 14 Avril, le même général remporta une victoire glorieuse sur les Impériaux et les Saxons près de Chemnitz, à la suite de laquelle il entra dans la Boheme, et ravagea tout ce royaume. Les Impériaux s'y étant considérablement renforcés, Banier se vit obligé au mois d'Avril 1640 de faire sa retraite en Misnie. Il reçut un échec, dans cette retraite, de la part du général Brédau qui mit en déroute neuf régimens Suédois commandés par le général Wittemberg. Cette affaire se passa près de Plauen. Le colonel Rosa de l'armée Weimarienne répara cet échec au mois de Novembre suivant, par la défaite du général Brédau près de Ziegenhayn. Brédau y fut tué.

Au commencement de l'année 1641 et au plus fort de l'hiver, Banier forma une entreprise sur Ratisbonne, où l'empereur venoit d'assembler une diete. Il désirait d'y traiter de la paix avec les états de l'Empire, à l'exclusion des puissances étrangeres. Banier voulant dissiper cette diete, crut devoir profiter du grand froid, pour attaquer la ville, en passant le Danube sur la glace. Il fit pour cet effet sa jonction avec le comte de Guébriant qui commandait l'armée de Weimar, et marcha avec tant de diligence qu'il faillit surprendre l'empereur à la chasse. Le froid s'étant tout à coup ralenti, et les glaces du Danube s'étant rompues, il se vit obligé de faire sa

*) PUFFENDORF *de rebus Suecicis* LIV. IX. §. 11.

retraite, après avoir salué la ville de Ratisbonne de 500 volées de canons.

L'empereur infiniment sensible à cet affront, donna les ordres les plus précis, pour rassembler dans la plus grande hâte toutes ses troupes, et pour les mettre à la poursuite de l'ennemi. Banier obligé de précipiter sa retraite, laissa trois régimens en arriere, et ayant traversé la Boheme, il arriva dans la Misnie en treize jours. Rien de si difficile que la marche de ce général à travers un pays ennemi, et dans une aussi rude saison. Embarrassé par les neiges et les marais, il avait continuellement un corps de 10000 chevaux à ses trousses, et Picolomini le suivait de près avec toute son armée. Cette retraite combla de gloire cet habile général, mais il n'en jouit pas longtems. Attaqué d'une fiévre chaude à Halberstadt, il en mourut à la fin du mois de May 1641 à l'âge de quarante-cinq ans.

Immédiatement après sa mort, les troupes Suédoises qu'il avait commandées, se réunirent à l'armée Weimarienne aux ordres de Guébriant, pour marcher contre les Impériaux, qui s'étoient avancés à Wolfenbüttel, sous la conduite de l'archiduc Léopòld Guillaume et de Picolomini. Il se donna le 29 Juin aux environs de cette ville une sanglante bataille qui tourna complettement à l'avantage des alliés. *) Une anecdote de cette action qui mérite d'être rapportée, c'est que les Suédois pour s'inspirer du courage, placerent au milieu de leurs rangs le corps de

*) PUFFENDORF Liv. XIII. §. 24. *Hist. de Guébriant* p. 344.

leur général défunt, afin de se prémunir contre toute tentation de lâcher pied devant l'ennemi.

Torstenson, nouvellement arrivé de la Suede, prit alors le commandement de l'armée suédoise. Ce grand homme se montra supérieur à son devancier, par la hardiesse de ses plans et par l'activité et l'intelligence qu'il mit dans leur exécution. Dès l'entrée de la campagne de 1642, il pénétra dans la Silésie, pour entreprendre le siége de Schweidnitz. Le duc de Saxe-Lauenbourg s'étant avancé à la tête de l'armée impériale, il lui livra bataille devant cette ville, le 31 May 1642, le défit et le fit prisonnier, ainsi que tous les généraux de l'armée ennemie. Le duc mourut de ses blessures, et Schweidnitz se rendit trois jours après l'action. Torstenson se porta ensuite dans la Moravie, prit Olmütz, capitale de cette province, et continua depuis la guerre dans la Silésie; mais n'ayant pu réussir à engager au combat les généraux impériaux qui se bornaient sagement à le tenir dans l'inaction, il tomba sur la Misnie, et assiégea Leipsic.

L'armée impériale s'étant rapprochée sous les ordres de l'archiduc Léopold Guillaume et de Picolomini, il se donna, le 2 Novembre 1642, une sanglante bataille devant cette ville, où les Impériaux perdirent beaucoup de monde, et tous les bagages de l'armée, avec 46 pieces de canons. *) Leipsic ouvrit ses portes au vainqueur, le 5 Décembre suivant.

*) Puffendorf Liv. XIV. §. 25. 26.

En 1643, Torstenson marcha dans la Boheme contre le général Gallas, qui commandait l'armée impériale. Ce général ayant évité soigneusement toute action décisive, le général suédois rentra dans la Moravie, et pendant qu'il s'y arrètait, il reçut un ordre de la cour de Suede, pour porter la guerre dans le Danemarc. Il sortit alors brusquement de la Moravie, et dirigea sa marche avec une célérité inouie, par la Silésie, la Lusace, la Misnie, et la marche de Brandebourg, vers le Holstein, continuellement poursuivi par le général Gallas, qu'il amusait par de faux-bruits.

Torstenson conquit avec une rapidité étonnante toute la Chersonese cimbrique, et fit trembler le roi de Danemarc. Gallas dans le cours de la campagne de 1644 avait établi son camp à Oldeslo dans la Wagrie, comptant enfermer Torstenson dans la Chersonese, et affamer ses troupes; mais ce général n'eut pas sitôt rempli sa tâche contre le Danemarc, qu'il rassembla ses troupes du côté de Rendsbourg, et qu'il vint offrir la bataille à Gallas. Celui-ci l'ayant refusée, il défila sous ses retranchemens, et en le devançant, il prit si bien ses mesures que du côté de Bernbourg sur la Sale, il réussit à l'enfermer à son tour et à lui couper si parfaitement les vivres, que la famine se mit dans son camp et qu'elle y causa les plus grands ravages. Enfin ce général s'étant avancé à Magdebourg, et ayant fait un effort pour sauver du moins sa cavalerie, Torstenson la joignit, le 23 Novembre 1644, à Niemeck, près de Jutterbock, et la tailla en pieces. Il entra alors dans la

Misnie, en laissant le général Koenigsmarck devant Magdebourg, pour observer Gallas. Celui-ci ayant fait une derniere tentative au mois de Décembre pour s'échapper, avec ses troupes, du côté de Wittenberg, Koenigsmarck le chargea si vigoureusement que d'une armée des plus florissantes, il ne ramena qu'à peu-près mille hommes dans la Boheme. *)

Au commencement de la campagne de 1645, Torstenson forma de nouveau le plan de pénétrer dans l'intérieur des pays héréditaires, pour forcer l'empereur à la paix. Il entra dans la Boheme avec une armée qui ne se montait qu'à quinze mille hommes. Les généraux impériaux Hatzfeld, Goetz et Jean de Werth réunirent leurs forces pour arrêter ses progrès. L'empereur, dans l'intention d'encourager ses troupes, se rendit en personne à Prague. Les deux armées ennemies se joignirent, le 24 Février, à Jankowitz à trois lieues de Rabor. Les Impériaux, quoique supérieurs en nombre, furent battus deux fois dans un seul jour par le général suédois. Goetz fut tué, Hatzfeld fait prisonnier, quatre mille Impériaux resterent sur le champ de bataille, autant furent pris, avec 26 pieces d'artillerie. **) Torstenson tomba alors sur la Moravie; il dégagea Olmütz assiégée depuis longtems par les Impériaux, prit plusieurs places dans l'Autriche, et échoua enfin au siége de Brünn, principale forteresse de la Moravie. La goutte dont il étoit travaillé, l'obligea alors de se dé-

*) Puffendorf Liv. XVI.

**) Idem Liv. XVII.

mettre du commandement, qui passa entre les mains du général Wrangel.

Les campagnes suivantes furent moins brillantes pour les Suédois, par la grande attention qu'eurent les Impériaux d'éviter les combats.

En 1647, Wrangel se porta dans la Boheme, et prit Égra à la vue de l'armée ennemie. L'empereur se rendit en personne dans le camp, pour arrêter les progrès de ce général. Il y fut assailli dans son quartier par un parti ennemi, et obligé de se sauver en robe de chambre. Wrangel fit des efforts pour engager une action générale, sans pouvoir y réussir.

Il se réunit en 1648 à Turenne, pour entrer dans la Baviere. Il attaqua le 7 May les Impériaux auprès de Susmerhausen aux environs d'Augsbourg, et défit entièrement leur arriere-garde. Le général en chef Mélander y fut blessé mortellement, et mourut de sa blessure. Les alliés pénétrerent ensuite jusqu'au centre de la Baviere, et en ravagerent toute cette partie qui est située en deçà de l'Inn. L'électeur se sauva à Saltzbourg.

Dans le même tems le général Koenigsmarck fit une incursion dans la Boheme. Instruit de la faiblesse de la garnison de Prague et de la parfaite sécurité qui régnait dans cette ville, il conçut le dessein de s'en rendre maître par un coup de main. Ce général s'étant mis à la tête d'un corps choisi, fit tant de diligence qu'il surprit le 26 Juillet la petite ville de Prague, ainsi que le château. Renforcé par le général Wittemberg, il attaqua aussi la vieille ville. Il allait encore être secondé par Charles Gustave, prince Palatin de Deuxponts que la reine Christine venait de nommer son généralissime, et qui amenait des troupes fraiches de la Suede, lorsque les Impériaux jugerent à propos d'accélérer la signature de la paix. Ainsi la ville de Prague qui avait donné le premier signal de la guerre, donna aussi celui de la paix.

HISTOIRE DES NÉGOCIATIONS

DE LA PAIX DE WESTPHALIE.

Les meilleurs ouvrages à consulter sur ces négociations, sont les suivants :

1. Les *Acta pacis westphalicae publica*, publiés par les soins de JEAN GODEFROY MEIERN, en sept volumes in-folio.

2. *Négociations sécretes touchant la paix de Munster, à la Haye* 1725, en 4 volumes in-folio. Ce recueil regarde plus particulierement la négociation française.

3. La meilleure histoire de cette négociation est celle d'ADAMUS ADAMI, suffragant de Hildesheim, et l'un des membres du congrès de Westphalie. Son ouvrage parut en 1698 à Francfort sous le titre: *Arcana Pacis Westphalicae.* MEIERN, qui a publié les actes, a donné une nouvelle édition de cet ouvrage, sous le titre : *Relatio historica de pacificatione Osnabrugo-Monasteriensi*, Lipsiae 1737. On l'a taxé d'avoir tronqué cette édition, en s'écartant en plusieurs endroits du code original d'Adami, qu'il avait entre les mains. Cependant comme il a eu soin de citer,

sous chaque paragraphe de cette édition, les actes et titres de son grand recueil, qui s'y rapportent, elle est devenue par-là indispensable à tous ceux qui sont dans le cas d'approfondir l'histoire des négociations de Westphalie.

4. PUFFENDORF *de rebus Suecicis.*

5. *Histoire des guerres et des négociations, qui précéderent le traité de Westphalie*, par le P. BOUGEANT, en six vol. in 12.

Les premieres ouvertures pour la paix se firent à Cologne dès 1636, par l'intervention du Pape et du nonce Ginetti. L'empereur et le roi d'Espagne y envoyerent leurs plénipotentiaires, et la France fut invitée d'y envoyer les siens. Cette puissance voyant que les conférences de Cologne n'étaient qu'un piege qu'on lui tendait pour la séparer de ses alliés, et pour préparer les voyes d'une négociation particuliere, n'envoya personne à Cologne. Elle était très-convaincue que ni les Suédois ni les Hollandais ne se prêteraient jamais à de telles conférences, et ne seraient rien moins que disposés à accepter la médiation du Pape.

Le comte d'Avaux, ministre de France, eut ordre de se rendre à Hambourg, où la Suede envoya aussi son ministre, nommé Salvius. On y resserra les noeuds de l'alliance qui subsistait entre les deux couronnes, par un traité qui fut signé en 1638. Il portait expressément que les deux puissances ne traiteraient de la paix que conjointement et de concert, si même on venait à s'assembler dans des endroits séparés, comme Cologne pour les Français, Hambourg ou Lubeck pour les Suédois. *) Les négociations languirent depuis, et bien des années s'écoulerent, avant qu'on pensât sérieusement à la paix.

L'empereur ayant conçu le projet de traiter en particulier avec les princes et états d'Empire à l'exclusion des puissances étrangeres, il convoqua à cet effet une diete à Ratisbonne en 1640, pour y délibérer sur les moyens de finir la guerre et de rendre le calme à l'empire. L'amnistie qu'il y proposa, tendait à rétablir les choses dans l'état où elles avaient été avant la guerre; mais lorsqu'il s'agit de regler les conditions de cette amnistie, il y apporta à peu-près autant de restrictions qu'il en avait apporté à la paix de Prague. Les pays héréditaires de l'empereur, aussi bien que l'électeur Palatin et les adhérents de ce prince en étaient exclus. Quant aux griefs de religion, il offrait de les renvoyer à un comité qui serait choisi entre les états des deux religions. Il consentait enfin à traiter à Munster et à Osnabruck avec les puissances étrangeres, ces villes ayant été proposées par le comte d'Avaux. Plusieurs raisons concourraient à leur faire donner la préférence sur toutes les autres, parcequ'il fallait deux endroits différens, non-seulement à cause de l'affluence des ministres qui devaient se trouver au congrès et qu'il aurait été difficile de réunir dans un même lieu; mais encore pour éviter le concours du nonce apostolique avec les ministres des puissances protestantes, ainsi que les contestations qui auraient pu s'élever sur le

*) DUMONT, T. VI. P. I. p. 161.

rang entre la France et la Suede. Munster et Osnabruck semblaient convenir préférablement à nombre d'autres villes, tant à cause de leur proximité de six lieues l'une de l'autre, qu'à cause de la grande facilité des communications qu'il y avait entr'elles.

PRÉLIMINAIRES DE HAMBOURG.

L'empereur ayant échoué dans son projet d'accommodement particulier avec les princes et états d'empire, alliés de la France et de la Suede, renoua la négociation pour la paix générale, à Hambourg et à Lubeck. On parvint enfin à arrêter dans Hambourg le traité des préliminaires, qui fut signé le 25 Décembre 1641 sous la médiation du roi de Danemarc.*) Ce traité porte que le congrès se tiendrait en même tems à Munster et à Osnabruck en Westphalie, et que ces deux assemblées seraient réputées pour une seule : Que les deux villes seraient déclarées neutres et déliées du serment de fidélité qui les assujettissait à l'empereur et à leurs évêques : Qu'on délivrerait de part et d'autre des lettres de sauf-conduit pour les plénipotentiaires qui devaient se trouver au congrès, et que l'empereur nommément en accorderait aux états d'empire alliés ou adhérents de la Suede ou de la France : Qu'il en accorderait de même à la duchesse de Savoye, à laquelle il donnerait le titre de tutrice de son fils et de régente des états de Savoye. Enfin l'ouverture du congrès fut fixée au 25 Mars de l'année 1642.

*) MEIERN *Acta pacis Westph.* T. I. p. 8.

Cette ouverture n'eut cependant pas lieu au tems marqué ; chacune des puissances belligérantes espérait d'un jour à l'autre que les événemens de la guerre lui deviendraient plus favorables. L'empereur se flattait sans cesse de pouvoir réussir à diviser ses ennemis, en s'accommodant séparément avec l'un ou avec l'autre. Cette disposition des esprits servit à entretenir et à multiplier les difficultés qui s'élèverent sur la ratification des préliminaires. L'empereur soutint que le comte de Lutzan, son ministre, en signant ce traité, avait outrepassé ses pleins pouvoirs. Il revint contre la neutralité des villes de Munster et d'Osnabruck, qui y était stipulée. Il persista à refuser le titre de tutrice et régente à la duchesse de Savoye, et renouvella de même son opposition aux lettres de sauf-conduit qu'il s'agissait d'expédier en faveur des ministres des princes et états d'Empire, alliés avec la France et avec la Suede. Aussi se disputa-t-on beaucoup sur la forme de ces lettres de sauf-conduit.

OUVERTURE DU CONGRÈS.

Enfin toutes les principales difficultés ayant été levées, et les préliminaires ratifiés, on fixa de nouveau l'ouverture du congrès au 11 Juillet 1643. Ce fut à cette époque que les ministres de toutes les puissances intéressées se rendirent successivement à Munster et à Osnabruck.

On ne vit jamais en Europe de congrès où il y eût de si grands intérêts à débattre, et où un si grand nombre d'hommes d'état de différentes nations, et tant de bonnes têtes se trouvassent rassemblés, comme à celui de Westphalie. *)

Ceux de l'empereur étaient le *comte Louis de Nassau*, tige de la branche de Hadamar, le *comte de Lamberg*, et deux jurisconsultes, *Isaac Volmar*, et *Jean Crané.* Le comte de Nassau et Volmar traiterent avec la France à Munster, pendant que le comte de Lamberg et Crané traitaient à Osnabruck avec les Suédois et les princes protestans. À tous ces ministres il faut joindre le *comte de Trautmannsdorff*, qui n'arriva qu'en 1645 en qualité d'ambassadeur extraordinaire, et qui eut la principale influence dans les affaires.

Les ministres de France furent le *comte d'Avaux* de la famille de Mesmes, un des plus habiles négociateurs de son tems, *Abel Servien*, homme de grande expérience, et plus particulierement dévoué au cardinal Mazarin dont il avait toute la confiance, ce qui occasionna de longues brouilleries entre lui et le comte d'Avaux. Pour les accorder, le *duc de Longueville* fut envoyé en qualité de premier plénipotentiaire.

Le *comte de Pennaranda* était le premier plénipotentiaire d'Espagne, secondé de deux grands politiques, *Saavedra Faxardo*, connu par différens ouvrages en ce genre, et *Antoine Brun* Francomtois, homme d'un grand merite.

*) On trouve le tableau de ces ministres dans le recueil de MEIERN au T. I. à la suite de la préface.

Le premier plénipotentiaire de la Suede fut *Jean Oxenstiern*, fils du fameux chancelier Axel Oxenstiern; il avait pour adjoint *Jean Adler Salvius*, honoré de la confiance particuliere de la reine, pendant que Oxenstiern était soutenu de tout le crédit de son pere; source des discordes et de la mésintelligence qui regnerent entre ces deux ministres.

Les principaux ministres des médiateurs furent le nonce *Fabio Chigi* pour le pape Innocent X, et *Aloyso Contarini*, patricien de Venise, médiateur au nom de sa république.

Le roi de Danemarc avait aussi envoyé des ministres à Osnabruck, en sa qualité de médiateur entre l'empereur et la Suede; cette derniere puissance se debarrassa d'une médiation qui la génait, en déclarant en 1643 la guerre au Danemarc.

Les ministres Portugais se nommaient *François d'Andrada* et *Louis Pierre de Castro.*

Les états-généraux des Provinces unies des Pays-Bas envoyerent huit plénipotentiaires.

Le *Marquis de St. Maurice* y était plénipotentiaire de Savoye.

Il s'y trouva aussi des ministres du grand-duc de Toscane, et des ducs de Lorraine et de Mantoue, ainsi qu'un député des treize Cantons.

Tous les électeurs, princes et états d'Empire y avaient des ambassadeurs et ministres, parmi lesquels il se trouvait plusieurs hommes célébres et supérieurs même à la place qu'ils occupaient, soit à Munster, soit à Osnabruck.

La lenteur avec laquelle ce nombre prodigieux d'ambassadeurs et de ministres se rendit au congrès, en fit trainer l'ouverture. Les ministres de France furent les derniers de tous. Le comte d'Avaux n'arriva à Munster que le 17 Mars, et Servien le 5 Avril 1644. Ils en donnerent pour cause la mort du cardinal de Richelieu, et celle de Louis XIII, ainsi que leur voyage en Hollande, où ils étaient allés pour engager les États-généraux à faire cause commune avec la France dans la négociation.

Ces ministres s'étant apperçus à leur arrivée qu'il manquait encore au congrès plusieurs ministres des princes et états d'Empire que la crainte de l'empereur retenait, n'eurent rien de si pressé que d'adresser, de concert avec les ambassadeurs de Suede, des lettres circulaires à tous les états d'Empire, pour les inviter à envoyer leurs ministres au congrès, afin d'y affermir, conjointement avec les puissances étrangeres, leur liberté civile et ecclésiastique contre les attentats réitérés que la maison d'Autriche y avait portés. *)

Les Impériaux trouverent les expressions de cette lettre si vives et si choquantes qu'ils la traiterent de libelle, et que dans leur premier ressentiment ils firent mine de vouloir rompre la négociation. Cette affaire ayant été raccommodée, les ministres assemblés se présenterent réciproquement leurs pleinspouvoirs. On en rejetta plusieurs comme défectueux, et delà resulterent de nouveaux délais. Enfin on fixa le 4

*) MEIERN T. I. LIVRE I. §. 30. *Négociations sécretes touchant la paix de Munster*, T. I. p. 247.

Décembre 1644, comme le jour où les premieres propositions seraient présentées de part et d'autre.

PREMIERES PROPOSITIONS.

Ces propositions, bien loin de toucher le fond des matieres à traiter, ne porterent que sur des articles préliminaires. Les Français exigerent qu'avant tout l'électeur de Trèves fut élargi, et que tous les princes et états d'Empire fussent invités par l'empereur de se trouver au congrès. *)

Ces prétentions des Français qui étaient soutenues par les Suédois, révolterent fortement l'empereur et les Espagnols, qui prétendaient faire de l'élargissement de l'électeur de Trèves, un article du traité de paix; et l'empereur en particulier envisageait comme très préjudicable à ses intérêts et à sa dignité, d'admettre indistinctement tous les états d'Empire aux négociations avec les puissances étrangeres.

Il proposa d'abord comme un moyen de conciliation, l'admission des ambassadeurs électoraux, et puis celle d'une députation de l'Empire ; mais les ministres de France et de Suede ayant fortement insisté sur l'une et l'autre de leurs demandes, l'empereur se vit enfin obligé de céder. Les plénipotentiaires des couronnes avaient en effet raison de soutenir que s'agissant de débattre au congrès des affaires de la derniere importance pour les princes d'Empire, et qui ne concernaient pas moins que leur liberté,

*) MEIERN T. I. L. III. §. 48.

liberté, honneur, religion et généralement tout ce qu'ils avaient de plus cher au monde, il convenait à tous égards que rien n'y fût décidé que de leur commun aveu et par l'influence immédiate de tous et un chacun en particulier. Ces raisons ayant paru sans réplique, l'empereur fut obligé d'élargir en 1645 l'électeur de Trèves, et invita, dans le même tems, tous les états d'Empire à se trouver au congrès. La victoire de Jancowitz, remportée en 1645 par Torstenson, y contribua tout au moins autant que la fermeté des ministres de France et la solidité de leur raisonnement.

DIVISION DES OBJETS DE NÉGOCIATION.

Le duc de Longueville et le comte de Trautmannsdorff s'étant rendus à peu-près dans le même tems au congrès en qualité d'ambassadeurs extraordinaires, on commença au mois de Juin 1645 à se faire des propositions sérieuses. Les Suédois diviserent toute la négociation en quatre principaux chefs :

I. *Les affaires de l'Empire.*
II. *La satisfaction des couronnes.*
III. *La sûreté et la garantie de la paix.*
IV. *L'exécution de la paix.*

Ils subdiviserent les affaires de l'Empire en quatre autres points, qui étaient : 1.° *L'amnistie*, 2.° *les droits et prérogatives des états*, 3.° *la composition des griefs*, 4.° *le rétablissement du commerce.* *)

*) Meiern T. II. p. 190 et 203. Adamus Adami p. 176 de l'édition de Meiern.

AMNISTIE.

Quant aux affaires de l'Empire, les Suédois et les Français exigerent une *amnistie illimitée* tant pour les immédiats que pour les médiats, en y comprenant même les sujets des pays héréditaires de l'empereur. Selon eux tout devait être remis en Empire sur le pied, où les choses avaient été avant la guerre de trente ans, c'est-à dire, en 1618.

Les Impériaux persisterent à refuser le rétablissement à ceux qui avaient été dépossédés avant 1630 ou avant l'époque de la descente des Suédois en Empire. Ils exceptaient ainsi de l'amnistie, outre les sujets des pays héréditaires, l'électeur Palatin et tous les princes et états qui avaient été impliqués dans sa cause. C'était réduire l'amnistie aux termes de la paix de Prague; mais elle fut hautement rejettée par les couronnes, qui n'agréerent non plus celle de la diete de Ratisbonne, que les Impériaux avaient cru pouvoir substituer à la premiere.

DROITS ET PRÉROGATIVES DES ÉTATS.

Les Français et les Suédois exigerent, en second lieu, que *les droits et prérogatives des états*, qui avaient été violés, dans plus d'une occasion, par la maison d'Autriche, fussent renouvellés et affermis à jamais par la paix, et que ces états fussent nommément maintenus dans le droit de faire des alliances, tant entre eux, qu'avec des princes voisins, pour leur conservation et sûreté.

Les Impériaux répliquerent, que les droits des états étant définis d'un côté par les loix fondamentales, et regardant de l'autre l'état intérieur et la constitution de l'Empire, il serait déplacé d'en faire l'objet d'une négociation avec les puissances étrangeres; mais ces puissances en pensaient différemment. Selon elles, le motif principal qui les avait engagé à prendre les armes, était la constitution germanique, et le danger dont elle était menacée. Elles soutenaient donc, qu'il leur était important que cette constitution fût formellement maintenue par la paix, pour leur tenir lieu de barriere, et que cet objet fût traité de concert avec elles.

GRIEFS DE RELIGION.

Quant aux *griefs de religion et autres*, les Impériaux s'étaient aussi donnés toutes les peines imaginables pour les faire renvoyer à une assemblée particuliere; mais les Suédois soutenant que ces griefs ayant donné matiere à la guerre, il était indispensable de les débattre au congrès même, les Impériaux se virent obligés de céder.

Ces griefs, tels qu'ils furent présentés au congrès, *) étaient au nombre de dix.

Le premier regardait la *réserve ecclésiastique* dont les protestans demandaient l'abolition, comme étant une clause de la paix de religion à laquelle ils

*) MEIERN T. II. p. 522. ADAMUS ADAMI CH. VIII. §. 5.

n'avaient jamais consenti; ils exigeaient en conséquence d'être maintenus dans la possession de tous les biens ecclésiastiques immédiats dont ils s'étaient emparés contre la teneur de la réserve. *)

Le second grief des protestans se rapportait au *droit de réformer*, qu'ils reclamaient comme un appanage de la supériorité territoriale, et comme fondé sur la paix de religion. En vertu de ce droit ils prétendaient être les maîtres de la religion dans leurs pays. Ils réclamaient la libre disposition de tous les biens ecclésiastiques médiats situés dans leurs territoires, et exigeaient la restitution de tous ceux qui leur avaient été extorqués, soit avant, soit après l'édit de restitution.

Le troisieme grief roulait sur *l'exercice de la religion protestante* dans les états des princes catholiques. Ils soutenaient que la paix de religion ne permettait point à ces princes de faire sortir de leurs états leurs sujets protestans; mais que ceux-ci pouvaient demander à en sortir, et que s'ils préféraient d'y rester, ils étaient même dans le cas de prétendre à une entiere liberté de conscience.

Le quatrieme grief avait pour objet les *rentes*, *pensions*, *dixmes*, *cens*, *etc.* dépendantes des fondations ecclésiastiques, dont les protestans s'étaient emparés, dans leurs propres pays, et que les états catholiques, dans les territoires desquels ces rentes se trouvaient situées, refusaient d'acquitter.

*) On trouve l'état de ces biens, tel qu'il fut présenté au congrès, dans ADAMUS ADAMI, p. 257.

La *jurisdiction ecclésiastique* formait le cinquieme grief. Les protestans demandaient, que cette jurisdiction, qui avait été suspendue par la paix de religion, n'eût aucune force ni vigueur à l'égard des adhérens de la confession d'Augsbourg, et que nommément les évêques ne pussent s'arroger la décision des causes matrimoniales, ni le pape réclamer les droits, qui lui étaient assurés par le concordat.

Le sixieme grief concernait *l'interprétation de la paix de religion*, qui ne devait se faire qu'à la diete, et par forme de convention entre les états des deux religions. C'est ici que les protestans se recrierent contre les fausses doctrines que des prêtres catholiques, et particulierement les jésuites de Dillingen, avaient repandues dans leurs écrits contre la justice ou la validité de la paix de religion. Ils exigeaient la proscription de pareilles maximes, fausses et erronées, de même que celle de l'édit de restitution de l'empereur Ferdinand II.

Le septieme grief regardait la *pluralité des suffrages à la diete*, que les protestans refusaient d'admettre dorénavant en matiere de religion. Ils exclurent pareillement de la pluralité les matieres de contribution, celles où il s'agissait du droit de chaque état en particulier, et généralement tous les cas, où les états catholiques et les états protestans se partageraient en deux corps à la diete.

Le huitieme grief concernait les *députations de l'empire*, pour lesquelles les protestans demandaient chaque fois un nombre égal de députés des deux religions.

Par le neuvieme ils exigerent la *restitution de la ville de Donawerth* dans son état primitif, tant dans le civil que dans l'ecclésiastique.

Enfin le dixieme grief se rapportait à la *justice*, à la reformation de la chambre impériale, à l'abolition des tribunaux provinciaux, tels que celui de Rothweil, à l'établissement de quatre cours souveraines de l'empire, composées chacune d'assesseurs en nombre égal des deux religions.

Les catholiques répondirent à la plûpart de ces griefs par la négative.

Cette matiere fut une de celles qui essuyerent les plus vives contradictions au congrès, et dont la négociation fut des plus difficiles et des plus compliquées.

Les protestans, dans les premiers moyens qu'ils mirent en avant pour la composition des griefs, demanderent entre autres, que la possession des biens ecclésiastiques immédiats fût reglée sur le pied de l'année 1618, et que les prélats, qui embrasseraient dorénavant la religion protestante avec la plus grande partie de leur chapitre, jouiraient du droit de réformer. Quant aux biens ecclésiastiques médiats, ils prétendirent pareillement en regler la possession sur le pied de l'année 1618.

Les catholiques au contraire exigerent, que la réserve ecclésiastique fût conservée dans toute sa force. Ils n'accordaient autre chose aux protestans, si non qu'ils seraient maintenus, en conformité de la paix de Prague, pour quarante ans seulement, et sur le pied du 12 Novembre 1627, dans la possession des biens ecclésiastiques immédiats et médiats, dont ils s'étaient emparés depuis la paix de religion. *)

SATISFACTION DE LA FRANCE.

Quant à l'article de la satisfaction, les couronnes en exigerent à titre d'indemnité pour les frais de la guerre.

Les Français demanderent, outre la souveraineté de Metz, Toul et Verdun, la cession des deux Alsaces, y compris le Sundgau, la ville de Brisach avec le Brisgau, les villes forestieres, et Philipsbourg. Ils se relâcherent ensuite sur le Brisgau et les villes forestieres, en offrant de tenir l'Alsace à titre de fief de l'empire, avec voix et séance à la diete. **)

Le mémoire du roi aux plénipotentiaires, daté du 16 Avril 1646, porte expressément, que le roi consent de tenir l'Alsace à titre de fief avec séance et suffrage dans les dietes, pourvû que ce soit pour tous les rois de France à venir, ou du moins pour tous les princes de la maison royale alors vivans, et leurs descendans mâles. Le roi offrit même de payer autant qu'un électeur séculier pour toutes les collectes de l'empire. Par un autre mémoire, envoyé par les plénipotentiaires en cour, le 9 Juillet 1646, on pese les avantages et les désavantages, qui en résulteraient pour la France, si elle tenait l'Alsace comme fief de l'empire. On y compte parmi les

*) MEIERN, T. II. L. XIX. §. 4 et 9.

**) *Négociations secrétes*, T. III. p. 163. 244.

avantages, que la France étant membre de l'empire, ses rois pourraient devenir empereurs; que les princes d'Allemagne en seraient plus autorisés à entrer en alliance avec la France; que le roi tenant l'Alsace comme état d'empire, en serait plus aimé et plus respecté des princes et états voisins de l'empire; que le roi, ayant voix et séance à la diete, gagnerait une influence directe dans toutes les affaires du corps germanique. On rapporte au nombre des désavantages, que de cette maniere l'Alsace pourrait un jour retourner à l'empire; qu'en sa qualité de vasal le roi pourrait être mis au ban de l'empire etc.

Ces offres ne furent point acceptées. On préféra de céder à la France en toute souveraineté les pays qu'elle réclamait, que de la recevoir comme état d'empire dans le corps germanique.

En examinant de près la négociation relative à la satisfaction de la France, on voit clairement que les plénipotentiaires de cette couronne n'ont cessé de réclamer la cession de l'Alsace entiere, *) que loin de restraindre leurs demandes aux seuls domaines autrichiens, qui ne formaient qu'une mince partie de cette province, ils ont constamment exigé le transport de la souveraineté sur tous les états immédiats d'empire, qui s'y trouvaient enclavés. Les ministres

*) Aussi dans les mémoires de la cour adressés à Munster aux plénipotentiaires de la France, il est toujours question de l'Alsace entiere ou des deux Alsaces. *Négociations secrètes*, T. III. p. 139. 147. 154. 155. 162. 167. 205. L'Alsace inférieure fut offerte aux Français, avant la supérieure ou la Haute-Alsace. Ibid. p. 141.

impériaux, avec lesquels les Français traiterent cette affaire, sous la médiation de l'électeur de Baviere, leur ayant observé, qu'il n'était pas dans leur pouvoir de faire une pareille cession, qui demandait le concours de tout le corps de l'empire, les ministres de France, sans vouloir entrer en négociation avec les états en corps, persisterent néanmoins à exiger la cession de la totalité de l'Alsace de la part des ministres impériaux; d'où il arriva que l'article de la satisfaction française fut enveloppé dans des clauses, qui pouvaient admettre diverses interprétations, et que l'*acte particulier de cession* des trois évêchés et de l'Alsace, délivré, de la part de l'empereur et de l'empire, aux plénipotentiaires de France, *) fut redigé dans des termes plus favorables et plus expressifs que ne l'étaient ceux du traité général.

L'affaire de la satisfaction française fut reglée dès le 13 Septembre 1646. **) On y mit la derniere main au commencement de Novembre 1647, où l'on convint aussi de la forme des actes de cession et de rénonciation qui devaient être expédiés, tant par l'empereur et l'empire, que par les princes autrichiens,

*) Cet acte signé par les mêmes plénipotentiaires de l'empereur et de l'empire, qui ont signé le traité général, et muni de leurs sceaux, se trouve en original au dépot des affaires étrangeres, ainsi que celui qui fut délivré alors, au nom de l'empereur et de la maison d'Autriche, pour la cession des domaines autrichiens de l'Alsace et du Brisgau. Le project de cet acte a été publié par MEIERN, *acta pacis Westph.* T. V. p. 166.

**) MEIERN, *acta pacis Westph.* T. III. p. 723. ADAMUS ADAMI. Chap. XVIII. §. 5.

à l'égard des pays cédés à la France. *) Ce ne fut cependant que dans le cours de l'année 1648, que l'affaire de la satisfaction française fut portée à la connaissance des états de l'empire. Allarmés de la contradiction apparente du traité, ces états exigerent des plénipotentiaires français une déclaration, portant que la France se contenterait de ce que la maison d'Autriche avait possédé en Alsace, sans former aucune prétention sur les états immédiats de cette province. Servien se refusa à une pareille déclaration, soutenant qu'elle excédait ses pouvoirs. Les états d'empire prirent alors le parti de rédiger un acte pour déclarer, que la cession de l'Alsace faite à la France ne comprenait que les seuls domaines autrichiens, et qu'elle ne devait, sous aucun rapport, porter préjudice aux états et à la noblesse immédiate de cette province. Cet acte fut insinué à Servien et adressé au roi, accompagné d'une lettre. Servien ne l'accepta pas, et M. de Brienne, ministre et secrétaire d'état, auquel le résident du duc de Wirtemberg présenta cette lettre des états d'empire avec leur déclaration, lui rendit le paquet sans le décacheter. **)

*) *Négociations secrétes*, T. IV. p. 170. 186. MEIERN, *acta pacis Westph.* T. V. p. 166.; T. VI. p. 620. 716.

**) ADAMUS ADAMI, CH. 15. 16. 30. PFEFFEL, *commentarius de limite Galliae*, §. 38. Ces différens n'empêcherent pas les états d'empire de délivrer à la France un acte particulier de garantie touchant la cession de l'Alsace, afin de suppléer par là au défaut de la ratification espagnole. MEIERN, *acta pacis Westph.* T. VI. p. 766.

SATISFACTION DE LA SUEDE.

La France étant parvenue à faire regler définitivement sa satisfaction, elle s'entremit pour effectuer celle de la Suede. Cette puissance en exigeait une triple; une pour elle-même, une autre pour la landgrave de Hesse, et une troisieme pour ses troupes.

Les plénipotentiaires suédois demanderent pour leur couronne la Silésie, la Poméranie avec l'évèché de Camin, la ville de Wismar, l'archevèché de Bremen et l'évèché de Verden, pour tenir le tout à titre de fiefs d'empire avec voix et séance à la diete. Ils se relâcherent depuis sur l'article de la Silésie; mais la principale contestation roula sur la Poméranie, à cause de l'opposition de l'électeur de Brandebourg.

L'ancienne maison des ducs de Poméranie s'étant éteinte pendant la guerre de trente ans, avec le duc Bogislas XIV décédé en 1637, sa succession fut réclamée par l'électeur de Brandebourg, qui prétendait qu'elle lui était due en vertu des traités passés entre ses prédécesseurs et les anciens ducs de Poméranie, dans les années 1330 et 1499. Elle lui fut contestée par les Suédois, qui s'arrogeaient un droit sur la Poméranie, qu'ils dérivaient, soit de leur conquête, soit des termes de leur alliance avec le dernier duc. *) Enfin on partagea cette province entre la Suede et la maison de Brandebourg, et on fit un dédommagement à cette maison, pour la partie de la Poméranie, dont on la privait.

*) PUFFENDORF, *de rebus Suecicis*, p. 292.

Quant à la satisfaction de la landgrave de Hesse, les Suédois exigerent pour elle, comme leur principale alliée, outre l'abbaye de Hirschfeld plusieurs baillages et villes des archevêchés de Mayence et de Cologne, des évêchés de Paderborn, de Munster et de l'abbaye de Fulde, où les Hessois tenaient des garnisons. Enfin, pour licencier leur troupes, les Suédois demanderent plusieurs millions en argent comptant.

La satisfaction de la Suede fut terminée au mois de Février de l'année 1647. *) Ce qui servit à en accélérer la négociation, ce furent les dispositions particulieres de la reine de Suede, qui penchait pour la paix, pendant que le chancelier Oxenstiern, qui se trouvait à la tête des affaires de ce royaume, jugeant la guerre profitable au maintien de son autorité, ne voulait la paix que sous les conditions les plus avantageuses. La reine, soupçonnant Oxenstiern le fils, de s'entendre avec le pere pour traîner la négociation en longueur, donna ses ordres secréts à Salvius, et adressa des reproches sanglans à ses ministres au congrès, lesquels ne regardaient proprement que Oxenstiern. **)

Avec la satisfaction de la Suede, on regla aussi celle du landgrave de Hesse. Cette même satisfaction en entraîna quelques autres à sa suite. Outre celle de la maison de Brandebourg, le duc de Meklenbourg en exigeait une pour la ville de Wismar, que

*) MEIERN, T. IV. p. 330.

**) *Mémoires de la reine Christine*, T. I. p. 110. 126.

la Suede lui enlevait. Les princes de Brunsvic enfin croyaient aussi pouvoir prétendre à un dédommagement pour les coadjutoreries de Magdebourg et de Halberstadt, auxquelles ils étaient obligés de renoncer. On fit tous ces différens dédommagemens aux dépens de l'église, et par le moyen des sécularisations de plusieurs évêchés et bénéfices ecclésiastiques.

Enfin les deux points qui causerent les plus grands débats, et sur lesquels on eut toute la peine possible à s'accorder, furent l'*amnistie* et les *griefs de religion*. Les Suédois exigeaient toujours une amnistie illimitée, et désiraient même d'y comprendre les sujets des pays héréditaires de la maison d'Autriche.

Le chancelier Oxenstiern, enhardi par le succès des armes suédoises en empire, croyait pouvoir exiger, que tous les évêchés et autres grands bénéfices ecclésiastiques en Allemagne fussent dans la suite alternatifs entre les catholiques et les protestans. *) Si l'on en croit les *négociations secrétes*, **) il visait même à pousser l'égalité entre les deux religions, jusqu'à faire tomber aussi la couronne impériale sur la tête d'un prince luthérien.

Ce ne fut donc que dans le cours de l'année 1648, que l'amnistie et les griefs de religion se trouverent reglés, ainsi que les stipulations relatives à l'*exécution* et à la *sureté*, ou la *garantie* de la paix.

*) *Mémoires de la reine Christine*, T. I. p. 118.

**) T. IV. p. 62.

SIGNATURE ET PUBLICATION DE LA PAIX.

La signature de cette paix se fit à Munster, le 24 Octobre. Pour cet effet les ministres français et suédois se rendirent en grand cortége chez les impériaux, et ceux-ci ensuite chez les Français et les Suédois. Les sécrétaires d'ambassade porterent le traité à signer aux députés de l'empire, qui avaient été désignés et choisis pour la signature. *)

La paix fut publiée le lendemain. L'échange des ratifications avait été fixée à deux mois par le traité. Elle n'eut lieu que le 18 Février 1649.

Les traités de Westphalie sont composés de deux instrumens: celui qui fut rédigé à *Munster* entre la France, l'empereur et l'empire, et celui qui le fut à *Osnabruck* entre la Suede, l'empereur et l'empire. Ces deux traités cependant ne doivent être envisagés que comme un seul, et toutes les stipulations contenues dans l'un, sont censées être aussi comprises dans l'autre; mais comme les affaires d'empire ont été traitées principalement à Osnabruck et par l'intervention de la Suede, on regarde le traité d'Osnabruck comme celui qui a proprement décidé les affaires de l'empire.

La meilleure édition du traité de Munster est celle que Léonard a donnée sur l'original français, dans son recueil de traités de paix, au lieu que la meilleure édition du traité d'Osnabruck a été publiée par Meiern, sur l'original suédois.

*) Adamus Adami, ch. 31. §. 12.

PUISSANCES COMPRISES DANS LE TRAITÉ.

Cette paix ne fut pas générale entre toutes les puissances qui avaient été impliquées dans la guerre, et qui avaient participé à la négociation. Les puissances principales belligérantes étaient l'*empereur*, l'*Espagne*, la *France*, et la *Suede*.

L'empereur et l'Espagne avaient pour *alliés* dans cette guerre, les états catholiques de l'empire. La France et la Suede avaient pour alliés le roi de Portugal, les états généraux des Pays-Bas, les ducs de Savoye et de Modene, et les états d'empire de la confession d'Augsbourg.

Entre les alliés on distingue les *adhérens*, qu'on regarde comme des alliés d'un ordre inférieur, tels que des villes ou états médiats, qui avaient été impliqués dans la guerre.

La paix ne se fit proprement qu'entre l'empereur, la France la Suede et les alliés ou adhérens des uns et des autres en empire.

Ainsi la guerre continua entre la France, assistée de la maison de Savoye, et l'Espagne, qui avait pour allié le duc de Lorraine. Elle fut pareillement continuée entre l'Espagne et le roi de Portugal.

PAIX PARTICULIERE

ENTRE LES ESPAGNOLS ET LES HOLLANDAIS,

signée à Munster, *en* 1648.

Quant aux Espagnols ils avaient deja fait à Munster même, au commencement de l'année 1648, leur paix particuliere avec les états généraux des provinces unies des Pays-Bas. C'était de la part de ces états une contravention manifeste au traité qu'ils avaient signé avec le roi à la Haye, le 1 Mars 1644, par lequel ils s'étaient engagés à ne faire la paix avec les Espagnols, que conjointement, et d'un commun consentement avec la France. *)

La proposition faite dans le cours de la négociation de 1646 d'un projet du cardinal Mazarin, pour l'échange des Pays-Bas et de la Franche-Comté, contre la Catalogne et le Roussillon, **) avait, à la vérité, éloigné de la France les esprits de ces républicains. Ce projet, en fixant toute leur attention, les porta à envisager le voisinage de la France comme beaucoup plus à craindre que celui des Espagnols. Ils en conclurent, que les Pays-Bas restant entre les mains d'une puissance éloignée et épuisée, leur tiendraient lieu de barriere contre la puissance naissante de la France.

Les

*) Voyez les art. 3 et 4 de ce traité, rapporté par le P. BOUGEANT, *Histoire des guerres et des négociations*, T. II. p. 368.

**) On trouve le mémoire du cardinal Mazarin relatif à cet échange dans les *négociations secrétes*, T. III. p. 20.

Les Espagnols de leur côté regardant leur paix particuliere avec la république comme très-importante, dans la position où ils se trouvaient, n'oublierent rien pour nourrir la méfiance que les Hollandais avoient concue des Français. Ils y réussirent au point que quoique le cardinal se fut départi de son projet d'échange, les plénipotentiaires de la république au congrès n'en parurent pas moins bien disposés en faveur des Espagnols, qui d'ailleurs parvinrent à tenter les Hollandais, par la grande facilité qu'ils apportaient à la négociation, et par les conditions avantageuses qu'ils leur offraient. Les plénipotentiaires se laisserent enfin engager par le comte de Pénaranda, à conclure séparément avec l'Espagne, au commencement de l'année 1647, et ajouterent simplement aux articles qu'ils signerent, la clause, que ces articles n'auraient l'effet d'un traité réel, que lorsque la France aurait reçu une pleine satisfaction.

Les Hollandais jouerent depuis le rôle de médiateurs entre la France et l'Espagne, et l'on vit naître sur la fin de l'année 1647 une lueur d'espérance qu'on en viendrait à une paix générale par un accommodement des différens qui partageaient les Français, les Espagnols et les Portugais. On était déja d'accord sur tous les principaux articles du traité, lorsqu'on se désunit derechef sur celui qui regardait la restitution de la Lorraine. Les Espagnols exigeaient qu'elle se fit en conservant les places dans l'état où elles se trouvaient, au lieu que les Français prétendaient en démolir les fortifications.

À dire le vrai, ni les uns ni les autres n'avaient de penchant décidé pour la paix. Les Espagnols se flattaient qu'en faisant leur paix particuliere avec la Hollande, il leur serait facile de reconquérir le Portugal et la Catalogne, et d'enlever même aux Français une partie de leurs conquêtes.

Le cardinal Mazarin qui se trouvait alors à la tête du ministere en France, craignait qu'un tems de paix et de calme général au dehors ne fût préjudiciable à son autorité, et n'engendrât des factions et des troubles intestins; c'est-ce qui le fit pencher pour la continuation de la guerre avec l'Espagne. La seule chose qu'il apprehendait, c'était qu'on ne lui imputât d'avoir empêché la paix; aussi ne négligea-t-il rien pour faire tomber ce soupçon sur les Espagnols.

Les Hollandais s'étant apperçus de ces dispositions de part et d'autre, prirent enfin la résolution de signer définitivement leur traité avec l'Espagne: cette signature se fit à Munster le 30 Janvier 1648. *) Voici les principales conditions de ce traité qui a occasionné, de nos jours, les plus vives contestations entre les Hollandais et l'empereur.

*) DUMONT T. VI. P. I. p. 429. Le P. BOUGEANT au T. V. p. 391. remarque qu'un des principaux artifices dont les Espagnols s'étaient servis, pour engager les Hollandais à signer séparément leur traité avec l'Espagne, fut l'insinuation qu'ils leur firent d'une négociation secrete entre la France et l'Espagne pour le mariage de l'Infante avec le roi, et la cession de tous les Pays-Bas en dot.

ARTICLES DU TRAITÉ DE PAIX

ENTRE LES ESPAGNOLS ET LES HOLLANDAIS.

Par le premier article le roi d'Espagne reconnait les Provinces-unies comme états libres et souverains, sur lesquels il ne prétendra jamais rien ni lui ni ses héritiers et successeurs.

Cette reconnaissance de la part des Espagnols flatta d'autant mieux les Hollandais, qu'ils ne l'obtinrent qu'à la suite d'une guerre longue et sanglante de quatre-vingts ans.

Par l'article troisieme chacun conservait les pays, villes, places et terres dont il était en possession. En vertu de cet arrangement les États-généraux conserverent au dehors du district des Provinces-unies, les conquêtes qu'ils avaient faites sur les Espagnols :

1.° *Dans le Brabant*, la ville et mairie de Bois-le-duc, la ville et le marquisat de Bergopzoom, la ville et la baronie de Breda, la ville et le ressort de Mastricht, le comté de Vroenhove, la ville de Grave, et le pays de Kuyk.

2.° *Dans la Flandre*, Hulst et ses dépendances, Axel et ses dépendances, avec les forts que les états tenaient au pays de Waes.

3.° *Dans le Limbourg*, les trois quartiers d'outre-Meuse, savoir Fauquemont, Dalem, et Rolduc appartiendront conjointement au roi d'Espagne et aux États-généraux, sur le pied qu'ils les tenaient alors. Cette derniere clause fut changée par une convention postérieure signée en 1661 à la Haye, par laquelle le pays d'outre-Meuse fut partagé entre le roi d'Espagne et les États-généraux. Les villes et châteaux de Fauquemont et de Dalem resterent aux États-généraux.

Par l'article cinquieme, chacun conserva de même ce qu'il tenait aux Indes orientales et occidentales, sur les côtés d'Asie, d'Afrique et d'Amérique.

C'est ici l'abandon, de la part de l'Espagne, de toutes les conquêtes que les Hollandais avaient faites sur les Portugais dans les différentes parties du monde, dans le tems que ces derniers fesaient partie de la monarchie espagnole. Il n'y avait gueres d'apparence que l'Espagne parvint jamais à reconquérir ces possessions éloignées, elle qui depuis 1640 fesait de vains efforts pour soumettre le Portugal soulevé contre elle et sa domination.

Elle ne fit donc non plus difficulté de céder aux Hollandais, par le même article 5, tous les lieux et places que les Portugais avaient repris, depuis 1641, sur les États-généraux, dans le Brésil, de même que les lieux et places qu'ils pourraient conquérir dans la suite, sans infraction du présent traité ; c'est-à-dire qu'ils pourraient conquérir sur les Portugais aux Indes et en Amérique.

Il est enfin aussi stipulé par l'article cinquieme, que les Espagnols retiendront leur navigation aux Indes orientales dans l'état où elle se trouvait alors, sans pouvoir s'étendre plus avant ; et que les habitans des Provinces-unies s'abstiendront pareillement de la fréquentation des places que les Espagnols occupaient aux Indes orientales.

Cette derniere clause occasionna de vives contestations entre les Hollandais et les Autrichiens, lors de l'érection de la fameuse compagnie d'Ostende en 1722.

Par l'article sixieme, il est arrêté que quant aux Indes occidentales, les sujets et habitans des deux états s'abstiendront réciproquement de naviguer et trafiquer dans les havres, lieux et places l'un de l'autre.

Un article important est le quatorzieme, qui porte que les rivieres de l'Escaut, comme aussi les canaux de Sas, Zwyn, et autres bouches de mer y aboutissant, seront tenues closes du côté des Provinces-unies. Cet article qui ferma l'Escaut, a ruiné le commerce d'Anvers, et a donné matiere aux derniers différens entre l'empereur et les États-généraux.

Par l'article 17 et suiv., le roi d'Espagne accorde aux sujets des États-généraux liberté de conscience dans ses états, sur le pied qu'elle avait été accordée aux Anglais par le dernier traité de paix.

Par l'article 62, les sujets de la couronne d'Espagne et des Provinces-unies sont déclarés capables de succéder les uns aux autres, tant par testament que sans testament selon les coutumes des lieux.

EXCLUSION DES ESPAGNOLS DU TRAITÉ ENTRE LA FRANCE ET L'AUTRICHE.

La paix ayant été conclue entre l'Espagne et les États-généraux des Provinces-unies, la négociation languit à Munster entre la France et l'Espagne. On ne fit plus que des démarches stériles pour se rapprocher de part et d'autre. Les Français s'occuperent plutôt de leur traité avec l'empereur et l'Empire, et des moyens d'en exclure les Espagnols, tout comme ceux-ci les avaient exclus de leur traité avec les Provinces-unies. Pour cet effet ils n'eurent point de cesse qu'ils n'eussent fait adopter dans leur traité avec l'empereur et l'Empire, la clause qui porte que ni l'empereur ni l'Empire ne pourront donner du secours aux Espagnols, sous prétexte d'assistance due au cercle de Bourgogne, que cependant ce cercle demeurera membre de l'Empire, après que les différens entre la France et l'Espagne seront assoupis. *)

Des stipulations à-peu-près semblables furent insérées dans le traité de Munster rélativement au duc de Lorraine. Il y est arrêté **) que le différent touchant la Lorraire sera ou soumis à des arbitres ou décidé par le traité entre la France et l'Espagne, et qu'il sera libre à l'empereur et aux princes et états d'empire, de s'interposer par des voies amiables, sans user de la force des armes.

Quant aux ducs de Savoye et de Modene, alliés du roi contre l'Espagne, il est porté dans le traité, que la guerre qu'ils ont fait, et qu'ils font encore en Italie pour le roi, ne leur apportera aucun préjudice, c'est-à-dire de la part de l'empereur. ***)

Le traité de paix de Quérasque de 1631 est confirmé en faveur du duc de Savoye, et l'empereur

*) §. 3. du traité de Munster entre la France, l'empereur et l'Empire.

**) §. 4.

***) §.. 119

s'engage de donner au duc, outre l'investiture de ses anciens fiefs et états, celle du pays de Montferat qui lui à été adjugé par le traité de Quérasque. *)

Le roi d'Espagne exclu, comme on vient de le dire, de traité de Munster entre la France et l'Espagne, est compris dans celui d'Osnabruck, ainsi que les ducs de Lorraine et de Savoye. L'empereur et la reine de Suede y comprirent aussi chacun les puissances qui étaient leurs amies ou alliées. **) Tous les princes et états de l'Europe se trouvent ainsi compris dans ce fameux traité, à l'exception du Pape et du grand-Seigneur, qui seuls n'y prirent aucune part.

SOMMAIRE DES TRAITÉS DE WESTPHALIE.

AFFAIRES DE L'EMPIRE.

AMNISTIE. ***)

L'amnistie du traité de Westphalie est *réelle.* Il n'est point question d'un simple pardon ou oubli des torts qu'on s'était fait pendant la guerre. Cet oubli est accompagné de restitution, et tous ceux qui ont été dépossédés durant la guerre, sont rétablis dans l'état, où ils étaient avant la guerre. C'est ce qu'on appelle *restitution du chef de l'amnistie*, qui doit être distinguée de celle qui se fait *du chef des griefs.*

*) §. 92 et suivans.

**) Art. XVII. §. 10 et 11, du traité d'Osnabruck.

***) Elle est traitée dans les articles II. III. et IV. du traité d'Osnabruck.

La premiere a pour *terme*, le tems qui précéda les troubles de Boheme, c'est-à-dire l'année 1618; l'autre a pour terme l'année 1624.

La premiere, quant à *l'effet*, remet simplement les choses dans l'état, où elles ont été avant la guerre, sauf les droits d'un chacun; *) l'autre tient lieu de transaction sur le droit même. Elle est dèslors perpétuelle et irrévocable, anéantissant tous droits et actions quelconques.

Cette amnistie est en outre générale, tant à l'égard des *choses*, que des *personnes*.

Pour ce qui est des *choses*, il n'y a exactement que celles qui par leur nature n'admettent point de restitution, qui en soient exceptées. **)

Quant aux *personnes*, le traité porte, que toutes celles qui ont été dépouillées ou lézées à l'occasion de la guerre, peuvent réclamer la restitution du chef de l'amnistie. ***)

C'est ici que le traité rappelle ****) une longue suite de princes et états, qui, quoique compris sous la regle générale de la restitution, sont cependant nommément restitués, soit que leur restitution s'écarte de la regle générale, soit qu'ils eussent été nommément exclus de l'amnistie de la paix de Prague, et qu'il y eût à craindre qu'on n'alléguât cette exclusion contr'eux.

*) Art. III. §. 2.

**) Art. IV. §. 56.

***) Art. III. §. 1.

****) Art IV.

Parmi ceux qui sont nommément restitués, il faut remarquer *l'électeur Palatin*, qui n'est pas purement et simplement rétabli. Il perd la *dignité électorale* qu'il avait eue avant la guerre, aussi bien que le *haut Palatinat*, qui l'une et l'autre sont confirmés à l'électeur de Baviere, auquel l'empereur les avait conférés pendant la guerre. *) On rend à l'électeur Palatin le *bas Palatinat*, et on érige en sa faveur un *huitieme électorat*, en lui accordant, avec l'investiture simultanée, le droit de réversion, tant à l'égard de l'ancienne dignité électorale Palatine, que du haut Palatinat, pour le cas où la branche de Baviere viendrait à s'éteindre dans les mâles. L'ancienne dignité électorale Palatine revenant alors à l'électeur Palatin, le huitieme électorat, érigé en sa faveur, doit entierement cesser. **)

Il est stipulé ***) en faveur des Luthériens du Palatinat, qu'ils seront maintenus relativement à la religion, dans l'état où ils se trouvaient en 1624; et il doit même être libre à ceux qui le demanderont, de construire des églises et d'exercer le culte public ou privé de leur religion par tout le Palatinat. Cette clause qui est tout a fait extraordinaire, a été insérée par l'influence de la couronne de Suede. Les Impériaux, maitres du Palatinat dans les années 1622 et suivantes, y avaient favorisé l'introduction du Luthé-

*) Art. IV. §. 3.

**) Art. IV. §. 5. 6. 9. Le cas stipulé dans cet article est arrivé de nos jours, à la mort du dernier électeur de Baviere arrivée en 1777.

***) Art. IV. §. 19.

ranisme, pour complaire à l'électeur de Saxe; d'où il arriva que l'état de l'année 1624 fut plus favorable aux Luthériens dans ce pays, que n'aurait été celui de l'année 1618.

La restitution de l'électeur Palatin est suivie de celle de plusieurs autres princes ou seigneurs, et nommément des maisons de Wirtemberg et de Bade. La premiere est rétablie dans la principauté de Mombéliard, et dans ses domaines situés en Alsace et en Franche-Comté, ainsi que dans son immédiateté envers l'Empire. *)

À la suite de tous les princes et seigneurs expressément restitués, il est aussi question des sujets et vassaux des pays héréditaires de l'empereur et de la maison d'Autriche. Les Suédois n'avaient rien négligé pour leur ménager une amnistie parfaite; mais ils n'y purent réussir par la ferme et constante opposition des Impériaux. L'amnistie à laquelle l'empereur consentit à leur égard, est donc des plus limitées. Il la leur accorde quant à leur *personne*, *vie*, *renommée* et *honneur*. Ils pourront revenir dans leur patrie; mais ils sont obligés de s'accommoder aux loix du pays, c'est-à-dire relativement à la religion, et ils ne jouiront point de la liberté de conscience. Enfin pour ce qui est de leurs biens, ils ne leur sont rendus, qu'autant qu'ils en ont été dépouillés depuis 1630, et pour avoir porté les armes soit pour la Suede, soit pour la France. **)

*) Art. IV. §. 24 et 25.

**) Art. IV. §. 52. 53. 54. 55.

DROITS ET LIBERTÉ DES ÉTATS. *)

Droits des états dans le gouvernement général de l'empire.

Dans toutes les délibérations sur les affaires de l'Empire, principalement où il s'agira de faire des loix ou de les interpréter, de résoudre une guerre au nom de tout l'Empire, d'imposer une contribution, d'ordonner des levées et logemens de troupes, de construire de nouvelles forteresses, ou de mettre des garnisons dans les anciennes, comme aussi où il s'agira de la paix ou de traités d'alliance, et autres choses semblables, on prendra toujours le libre consentement des états d'Empire assemblés en diete. **)

Droits territoriaux des états.

Ces états sont maintenus à jamais dans l'exercice de la supériorité territoriale et des autres droits, prérogatives et privileges, dont ils avaient joui précédemment.

Leur supériorité territoriale est déclarée s'étendre aussi bien sur l'ecclésiastique que sur le politique ou le temporel. ***)

Il leur sera libre de faire des alliances tant entre eux qu'avec les puissances étrangeres, chacun pour sa conservation et pour sa sûreté, pourvu que ces

*) Cette matiere est traitée dans l'article VIII du traité d'Osnabruck.

**) Art. VIII. §. 2.

***) Art. VIII. §. 1.

alliances ne soient point tournées contre l'empereur et l'Empire, ni contre la paix publique, ni contre celle de Westphalie. *)

Cette clause surtout a fortement intrigué les négociateurs. Les Impériaux soutenaient qu'il n'était permis à aucun prince d'empire de s'allier avec une puissance étrangere, sans l'agrément de l'empereur, comme chef de l'Empire, et que toute alliance, faite d'une maniere différente, était illégale et devait être envisagée comme une suite de rébellion. Il importait grandement à la France, de détruire cette opinion, et de faire assurer formellement, par le traité, aux princes d'empire le droit de faire des alliances, comme étant le moyen le plus efficace de mettre la constitution germanique à l'abri de toute atteinte.

Cet article doit donc être envisagé comme un des plus importans de tout le traité. Outre qu'il consolide le système fédératif de l'Empire, par la garantie des puissances étrangeres, il érige en même tems ce système en barriere pour la sûreté de l'équilibre général, d'autant que la puissance germanique, située au centre de l'Europe et partagée entre tant de différens princes, contribue, de sa nature, à maintenir la tranquillité, la liberté et l'indépendance de tous les états qui y avoisinent.

GRIEFS POLITIQUES. **)

Quelques-uns de ces griefs concernant les dietes générales et la voix délibérative des villes, sont dé-

*) Art. VIII. §. 2.

**) Art. VIII. §. 3 et 4.

cidés par le traité ; les autres relatifs à l'élection des rois des romains, à la capitulation perpétuelle, à la formalité des proscriptions, à la réintégration des cercles, à la renovation de la matricule, à la reformation de la police et de la justice, sont renvoyés à la diete prochaine.

Dietes générales.

Les états s'étaient plaints que les empereurs Ferdinand II et Ferdinand III ne convoquaient point de dietes, et qu'ils dirigeaient à leur fantaisie les affaires de l'empire. Il fut donc décidé, qu'il se tiendrait une diete dans l'espace de six mois, à compter de la ratification de la paix, et que dorénavant il en serait convoqué toutes le fois que l'utilité ou la nécessité publique le requerrait. Ce grief est aujourd'hui entierement levé, puisque la diete est permanente à Ratisbonne depuis 1663.

Voix des villes d'empire.

Les villes libres et immédiates jouiront, tant à la diete générale de l'empire, que dans les dietes particulieres des cercles, d'une voix déliberative qui aura la même force que celle des autres états de l'empire. Malgré cette décision, le collége des villes ne jouit pas en plein des effets de cette voix délibérative, puisqu'il est encore aujourd'hui exclu de la rélation et corrélation qui a lieu entre les deux colléges supérieurs à la diete.

Élection d'un roi des Romains.

Les Français avaient exigé dans le cours de la négociation, qu'il fût réglé, qu'on ne procéderait plus à l'élection d'un roi des romains, du vivant de l'empereur, ou que si l'on jugeait à propos d'en élire un, il ne pût être pris dans la famille de l'empereur regnant. Les états d'empire, sans approuver cette prétention des Français, exigeaient de leur côté, que s'il s'agissait de faire une pareille élection, du vivant d'un empereur, l'affaire fût d'abord rapportée à la diete, afin d'y examiner, si réellement les circonstances étaient telles qu'on dût y procéder. Les électeurs empêcherent, par leur opposition, que ce grief ne fût décidé.

Capitulation perpétuelle.

Les princes et états d'empire regardaient comme abusif, que les électeurs seuls préscrivissent la capitulation à l'empereur. Ils soutenaient, que la capitulation devant faire une loi fondamentale de l'empire, il était indispensable qu'elle fût rédigée de l'avis et du consentement de tout le corps germanique. Ils exigeaient donc, qu'on dressât un projet de capitulation perpétuelle à la diete, qui pût servir de regle aux électeurs à chaque nouvelle élection. On s'occupa de ce projet dans les dietes qui suivirent la paix de Westphalie, mais on ne parvint à y mettre la derniere main, que lors de l'interregne qui précéda l'élection de Charles VI. La capitulation de ce prince fut la premiere qu'on rédigea d'après le projet de la capitulation perpétuelle.

Formalité des proscriptions.

Les empereurs s'étaient arrogés le droit de prononcer privativement la proscription contre les princes et états d'empire. Ils n'observaient tout au plus que la formalité de la faire décréter par le conseil aulique. C'est ainsi que l'empereur Charles-Quint avait proscrit Jean-Frédéric, électeur de Saxe, et Philippe le magnanime, landgrave de Hesse; et que l'empereur Ferdinand II avait mis l'électeur Palatin au ban de l'empire, sans en conférer auparavant avec la diete, selon l'ancien usage. Rien ne paroissait effectivement plus déplacé dans une constitution limitée, comme celle de l'Empire, que de laisser l'empereur le maître de disposer à son gré de l'état et de la fortune d'un électeur ou prince d'empire. Cette considération fit mettre cet objet au nombre des griefs politiques. Les états demanderent que la proscription d'un prince ou état d'empire ne pût avoir lieu dans la suite et se prononcer qu'en pleine diete. L'opposition des Impériaux fut cause qu'on renvoya cette affaire à la diete prochaine. Elle y fut décidée par le projet de la capitulation perpétuelle; et la capitulation de l'empereur Charles VI arrêta pour la premiere fois, que la proscription n'aurait plus lieu, qu'autant qu'elle aurait été approuvée dans la diete.

Réintegration des cercles.

Cette réintegration des cercles signifie leur rétablissement dans leur premier état d'intégrité. On exigeait donc, que tous les états, qui avaient été démembrés par des puissances voisines, rentrassent dans leurs cercles. Les princes puissans de l'Empire devaient pareillement restituer nombre d'états immédiats dont ils s'étaient successivement emparés sous différens prétextes, en les forçant de reconnaitre leur supériorité territoriale.

Rénovation de la matricule.

Par la matricule on entend le rôle où la liste de tous les princes et états d'empire, avec le contingent que chacun est obligé de fournir en argent ou en troupes, dans les guerres et contributions de l'empire. Celle qui sert encore aujourd'hui de regle, a été rédigée en 1521, sous le regne de Charles V. Plusieurs états se plaignaient d'être taxés trop haut, et demandaient un nouveau cadastre au congrès. On renvoya encore cette affaire à la diete, où elle n'a jamais été terminée.

GRIEFS ECCLÉSIASTIQUES.

Les griefs ecclésiastiques sont traités et décidés dans le cinquieme article du traité d'Osnabruck. On y adopte pour fondement de la décision de ces griefs, la transaction de Passau, et la paix de religion qui

qui sont en même tems renouvellées dans tous leurs points, sans en excepter la clause appellée réserve ecclésiastique; mais il est statué que cette réserve aura aussi son effet à l'égard des bénéfices ecclésiastiques affectés aux protestans en vertu du traité. *)

La paix de religion étant adoptée pour fondement des décisions du traité de Westphalie, rélativement aux articles contestés entre les états des deux religions, il s'ensuit que ces décisions doivent être envisagées comme une déclaration perpétuelle de la dite paix, dont il ne sera plus permis de s'écarter. Dans tout le reste, c'est-à-dire, dans toutes les difficultés et contestations qui s'éleveront dans la suite, on prendra pour régle une parfaite égalité entre les états des différentes religions, ensorte que ce qui sera juste pour l'un, le soit aussi pour l'autre. **) Cette égalité doit cependant se trouver compatible avec la forme de gouvernement, avec les constitutions de l'empire et avec le traité de Westphalie. ***) Si cette restriction n'eût été admise, les protestans auraient pu étendre trop loin cette égalité, en prétendant, par exemple, parité de voix dans le college électoral, alternative dans la dignité impériale, et enfin alternative dans celle de juge de la chambre de l'empire, ce qui aurait été contraire aux formes et constitutions établies. Ce n'est pas que selon la constitution, l'empereur ne puisse nommer un protestant en

*) Article v. §. 1 et 15, du traité d'Osnabruck.

**) Art. v. §. 1.

***) Ibid. §. 1.

qualité de juge de la chambre impériale, ni qu'il ne soit pas libre aux électeurs de choisir un empereur de la même religion ; mais seulement que la liberté de leur choix ne se trouve pas gênée par une alternative.

Année normale.

Quant aux griefs ecclésiastiques, ils sont décidés de maniere, que pour ce qui regarde l'exercice de la religion, la jurisdiction, ainsi que les droits et biens ecclésiastiques, tout doive être reglé d'après l'état et la possession de l'année 1624, ce dont les deux parties sont convenues entr'elles ; et c'est ce qu'on appelle *année décrétoire ou normale.*

Il résulte de cet arrangement une restitution réciproque qui est la *restitution du chef des griefs*, dont l'époque est l'année 1624, qui n'a été adoptée qu'après de longs et vifs débats.

Il faut remarquer ici une distinction que le traité établit au sujet de l'année décrétoire. Le premier de Janvier 1624 tient seul lieu de regle, aussi souvent qu'il s'agit de la restitution des biens ecclésiastiques immédiats ou médiats, qui doit se faire à des membres immédiats de l'empire.

Toute l'année 1624 et chacune de ses parties sont décrétoires, toutes les fois qu'il s'agit de l'exercice de la religion des sujets contre leur seigneur, et de la restitution des biens ecclésiastiques médiats, qui doit se faire à des membres médiats de l'empire.

Cette restitution, comme nous l'avons remarqué ci-dessus, anéantit toute action et tout droit quelconque, et tient lieu de transaction sur le droit même.

Celui qui a possédé dans le jour ou dans l'année normale, est à jamais assuré de sa possession, jusqu'à ce qu'on puisse convenir définitivement sur la religion. Toutes contradictions et protestations quelconques sont annullées; tout décret, sentence, transaction, accord sont pareillement anéantis; tout trouble et action, même par voye de justice, sont défendus, et il est dit, que cette convention doit tenir lieu de loi et reglement perpétuel. *)

Cette restitution est accordée aux immédiats aussi bien qu'aux médiats, ou aux sujets contre leur seigneur. Ceux mêmes qui ont profité de la restitution du chef de l'amnistie, sont dans le cas de profiter de celle du chef des griefs.

Il n'y a exactement que les sujets des pays héréditaires de la maison d'Autriche qui ne peuvent point s'en prévaloir. **)

Quelques états, tels que l'électeur palatin, le marggrave de Bade, le duc de Wirtemberg, rétablis du chef de l'amnistie tant pour l'ecclésiastique que pour le civil et politique, ***) sont exceptés de la loi générale qui préscrit l'année 1624, pour servir de regle en fait de religion et de biens ecclésiastiques.

*) Art. v. §. 1. 2. 14.

**) Art. IV. §. 52.

***) Art. IV. §. 6. 24. 26.

Pour se mettre à même de juger des motifs de cette exception, il faut remarquer que les Impériaux et les Espagnols, en envahissant le Palatinat et les états des princes et seigneurs impliqués dans la cause de l'électeur palatin, y firent des changemens dans l'état politique et ecclésiastique, antérieurement à l'année 1624 adoptée pour année portante réglement en matiere de religion. Il s'en serait suivi que ces états auraient été de pire condition que tout le reste de l'Empire en matiere de religion, si l'année 1624 y avait trouvé son application. C'est ce qui a fait ordonner que dans le Palatinat, dans les pays de Bade et de Wirtemberg etc. l'année 1618, et le tems qui précéda les troubles de Boheme, servirait de régle tant pour l'amnistie que pour les griefs. Tel est aussi le sens du §. 13 de l'article V, qui ordonne que le terme de l'année 1624 n'apportera aucun préjudice à ceux qui sont retablis du chef de l'amnistie.

L'année 1624, c'est à-dire, l'état et la possession de cette année, ayant donc été adoptés pour régle de la décision des griefs, il importe à présent de voir l'application de cette régle aux biens ecclésiastiques, à la religion et à la jurisdiction ecclésiastique.

Biens ecclésiastiques.

Premiere Regle.

„ Tous les biens ecclésiastiques immédiats, que „ les états catholiques ou protestans auraient posse-

„ dés l'année et le jour décrétoires doivent leur rester „ à toute perpétuité." *)

Conformément à cette régle, les archevêchés, évêches, abbayes, canonicats, et généralement tous les biens ecclésiastiques immédiats restent affectés à celui des deux partis qui les a possédés, l'année et le jour décrétoires.

Cet arrangement était infiniment plus profitable au parti protestant que ne l'aurait été celui de la paix de Prague, qui avait été proposé par les Impériaux dans les conférences de Munster, et qui laissait aux protestans pour 40 ans seulement la jouissance des biens ecclésiasiques immédiats dont ils étaient en possession l'année 1627. Cette régle, que le traité établit relativement aux biens ecclésiastiques immédiats, est suivie de plusieurs clauses, qui se rapportent soit en général aux bénéfices ecclésiastiques immédiats, soit en particulier à ceux qui en vertu de cette régle restent affectés aux protestans.

1. Dans toutes les fondations immédiates tant catholiques que protestantes, les droits d'élection et de postulation seront maintenus suivant les coutumes et les anciens statuts, pourvu qu'à l'égard des fondations protestantes les dits droits ne contiennent rien qui soit contraire à la confession d'Augsbourg. Dans les unes et dans les autres, le droit héréditaire ne pourra jamais s'introduire, et l'administration en tems de vacance demeurera libre aux chapitres. **)

*) Art. V. §. 14 et 15.

**) Art. V. §. 16 et 17.

2. L'empereur sera maintenu dans son droit des premieres prieres dans les lieux, où il l'a ci-devant exercé, pourvu qu'il présente un sujet qui ait les qualités requises, et qui soit de la religion protestante, dans les bénéfices et fondations affectés à ceux de cette religion. *)

3. Les droits du Pape, savoir les annates, les droits de pallium, de confirmation, les mois du pape et autres droits et réserves n'auront plus lieu dans les biens ecclésiastiques immédiats des états de la confession d'Augsbourg. **)

Dans les chapitres immédiats mixtes, c'est-à-dire, composés de chanoines catholiques et protestans, où les mois du pape seraient en vigueur, ils continueront à avoir lieu à l'égard des seuls chanoines catholiques. ***)

4. L'empereur accordera l'investiture aux prélats de la confession d'Augsbourg, à condition qu'ils payent, outre la taxe accoutumée, encore la moitié au-de-là pour l'inféodation. Ces prélats jouiront du droit de suffrage dans les dietes et dans toutes les assemblées de l'empire. Ils prendront leur séance sur un banc mis en travers entre les ecclésiastiques et les séculiers, tant à l'assemblée générale de la diete qu'au college des princes, et ils porteront les titres d'élus ou de postulés archevêques, évêques, abbés, prévôts, sans préjudice de l'état et de la dignité. ****)

*) Art. v. §. 18.

**) Art. v. §. 19.

***) Art. v. §. 20.

****) Art. v. §. 21 et 22.

5. Il y aura à perpétuité autant de chanoines, soit catholiques, soit de la confession d'Augsbourg, qu'il y en avait de l'une et de l'autre religion dans les chapitres immédiats le premier Janvier 1624, et ceux qui viendront à décéder, ne seront remplacés que par des sujets de la même religion. L'exercice de la religion dans les évêchés mixtes restera aussi fixé sur le pied de l'année 1624. *)

6. Ces dispositions ne porteront point sur les biens ecclésiastiques immédiats, qui ont été donnés en satisfaction ou indemnité par le traité. **)

Deuxieme Régle.

„ Tous les biens ecclésiastiques médiats, comme „ monasteres, colléges, baillages ou commanderies, „ écoles, hôpitaux, dépendans de la supériorité ter- „ ritoriale, et dont les états de la confession d'Augs- „ bourg se trouvaient en possession l'année et le „ jour décrétoires, leur resteront à toute perpétuité, „ ou, ce qui revient au même, jusqu'à l'accommo- „ dement amiable des différens sur la religion." ***)

„ Réciproquement, tous les monasteres, fonda- „ tions et colléges médiats, que les catholiques pos- „ sédaient l'année et le jour décrétoires, si même „ ces fondations sont situées dans les territoires et „ seigneuries des états de la confession d'Augsbourg, „ ils les posséderont à jamais." ****)

*) Art. v. §. 23.

**) Art. v. §. 24.

***) Art. v. §. 25.

****) Art. v. §. 26

À cette derniere disposition le traité ajoute la clause, que de pareilles fondations ou monasteres possédés par les catholiques dans les territoires des états protestans, demeureront toujours aux mêmes ordres, auxquels ils ont été originairement dévoués. Et si un de ces ordres venait à être totalement éteint, on lui substituera des religieux d'un autre ordre, qui a été en usage en Allemagne avant les dissensions arrivées dans la religion. Par cette clause, les princes et états protestans ont cherché à se précautionner contre l'introduction des jésuites dans leur pays.

Dans les collégiales, monasteres et fondations médiates mixtes, on observera aussi l'état du 1 Janvier 1624 sur le même pied, que cela a été réglé à l'égard des fondations immédiates mixtes. *)

Dans toutes les fondations médiates, où l'empereur exerçait, le 1 Janvier 1624, le droit des premieres prieres, il l'exercera aussi à l'avenir sur le pied que ce droit lui a été accordé, à l'égard des fondations immédiates. **)

Quant aux mois du pape dans les fondations médiates, il n'en jouira non plus, qu'autant qu'il lui est permis d'en user à l'égard des fondations immédiates. ***)

*) Art. V. §. 26.

**) Ibidem.

***) Ibidem.

Droit de réformer.

Le droit de réformer, par lequel on entend le pouvoir des princes d'empire en matiere de religion, est confirmé à tous les états immédiats, y compris les villes impériales et la noblesse immédiate. *) Mais pour pouvoir y prétendre, il ne suffit pas de posséder une terre à titre de vassal, ni d'en avoir les droits de domaine direct; il ne suffit pas non plus d'y exercer la jurisdiction criminelle, ou le droit de patronage; il faut de toute nécessité avoir la supériorité territoriale et même l'avoir seul, car un coseigneur pourrait empècher l'autre de faire usage du droit de réformer. **)

Ce droit, qui est d'abord accordé à plein aux états jouissant de la supériorité territoriale, souffre cependant des limitations considérables, que les dispositions de l'année normale y apportent en faveur des sujets ayant une religion différente de celle de leur seigneur.

Limitations du droit de réformer entre les catholiques et les protestans.

Premiere Régle.

„ Les sujets de l'une ou l'autre religion différente
„ de celle de leur seigneur, qui auraient possédé
„ des biens ecclésiastiques, savoir temples, fonda-

*) Art. v. §. 28. 29. 30.

**) Art. v. §. 42. 43. 44.

„ tions, monasteres, hôpitaux, rentes, dans telle „ partie de l'année 1624, que ce puisse être, y „ seront maintenus à toute perpétuité, ou jusqu'à „ l'entiere décision des différens sur la religion. *)

On croit devoir remarquer ici une sorte de contradiction dans le traité. Le §. 25 de l'article V ordonne, que les états immédiats conserveront tous les biens ecclésiastiques médiats, qu'ils auront possédés le 1 Janvier 1624. Le §. 31 au contraire, du même article, maintient les sujets dans tous les biens ecclésiastiques, dont ils auront joui dans telle partie de l'année décretoire, que ce puisse être. Or si le prince ou seigneur territorial a possédé, par exemple, un couvent le 1 Janvier 1624, et que les moines y étaient rentrés le mois de Juillet de la même année, à qui appartiendra le couvent? Est-ce aux moines, conformément aux termes du §. 31, ou est-ce au seigneur territorial, d'après le §. 25? Ce sera sans doute les moines qui devront y être maintenus, et le droit du seigneur territorial fondé sur le 1 Janvier, ne pourra pas être mis en opposition avec celui de ses sujets. Le prince, par la possession du 1 Janvier, a acquis un droit contre tout autre état d'empire, contre le clergé en général, et non contre ses sujets.

Deuxieme Régle.

„ Les sujets, qui auront joui dans telle partie de „ l'année décretoire que ce soit, de l'exercice, ou „ public, ou privé de l'une ou de l'autre religion,

*) Art. V. §. 31.

„ le conserveront avec les annexes, tels qu'ils les „ ont eus lors de l'année décrétoire, sans qu'on puisse „ les y troubler en aucune maniere." *)

On trouve ici la distinction entre exercice *public* et *privé*. L'exercice public est celui qui se fait dans un endroit public et avec des cérémonies publiques, telles que sonneries, procession, enterremens publics etc. L'exercice privé est celui qui se fait dans une maison particuliere et sans cérémonies publiques.

Par annexes on entend consistoires, ministeres ecclésiastiques, académies, écoles, droits de patronage et autres choses semblables.

Une question s'est élevée depuis la paix de Westphalie: le simultanée peut-il être introduit dans un pays où l'une des deux religions a été seule en vigueur, lors de l'année décrétoire, ou, ce qui revient au même, un prince ou seigneur catholique peut-il introduire la religion catholique dans un pays où la confession d'Augsbourg a été seule en vigueur, l'année 1624, et vice versa?

Pour se mettre en état de porter un jugement sur cette affaire, il faut distinguer les différentes sortes de simultanée.

1°. Celle, où le prince accorde des églises, qu'il fait construire à neuf à ses frais, où il assigne des biens ecclésiastiques à ceux de sa croyance, sans ôter la moindre chose à ceux qui étaient seuls en vigueur l'année décrétoire.

*) Art. V. §. 31.

2°. Celle, où il leur accorde des temples abandonnés ou tombés en ruine, pour exercer leur culte, en les reconstruisant.

3°. Celle, où il leur accorde la permission de vaquer à leur culte dans les temples mêmes de ceux de l'autre religion à de certaines heures fixées.

4°. Celle, où il partage les temples et les biens ecclésiastiques entre les uns et les autres.

Il y en a qui prétendent, que toutes ces différentes especes de simultanée sont prohibées par les termes de l'article V. §. 31. *Nec quisquam a quocunque, ulla ratione aut via turbetur. Que personne ne soit troublé par qui que ce soit, ni par aucune voie ou maniere que ce puisse être, contre l'état de l'année* 1624. Or ceux qui tiennent cette opinion, s'efforcent de prouver que l'introduction d'un simultanée quelconque entraine toujours des troubles pour ceux de l'autre religion. D'autres au contraire, qui ont des principes plus modérés, admettent l'introduction du simultanée dans un semblable pays, pourvu qu'il ne blesse en rien les droits de ceux qui ont été seuls en exercice l'année 1624. Telles semblent être les deux premieres especes de simultanées, que nous avons détaillées. Ce qui vient à l'appui de cette opinion, c'est que le traité de Westphalie accorde dans les termes les plus énergiques à tous les états d'empire le droit de réformer, par conséquent aussi celui d'introduire leur propre religion. Cette faculté cependant peut être limitée d'une autre maniere, comme par des pactes de famille, tels que ceux qui subsistent dans la maison de Saxe; ou par l'opposition des états provinciaux, qui concourent avec le prince dans le gouvernement du pays.

Troisieme Régle.

„ Les sujets, qui n'ont eu ni l'exercice public ni „ privé de leur religion dans aucune partie de l'année „ décrétoire, ou qui viendront à changer de religion „ après la paix, jouiront de la liberté de conscience, „ et seront tolérés patiemment." *)

Cette tolérance accordée aux sujets, qui n'ont eu aucun exercice dans le cours de l'année décretoire, est une vraie tolérance civile. On ne peut user de contrainte envers eux, et on les laissera à leur dévotion privée, c'est-à-dire, il leur sera libre de vaquer aux devoirs de leur religion dans l'intérieur de leurs familles et de leurs maisons; en quoi la *dévotion privée* différe de l'*exercice privé*, qui renferme l'idée d'une assemblée ou d'une réunion de plusieurs familles pour le culte. Le traité, en accordant la dévotion privée à ceux qui n'ont point eu d'exercice l'année décrétoire, interdit formellement tout trouble et inquisition à leur égard. Il leur est même permis d'assister chez les voisins au culte public de leur religion. Ils pourront envoyer leurs enfans dans des écoles étrangeres, ou les faire instruire chez eux par des précepteurs domestiques. Mais ce que le traité a surtout grand soin d'inculquer, c'est qu'on les laisse jouir de tous les avantages, auxquels chaque citoyen a droit de prétendre.

*) Art. V. §. 34.

„ Les sujets, ce sont les termes du traité, *) „ soit qu'ils soient catholiques, soit qu'ils soient de la „ confession d'Augsbourg, ne seront en aucun lieu „ méprisés à cause de leur religion, ni ne seront „ exclus de la communauté des marchands, des ar- „ tisans et des tribus, non plus que privés des „ successions, legs, hôpitaux, léproseries, aumônes „ et autres droits ou commerces, et moins encore „ des cimétieres publics ou de l'honneur de la sépul- „ ture . . . . En sorte qu'en ces choses et autres „ semblables, ils soient traités comme des conci- „ toyens, et sûrs d'une justice et protection égales."

Telle est la *liberté de conscience* et la tolérance, qu'un seigneur territorial est obligé d'accorder à ses sujets, qui n'ont point eu dans l'année décretoire l'exercice de leur religion Ceci pourtant ne s'entend que du cas où le seigneur territorial veut conserver ces sujets dans son pays; car il est le maître, en vertu du traité, de les en faire sortir, mais en revanche, les sujets peuvent aussi demander l'émigration, sans que le prince ou seigneur puisse la refuser. Dans l'un et l'autre cas, c'est-à-dire, que le seigneur ordonne l'émigration, ou que les sujets la demandent, il est libre aux émigrans de conserver leurs biens, et de les faire administrer par procureurs, ou bien de les aliéner. Le traité accorde un terme de trois ans à ceux qui ne changeront de religion qu'après la paix, et un terme de cinq ans à ceux qui auraient changé avant la paix. **)

*) Art. v. §. 35.

**) Art. v. §. 36 et 37

On a élevé la question depuis la paix de Westphalie : si un seigneur territorial peut transplanter ses sujets d'un pays dans l'autre, pour cause de religion, c'est-à-dire, s'il peut les transférer dans un pays où le culte public de leur religion est en vigueur. On y répond, qu'il ne le peut qu'autant que ses sujets consentent à une pareille transplantation, car la paix leur accorde une émigration libre, et, quand il s'agit d'émigrer, il est naturel de faire attention non seulement au culte public de sa religion, mais encore à d'autres circonstances de la vie.

Le droit de réformer entre les catholiques et les protestans est borné, comme on vient de voir, par l'année décrétoire; il l'est encore par les *pactes faits entre les états immédiats et leurs états provinciaux ou sujets*, sur l'exercice public ou privé de l'une et de l'autre religion.

Ces pactes ont été faits ou avant ou après la paix de Westphalie. Les pactes faits avant la paix de Westphalie, ne sont confirmés qu'autant qu'ils ne sont point contraires à l'observance de l'année décrétoire 1624. *)

Les pactes qui se feraient après la paix de Westphalie entre un seigneur territorial et ses sujets ou états provinciaux, doivent avoir force, quand même le seigneur territorial y accorderait plus ou moins à ses sujets, que ne leur offrait l'observance de l'année 1624, pourvû que ces pactes se fassent d'un consentement libre et réciproque. **)

*) Art. v. §. 33.
**) Art. v. §. 31.

Toutes ces dispositions relatives à la religion, dont nous venons de parler, trouvent leur application par tout l'empire; et il n'y a que les états et les pays héréditaires de l'empereur et de la maison d'Autriche, qui en sont exceptés. *)

Les ducs et princes de Silésie cependant, ceux de Brieg, Liegnitz, Munsterberg et Oels, de la confession d'Augsbourg, ainsi que la ville de Breslau, sont maintenus dans leurs droits et priviléges, et dans l'exercice de leur religion, sur le pied qu'ils l'ont eu avant la guerre. Les autres seigneurs de Silésie et ceux de la Haute-Autriche, de la confession d'Augsbourg, conserveront leurs biens, et ne seront point obligés de sortir du pays; mais il ne leur est accordé autre chose, quant à la religion, si non de pouvoir assister à son culte dans les contrées voisines, et hors du territoire autrichien. Il sera permis néanmoins à ceux de Silésie de construire trois églises hors des villes de Schweidnitz, Jauer et Glogau, pour y vaquer à leur culte. **) Il ne fut jamais possible aux Suédois d'obtenir rien au-delà de ces stipulations. ***)

Limitation du droit de réformer entre les luthériens et les réformés.

Cette matiere est réglée par l'article VII du traité d'Osnabruck. C'est par cet article, que les avantages accordés

*) Art. IV. §. 52.
**) Art. V. §. 38. 39. 40.
***) Art. V. §. 41.

accordés aux catholiques et aux adhérens de la confession d'Augsbourg par les traités de paix de religion et de Westphalie, sont nommément étendus aux réformés. *)

Toutes les autres religions sont exclues de la tolérance accordée par ces traités. **)

Le sens de cette derniere clause ne peut être autre, si non qu'il n'y a que les trois religions reçues en empire, qui puissent invoquer en leur faveur les dispositions des traités de paix de religion et de Westphalie, et qu'il n'est point permis aux princes d'empire d'accorder un exercice public à ceux qui professent un culte différent.

Quant au droit de réformer entre les luthériens et les réformés, il n'est point limité par l'année normale, qui ne regarde que les seuls différens des catholiques et protestans entre eux. Des dispositions toutes particulieres reglent ceux des luthériens et des calvinistes, à l'égard desquels le traité distingue deux sortes de cas.

1°. Si un prince avait embrassé l'une de ces deux religions avant la paix de Westphalie, il jouira en plein du droit de réformer, sans être astreint à l'année décretoire; mais il sera obligé de s'en tenir aux traités, qu'il aura passés avec ses sujets ou avec quelque autre état, qui aurait stipulé pour ses sujets, auxquels en outre il ne pourra jamais enjoindre l'émigration. Dans ce cas là se trouvent les marggraves

*) Art. VII. § 1.

**) Art. VII. § 2.

de Brandebourg, les landgraves de Hesse-Cassel, les princes d'Anhalt, etc. qui ont embrassé la religion réformée antérieurement à la paix de Westphalie.

2°. Si un prince embrassait l'une de ces deux religions après la paix, ou s'il fesait, soit par la paix de Westphalie, soit par quelque autre titre, dans la suite l'acquisition d'un territoire dont les sujets seraient d'une religion différente de la sienne, il ne pourra faire aucun changement dans la religion, au point qu'il ne lui sera permis autre chose que d'avoir des prédicateurs de sa religion à sa cour. *)

À l'occasion de la religion, le traité parle des *engagemens impériaux* et autres. L'empereur se désiste du droit de retirer les engagemens impériaux, dont les états d'empire se trouvent saisis; ces états en conserveront la possession et la jouissance, jusqu'à ce qu'il en soit ordonné autrement du consentement des électeurs, princes et états d'empire. **)

Quant aux engagemens faits d'état à état, il est permis à ceux qui en ont fait, d'user librement de leur droit de retrait, si même ces engagemens avaient été faits de tems immémorial. Lorsqu'un pareil territoire engagé retourne à son seigneur primitif, ce dernier est astreint à l'observance de l'année décrétoire, dans le cas où l'*engagement s'était fait de mémoire d'homme;* mais lorsqu'il s'est fait de *tems immémorial*, le seigneur qui exerce le droit de retrait, peut user librement de son droit de réformer, et

*) Art. VII. §. 1.

**) Art. V. §. 26.

il lui est permis d'introduire sa propre religion dans le pays dégagé; mais il est obligé de tolérer les sujets de l'autre religion. Il ne pourra point leur enjoindre l'émigration, et il sera même obligé de transiger avec eux sur l'exercice public de leur religion. *)

Rentes, Cens, Dixmes dues dans un autre territoire.

Les rentes, cens, dixmes, pensions et autres droits, dus dans un autre territoire à l'égard des fondations ecclésiastiques, sont confirmés à ceux des états d'empire, qui étaient en possession de les percevoir lors de l'année et du jour décrétoires, conformément à la regle établie ci-dessus pour les biens ecclésiastiques en général. **)

Cette question a été fortement agitée de nos jours au sujet de la suppression de quelques couvens à Mayence, faite en 1781, par l'électeur, qui en incorpora les revenus à l'université de la même ville. Les couvens supprimés avaient des revenus dans les territoires de quelques états d'empire voisins. Les landgraves de Hesse-Darmstadt et de Hesse-Hombourg confisquerent ces revenus, comme étant des biens vacans. Il en résulta un procès, qui fut porté au conseil aulique de l'empire, où il fut décidé contre les landgraves, qui jugerent à propos de se pourvoir par un recours à la diete. Quantité d'écrits ont été

*) Art. V. §. 27.

**) Art. V. §. 45. 46. 47.

publiés à ce sujet, de part et d'autre. Il parait que le seul §. 47 de l'article V est deja suffisant pour décider cette question sans replique, en faveur de l'université de Mayence. Il ordonne, que, si des couvens ou fondations, qui ont des revenus dans un autre territoire, venaient à être détruits ou supprimés dans la suite, ces revenus n'en seront pas moins payés ou acquittés au seigneur du couvent détruit. Et si l'on soutenait, que cette disposition ne regardait proprement que les fondations et couvens situés dans les territoires protestans, elle n'en devrait pas moins s'appliquer aux couvens et fondations situés dans les territoires catholiques, à cause de la regle générale, établie par le §. 1 de l'article V, entre les deux religions, que ce qui est juste à l'un, doit aussi l'être à l'autre.

Jurisdiction ecclésiastique.

La jurisdiction ecclésiastique, de quelque espece qu'elle puisse être, de même que le droit diocésain, sont suspendus dérechef, tant entre les catholiques et ceux de la confession d'Augsbourg, qu'entre les états seuls de la dite confession.

Trois cas sont exceptés, où l'exercice de cette jurisdiction peut encore avoir lieu.

1°. Pour exiger les rentes, cens, dixmes dans les terres des états de la confession d'Augsbourg, où les catholiques auraient été, lors de l'année décrétoire 1624, en possession de l'exercice de la jurisdiction ecclésiastique.

2°. Les états provinciaux et sujets protestans des princes et évêques catholiques, qui auraient reconnu en 1624 la jurisdiction ecclésiastique, continueront à y être assujettis dans les cas, qui ne concerneront nullement la confession d'Augsbourg, et qui ne seront point en opposition avec leur conscience.

La même chose a lieu à l'égard des sujets catholiques des princes et états protestans, lesquels sont aussi assujettis à la jurisdiction ecclésiastique de ces princes, s'ils l'ont reconnue l'année décrétoire.

3°. Les sujets catholiques des princes et états de la confession d'Augsbourg, qui auraient joui dans l'année 1624 de l'exercice public de la religion catholique, continueront à être soumis au droit diocésain de leurs évêques, en tant que ces évêques l'auraient tranquillement exercé dans le cours de la dite année décrétoire. *)

Interprétation de la paix de religion.

On proscrit toutes les doctrines contraires à la paix de religion et à celle de Westphalie, et on arrête, que les doutes, qui s'éléveront dorénavant sur ces traités, ne pourront être décidés qu'en pleine diete, et par accommodement entre les états des deux religions. **)

*) Art. v. §. 48 et 49.

**) Art. v. §. 50.

Députations.

Toutes les députations ordinaires ou extraordinaires de l'empire seront composées de députés en nombre égal des deux religions. *)

Pluralité des suffrages.

Il est décidé, que la pluralité des suffrages n'aura plus lieu à la diete dans les cas suivans :

1°. Dans toutes les matieres de religion.

2°. L'orsqu'il ne s'agira pas proprement d'une affaire de religion, mais que les états catholiques ou protestans se formeront en corps à la diete.

3° Généralement dans tous les cas, où les états ne pourront pas être envisagés comme un seul et même corps, comme lorsqu'il s'agira des droits et prérogatives acquis à juste titre par chaque état d'empire en particulier. Dans tous ces cas la pluralité cessera, et il faudra traiter de corps à corps, ou s'accorder par des voyes amiables.

Pour ce qui est des contributions, que les états protestans avaient aussi voulu excepter de la pluralité des voix, il n'en a rien été décidé par le traité, qui renvoye cette affaire à la diete. **)

Réformation de la justice.

Il est arrêté, ***) qu'outre le juge et les quatre présidens, le nombre des assesseurs de la chambre

*) Art. v. §. 51.
**) Art. v. §. 52.
***) Art. v. §. 53.

sera augmenté jusqu'à 50, dont 26 seront présentés par les états catholiques, y compris ceux de l'empereur, et 24 par les états de la confession d'Augsbourg. Ce nombre n'a jamais été rempli, et il n'y a aujourd'hui que deux présidens et 27 assesseurs à ce tribunal.

Il est ensuite enjoint à l'empereur de recevoir dans le conseil aulique un certain nombre de sujets de la confession d'Augsbourg, afin que, le cas échéant, il puisse y avoir égalité de juges de l'une et de l'autre religion. *)

Les doutes qui naîtront sur l'interprétation des loix de l'empire, comme aussi par les opinions contraires des assesseurs des deux religions dans les jugemens des causes politiques et ecclésiastiques, seront portés à la connaissance de la diete générale de l'empire. **)

Le conseil aulique sera obligé d'observer la procédure judiciaire et le réglement de la chambre impériale, et il sera permis de se pourvoir contre les arrêts de ce conseil par la voye de la requête à l'empereur. ***)

Suisses.

Immédiatement après les griefs de religion et la chambre impériale, il est question des Suisses dans le traité. ****) Les états d'empire y reconnaissent

*) Art. V. §. 54.

**) Art. V. §. 56.

***) Art. V. §. 55.

****) Art. VI. du traité d'Osnabruck.

formellement la possession des XIII Cantons, d'une entiere liberté et exemption de l'Empire et de ses tribunaux, et cassent les procédures que la chambre impériale avait intentées contre la ville de Basle. Quelques publicistes ont chicané sur le sens de l'article concernant les Suisses, et ont soutenu que la possession de la liberté, dont il y est question, n'emportait point une entiere renonciation aux droits de haute souveraineté de l'Empire sur la Suisse.

COMMERCE.

Le quatrieme et dernier chef principal parmi les affaires de l'empire, concerne le commerce. *) Les nouveaux péages et autres empêchemens qui s'étaient introduits pendant la guerre, sont abolis, et les choses remises à cet égard dans l'état, où elles avaient été auparavant.

SATISFACTION DES COURONNES.

SATISFACTION DE LA FRANCE.

Elle est traitée au §. 69 et suivans du traité de Munster. On y céde à la France :

1°. La souveraineté de l'Empire sur les trois évêchés de Metz, Toul et Verdun, sur les villes du même nom, et les *districts* de ces évêchés. **)

*) Art. IX, du traité d'Osnabruck.

**) §. 70, du traité de Munster.

Le terme de district, qui est ici employé dans le traité, ne semble avoir d'autre signification que celui de territoire ou de finage; *) ensorte qu'avec les trois évèchés, l'empire céde aussi à la France la souveraineté sur les territoires ou finages de ces évèchés. Cette derniere puissance donna cependant, lors des réunions de Louis XIV, une signification beaucoup plus ample à ce terme. En s'appuyant de l'acte particulier de cession qui lui avait été delivré, **) elle soutint que ce terme renfermait pareillement la cession de la souveraineté sur les territoires de tous les états immédiats de l'Empire, qui étaient vassaux des trois évêchés.

2°. La souveraineté et les droits de l'Empire sur la ville de Pignerol, cédée en 1632 à la France, par la maison de Savoye, à la suite du traité de Querasque. ***)

3°. Le Vieux-Brisach, avec son ban et territoire, et les villages de Hochstatt, Niderimbsing, Harten et Acharn en dépendans. ****)

*) C'est ainsi que l'a traduit LÉONARD, dans ses traités de paix.

**) Cet acte porte entre autres: „ Volentes et consentientes, ut „ omnes et singuli dictorum episcopatuum, provinciarum ac ci- „ vitatum, episcopi, *vasalli*, subditi, cives et incolae deinceps „ domino regi christianissimo pareant etc." PFEFFEL *de limite galliae*, §. 28. Voyez aussi ADAMUS ADAMI cap. XXVI §. 2.

***) Voyez ci-dessus page 118. Pignerol fut retrocédé à la maison de Savoye, par le traité de Turin de 1696.

****) Cette ville avec ses dépendances fut rendue à la maison d'Autriche, par le traité de paix de Ryswic en 1697.

4°. Le droit de garnison dans Philippsbourg, sauf à l'évêque de Spire ses droits de propriété et de supériorité territoriale. *)

5°. Le landgraviat de la haute et de la basse Alsace, avec le Sundgau et la préfecture des dix villes impériales d'Alsace, Haguenau, Colmar, Schelestat, Wissembourg, Landau, Oberehnheim, Rosheim, Munster au val de St. Grégoire, Kaisersberg, et Turingheim.

Cette cession est exprimée dans les §§. 73 et 74 du traité de Munster, qu'il faut combiner avec le §. 87.

Les deux premiers paragraphes semblent énoncer bien évidemment la cession de la souveraineté absolue de toute l'Alsace, en faveur de la France. „ L'empereur, y est-il dit, tant en son nom qu'en „ celui de toute la maison d'Autriche, comme aussi „ l'Empire, cedent tous les droits, propriétés, domai„ nes, possessions et jurisdictions, qui jusqu'ici ont „ appartenu tant à lui qu'à l'Empire et à la famille „ d'Autriche sur le landgraviat de la haute et basse „ Alsace, le Sundgau et la préfecture provinciale „ des dix villes impériales, situées dans l'Alsace . . . . „ pour être incorporés, de ce jour à perpétuité, à „ la couronne de France, *avec toute sorte de jurisdic„ tion, de supériorité et de domaine suprême* **) (cum

*) §. 76 et 77, du traité de Munster. Ce droit de garnison a été retrocédé à l'Empire, par la paix de Nimegue en 1679.

**) Par *supériorité* on entend proprement la supériorité territoriale, Landeshoheit; au lieu que le *domaine suprême* désigne la haute-souveraineté ou sa suprématie. Ces deux pouvoirs combinés for-

„ omnimoda jurisdictione, superioritate supremo-„ que dominio) sans que l'empereur, l'Empire, la „ maison d'Autriche ni aucun autre y puisse appor-„ ter aucune contradiction."

Le §. 87 au contraire excepte de la cession tous les états immédiats de cette province, et les maintient dans leur immédiateté envers l'Empire, en limitant la cession faite à la France aux seuls droits, qui appartenaient à la maison d'Autriche: „ Que le roi très-„ chrêtien soit tenu de laisser non-seulement les „ évêques de Strasbourg et de Bâle, et la ville de „ Strasbourg; mais aussi les autres états ou ordres, „ qui sont dans l'une et l'autre Alsace, les abbés de „ Murbach et Lure, l'abbesse d'Andlau, Munster „ au val St. Grégoire, de l'ordre de St. Benoit, les

ment la *souveraineté absolue*. L'acte de cession, délivré à la France par l'empereur et par l'Empire, exprime cette cession avec plus de détail et dans des termes encore plus énergiques. Il transporte à la France le *domaine suprême* et *direct*, et les *droits de supériorité* sur les provinces cédées, sans aucune *limitation*, *restriction*, ni *réserve*. On y lit aussi le passage suivant: „ Nos enim omnibus ju-„ ribus, actionibus et regaliis, quae in praedictos episcopatus, „ provincias, oppida et fortalitia ante hac nos et praedecessores „ nostri quomodocunque habuimus, aut habere potuimus, plenis-„ sime et perfectissime scientes et volentes abhinc in perpetuum „ renunciamus, atque tres istos episcopatus, eorumque episcopos „ praesentes et futuros, civitatem Metin, Tullum, Virodunum, „ itemque Morsenvicum, Pinarolum, et *provincias Alsatiam utram-„ que*, Suntgoviam et oppidum Brisacum, omnesque eorum cives, „ incolas, vasallos, subditos ab omni juramento, homagis, fide-„ litate et obligatione, quibus hucusque nobis et sacro romano „ imperio, mediate vel immediate, devincti erant, absolvimus, „ liberamus atque exoneramus, eosque ab omni ejusmodi obli-„ gatione, absolutos, liberatos atque exoneratos declaramus."

„ palatins de Luzelstein, les comtes et barons de Ha„ nau, Fleckenstein, Oberstein, et toute la noblessse „ de la Basse-Alsace, de même que les dix villes im„ périales, qui dépendent de la préfecture de Ha„ guenau, dans le droit dont ils ont joui jusqu'ici, „ de relever immédiatement du Saint-Empire; de „ sorte qu'il ne puisse plus prétendre sur eux aucune „ supériorité royale, (ita ut nullam ulterius in eos „ regiam superioritatem praetendere possit), mais „ qu'il se contente des droits qui appartenaient à la „ maison d'Autriche, et qui par ce présent traité de „ pacification sont cédés à la couronne de France."

Une clause cependant, ajoutée immédiatement après, infirme de nouveau toutes ces nombreuses exceptions. Elle porte „que par cette déclaration „ il ne soit point dérogé aux droits de domaine su„ prême, ci-dessus accordés à la France,*) c'est-à-dire, „ par les paragraphes 73 et 74."

En effet, ces derniers paragraphes ayant cédé à la France la souveraineté absolue sur toute l'Alsace, il a fallu, par une conséquence naturelle, interpréter la réserve des droits d'immédiateté, faite en faveur des états d'Alsace, de maniere qu'elle ne préjudiciât pas à la souveraineté française, et c'est cette interprétation qui a été prononcée par la *clause salvatoire* qu'on vient de rapporter.

Louis XIV, lors de l'exécution des traités de Westphalie, se contenta des seuls droits et possessions

*) Cette clause est ainsi exprimée dans l'original latin: „ Ita tamen, „ ut praesenti hac declaratione nihil detractum intelligatur de eo „ omni supremi dominii jure, quod supra concessum est."

dont la maison d'Autriche avait joui en Alsace; il laissa les autres états de cette province dans l'exercice de leurs droits d'immédiateté sous la haute souveraineté de l'Empire; et ce ne fut que lors des réunions de 1680 et 1681, qu'il fit valoir les droits de souveraineté absolue sur l'Alsace, qui lui avaient été attribués par le traité de Munster; il ne laissa alors aux états de cette province, que l'exercice de ceux des droits d'immédiateté, qui étaient envisagés comme compatibles avec la souveraineté française.

Il est ensuite stipulé, par une clause du traité relatif à la cession de l'Alsace, que la France conservera dans les pays cédés la religion catholique, comme elle y a été *sous les princes d'Autriche*, et abolira toutes les nouveautés qui s'y sont glissées pendant la guerre. *)

Cet article ne regarde, bien évidemment, que les seuls domaines autrichiens de l'Alsace, et les innovations que les Suédois y avaient faites dans le culte, pendant qu'ils étaient les maîtres de cette province. C'est ces innovations qu'il s'agit de redresser, en remettant les choses dans l'état, où elles ont été sous les princes autrichiens, antérieurement à l'arrivée des Suédois en Alsace.

La France restitue à la maison d'Autriche les villes forestieres, le comté de Hauenstein, la Forêt noire, le Brisgau, et tout l'Ortenau. La liberté du commerce sur les deux rives du Rhin est rétablie,

*) §. 75, du traité de Munster.

et la navigation du Rhin est aussi déclarée libre, sans qu'il soit permis d'y imposer aucun nouveau droit. *)

La France s'engage à payer trois millions de livres tournois à l'archiduc Ferdinand-Charles de la branche de Tyrol, pour les cessions à elle faites par le traité. **)

Elle se charge en outre de deux tiers des dietes de la chambre d'Ensisheim, qui avait été la chambre des finances des archiducs en Alsace. ***)

SATISFACTION DE LA SUEDE.

Elle est contenue dans l'article X de la paix d'Osnabruck, où l'on céde à la Suede :

1°. La Poméranie citérieure, avec une partie de l'ultérieure, nommément la ville de Stettin et celles de Gartz, Damin, Golnau situées sur les deux rives de l'Oder vers son embouchure, avec l'isle de Wolin.

2°. L'expectative de toute la Poméranie et de l'évêché de Damin à l'extinction des mâles de la maison de Brandebourg.

3°. L'isle de Rügen à titre de principauté.

4°. La ville et le port de Wismar, sous le titre de seigneurie, avec quelques baillages du duché de Mecklenbourg.

5°. L'archevêché de Bremen, sous le titre de duché, et l'évêché de Verden, sous le titre de principauté.

*) §. 85, du traité de Munster.

**) §. 88, du même traité.

***) §. 89, du même traité.

6°. La Suede doit tenir tous ces états à titre de fiefs perpétuels et immédiats, et en qualité d'état d'Empire, avec la triple voix et séance à la diete, pour Bremen, Verden et la Poméranie. On lui accorde pour ces états le privilége de non-appeller, à condition qu'elle érigera une cour souveraine en Empire, où les causes seront décidées en dernier ressort. Cette cour siége aujourd'hui à Wismar. Un autre privilége accordé à la Suede, c'est celui de pouvoir choisir à volonté tel tribunal qu'elle voudra, soit le conseil aulique, soit la chambre impériale, lorsqu'elle sera actionnée en justice pour cause de ses états en Empire.

Enfin on lui donne aussi le droit d'ériger une université, où elle le jugera à propos. Cette université a été fixée à Greifswald dans la Poméranie citérieure.

La Suede perdit, lors des malheureuses guerres de Charles XII, une grande partie des pays que la paix de Westphalie lui avait adjugés. Par la paix de Stockholm de 1719, elle céda au roi d'Angleterre, comme électeur d'Hanovre, les duchés de Bremen et de Verden. Par le traité de Stockholm en 1720, elle abandonna au roi de Prusse la ville de Stettin avec la partie de la Poméranie située sur l'Oder, et entre l'Oder et la Peene.

SATISFACTION DE LA MAISON DE BRANDEBOURG. *)

On donne a la maison de Brandebourg pour la partie de la Poméranie qu'elle abandonnait à la Suede:

*) Art. XI, du traité d'Osnabruck.

1°. L'évêché de Halberstadt, y compris le comté de Hohenstein, à titre de principauté et fief d'Empire, et avec voix et séance à la diete. Il est permis en même tems à l'électeur d'éteindre successivement la quatrieme partie des canonicats du grand-chapitre, et de s'en approprier les revenus.

2°. L'évêché de Minden, à titre de principauté et de fief d'Empire avec voix et séance à la diete, et sauf les droits du chapitre.

3°. L'évêché de Camin, aussi à titre de principauté et de fief d'Empire, avec la faculté d'éteindre tous les canonicats, lors du décès des chanoines actuels.

4°. L'expectative de l'archevêché de Magdebourg, pour le cas du décès du duc Auguste de Saxe *) qui en était alors administrateur. La maison de Brandebourg possédera cet archevêché à titre de duché et de fief d'Empire, avec voix et séance à la diete, et la faculté d'éteindre la quatrieme partie des canonicats de la cathédrale, quand ils deviendront vacans, pour en appliquer les revenus à la chambre archiépiscopale.

Les droits, libertés et priviléges accordés, par les empereurs, à la ville de Magdebourg, sont renouvellés.

SATIS-

*) Ce cas arriva en 1680. La maison de Brandebourg prit alors possession de l'archevêché de Magdebourg.

SATISFACTION DE LA MAISON DE MECKLENBOURG. *)

À l'occasion du sacrifice que la maison de Mecklenbourg fit aux Suédois, de la ville de Wismar, on lui donna en compensation :

1.° Les évêchés de Schwerin et de Ratzebourg, à titre de principautés avec double voix et séance à la diete, et avec la faculté d'éteindre tous les canonicats des grands chapitres, lors du décès des chanoines actuels.

2.° Deux canonicats dans la cathédrale de Strasbourg. **)

3.° Les commanderies de Mirow et Nemerow de l'ordre de St. Jean.

SATISFACTION DE LA MAISON D'HANOVRE. ***)

Cette maison ayant été obligée de renoncer aux coadjutoreries qu'elle avait sur Magdebourg, Bremen, Halberstadt, Ratzebourg, on lui donna en dédommagement :

1.° L'alternative avec les catholiques dans l'évêché d'Osnabruck. Cette alternative est assurée d'abord en faveur des descendants du duc George de Brunswic-Lunebourg, et à leur défaut à ceux du duc Auguste de la branche de Brunswic-Wolfenbuttel.

*) Art. XII, du traité d'Osnabruck.

**) Ces canonicats ont été enlevés à la maison de Mecklenbourg, par arrêt du conseil d'Alsace, donné en 1681.

***) Art. XIII, du traité d'Osnabruck.

Le chapitre élira toujours parmi les princes de Brunswic un cadet, de préférence au prince regnant; mais s'il n'y avait pas de prince cadêt, ils sera obligé de choisir le prince regnant.

Un fils naturel de Gustave-Adolphe, nommé Gustave comte de Wasenbourg, tenait alors l'évêché d'Osnabruck; il fut obligé d'y renoncer par le traité, moyennant une somme de 80,000 écus, qu'on lui paya. L'état de la religion dans l'évêché d'Osnabruck est maintenu sur le pied de l'année décrétoire.

2.° Quelques monasteres et prélatures, comme Walckenried et Groeningue.

3.° Deux canonicats dans la cathédrale de Strasbourg.

SATISFACTION DE LA MAISON DE HESSE-CASSEL. *)

1.° L'abbaye de Hirschfeld, à titre de principauté avec voix et séance à la diete.

2.° Plusieurs baillages du comté de Schaumbourg, dont les comtes s'étaient éteints pendant la guerre de 30 ans.

3.° Six cents mille écus impériaux, assignés sur les archevêchés de Mayence et de Cologne, les évêchés de Paderborn et de Munster, et l'abbaye de Fulde, à cause de l'évacuation des places.

*) Art. XV, du traité d'Osnabruck.

SATISFACTION DE LA MILICE SUÉDOISE. *)

Cinq millions d'écus impériaux, payables en trois termes par les cercles d'Empire, à l'exception de ceux de Baviere et d'Autriche.

ASSURANCE ET GARANTIE DE LA PAIX. **)

Cet article rappelle les moyens qu'on jugea à propos de mettre en avant, pour rendre la paix stable et permanentè. Ces moyens sont:

1.° La ratification de la paix, qui doit se faire dans huit semaines après la signature.

2.° La réception de la paix en loi et sanction pragmatique de l'Empire.

3.° L'éloignement de tout empêchement quelconque qu'on pourrait alléguer tôt ou tard pour éluder les dispositions de la paix.

4.° L'extension des loix pénales de la paix publique à l'égard de ceux qui enfreindront la paix de Westphalie.

5.° La garantie dont toutes les parties contractantes se chargent, à l'effet de maintenir les dispositions de la paix, en s'engageant même à joindre leurs armes contre tous ceux qui les enfreindraient.

Cette garantie est énoncée en ces termes: „Que „ tous ceux qui ont part à cette transaction, soient

*) Art. XVI, §. 8 et suivans, du traité d'Osnabruck.

**) Art. XVII, du même traité.

„ obligés de défendre et protéger, tous et chacun,
„ les loix ou conditions de cette paix contre qui
„ que ce soit, sans distinction de religion; et s'il
„ arrive que quelque point en soit violé, l'offensé
„ tachera premierement de détourner l'offensant de la
„ voye de fait, en soumettant la cause à une com-
„ position amiable, ou aux procédures ordinaires de
„ la justice; et si dans l'espace de trois ans le diffé-
„ rent ne peut être terminé par l'un ou l'autre de
„ ces moyens, que tous et chacun des intéressés en
„ cette transaction, soient tenus de se joindre à la
„ partie lézée, et de l'aider de leurs conseils et de
„ leurs forces à repousser l'injure, après que l'of-
„ fensé leur aura fait entendre, que les voyes de
„ douceur et de justice n'ont servi de rien; sans pré-
„ judice toute-fois au reste de la jurisdiction d'un
„ chacun, et de l'administration compétente de la
„ justice, suivant les loix et constitutions de chaque
„ prince et état."

Il est clair, par ce passage, que la garantie dont il y est question, a pour but l'exécution du traité, en ce qui concerne l'intérieur de l'Allemagne et les états de l'Empire les uns à l'égard des autres. Il est donc ordonné qu'on ne prendra les armes qu'après avoir tenté inutilement, pendant trois ans, les voyes de la justice ordinaire et de la conciliation. La seule obligation que cette garantie impose aux puissances étrangeres qui ont pris part au traité, est de concourir de leurs efforts au maintien du système et de la liberté germaniques, que l'intérêt général de l'Europe a fait opposer comme une digue aux entreprises de l'autorité impériale.

EXÉCUTION DE LA PAIX. *)

L'empereur doit publier la paix par un édit, qui en enjoindra l'exécution. Elle se fera par les directeurs et les chefs des cercles.

Cette exécution ayant essuyé quantité de difficultés, on indiqua, pour l'accélérer, un congrès entre les deux généraux en chef, Charles Gustave et Piccolomini. Il eut lieu sur le pont de Prague au mois de Décembre 1648. L'empereur publia alors, en 1649, un nouvel édit pour hâter l'exécution.

Enfin on tint le congrès de Nuremberg, où on rechercha les moyens les plus propres pour éloigner toutes les difficultés qui s'opposaient encore à l'exécution de la paix. **) On y fixa trois termes, dans lesquels l'évacuation des places et les restitutions du chef de l'amnistie et des griefs, devaient se faire. Ce ne fut qu'en conséquence et à mesure de ces restitutions, que les troupes étrangeres sortirent successivement de l'Empire, dans les années 1650 et 1651.

Le nonce du Pape, aussi bien que le pape Innocent X lui-même, protesterent formellement contre la paix. ***)

*) Art. XVI, du traité d'Osnabruck.

**) MEIERN, *acta pacis executionis publica.*

***) LÉONARD, traités de paix, T. III.

Les Espagnols prirent le même parti, à cause de la cession de l'Alsace faite à la France par le traité de Munster. C'est ce qui engagea les Français à retenir le payement des trois millions stipulés par la paix en faveur de la maison d'Autriche. Il n'eut lieu qu'après la paix des Pyrénées, et en conséquence d'un nouveau traité, qui fut signé à Paris le 16 Décembre 1660. *)

*) LÉONARD, T. III.

HISTOIRE DU TRAITÉ DE PAIX DES PYRÉNÉES,

CONCLU ENTRE LA FRANCE ET L'ESPAGNE en 1659.

GUERRE ENTRE LA FRANCE ET L'ESPAGNE.

Cette guerre avait éclaté à l'occasion des troubles de l'Allemagne. *) Les Espagnols ayant été exclus du traité passé entre la France et l'empereur à Munster, ces deux puissances continuerent à se faire la guerre.

Les guerres civiles dont la France fut agitée pendant cet intervalle, faciliterent aux Espagnols les moyens de recouvrer une partie des places et pays, que les Français leur avaient enlevés précédemment, entre autres la meilleure partie de la Catalogne, qu'ils reprirent dans les années 1650 et 1652.

Les Pays-Bas devinrent ensuite le principal théâtre de la guerre, et le grand Condé, proscrit par la cour de France, y commandait les Espagnols avec le titre de généralissime.

La campagne de 1654 est remarquable par le siége d'Arras, entrepris par les Espagnols. Comme la prise

*) Voyez ci-dessus p. 70.

de cette place leur aurait ouvert le royaume, les maréchaux de Turenne, de la Ferté et d'Hocquincourt eurent ordre d'y conduire l'armée française, pour forcer les ennemis d'en lever le siége. Ils les y attaquerent dans leurs lignes, et les mirent entiérement en déroute. La défaite des Espagnols aurait encore été plus complete sans l'habileté du prince de Condé, qui s'illustra par la belle retraite qu'il fit à la tête de la cavallerie.

Un incident fort heureux pour la France survint en 1655. Le fameux Cromwel, nouveau protecteur de l'Angleterre, attaqua soudain les Espagnols en Amérique, et leur enleva la Jamaïque. Cette rupture amena une négociation entre la France et l'Angleterre, qui fut suivie d'un traité de commerce entre les deux nations, signé le 3 Novembre de la même année. Le cardinal Mazarin consentit à faire sortir du royaume Charles II et le duc d'York, son frere, cousins-germains du roi. Par un traité d'alliance subséquent, signé à Paris le 23 Mars 1657, entre le roi et le protecteur de l'Angleterre, ce dernier promit d'attaquer les Espagnols dans les Pays-Bas de concert avec la France, et de leur enlever à forces réunies Gravelines, Mardyck et Dunkerque, à condition que la France garderait la premiere de ces trois places, et que les deux autres resteraient à l'Angleterre. *)

Le maréchal de Turenne prit Mardyck dans le cours de la campagne de 1657, et remporta le 14 Juin 1658 sur Don Juan d'Autriche, et sur le prince de

*) LÉONARD, traités de paix, T. V.

Condé la fameuse victoire des Dunes. Elle fut suivie de la réduction du port de Dunkerque, qui, conformément au traité, fut remis aux Anglais, ainsi que Mardyck. Les Espagnols perdirent encore les places de Furnes, Dixmude, Gravelines, Oudemarde et Ypres.

NÉGOCIATIONS.

Tous ces succès servirent enfin d'acheminement à la paix entre les deux couronnes, que les papes avaient à différentes reprises, et toujours inutilement, tenté d'amener à des voyes d'accommodement.

La cour de Madrid ayant témoigné, en 1656, un désir sincere de se rapprocher de la France, le cardinal Mazarin envoya Mr. de Lyonne à Madrid, qui eut plusieurs conférences avec Don Louis de Haro, premier ministre d'Espagne, et avec le roi lui-même. On s'accorda sur plusieurs des articles principaux, mais il n'en fut pas de même par rapport à celui qui regardait le prince de Condé. Étant impliqué dans les guerres civiles de France, il s'était jetté entre les bras de l'Espagne, et avait été dépouillé de tous ses biens et dignités en France. Le roi d'Espagne exigeait qu'il fût rétabli dans toutes ses places, charges et gouvernemens, au lieu que le roi voulait que le rétablissement du prince vint de sa propre volonté, et s'engageait tout au plus à lui rendre ses biens. Ce fut à l'occasion de cet article, qu'on rompit alors les conférences.

Le cardinal Mazarin désirant d'engager le roi d'Espagne à hâter la conclusion de la paix et à se prêter au mariage de l'infante Marie-Thérése avec le roi, eut recours à un artifice, qui ne laissa pas de faire son effet. Il feignit un projet de mariage entre le roi et la princesse Marguerite de Savoye, et pour appuyer cette feinte par quelque démarche d'éclat, il ménagea en 1658, une entrevue à Lyon entre le roi et la duchesse de Savoye, qui y amena sa fille.

Le mariage de l'infante avec le roi avait deja été proposé par Mr. de Lyonne en 1656; mais comme Philippe IV n'avait pas encore d'enfans mâles, les Espagnols y montrerent alors de l'éloignement, dans la crainte que le mariage ne rendit un jour Louis XIV héritier de la monarchie espagnole. Les choses changerent depuis; la reine d'Espagne accoucha en 1657 d'un fils, et comme elle se trouvait encore enceinte en 1658, cette cour commençait à désirer avec empressement le mariage du jeune roi avec l'infante.

Le cardinal, qui n'ignorait pas ces dispositions, crut devoir se faire rechercher par les Espagnols, et c'est ce qui lui fit mettre sur le tapis le voyage de Lyon. Le roi d'Espagne sachant quel en était l'objet, n'eut rien de plus pressé que d'envoyer Don Antoine Pimentel dans cette ville, pour traiter de la paix avec le cardinal Mazarin et lui offrir pour premier article le mariage de l'infante. Le roi partit alors de Lyon, en donnant à la princesse de Savoye une promesse de l'épouser, au cas que son mariage avec l'infante ne se réalisât pas. *)

*) *Mémoires du maréchal de Grammont*, Tom. II. p. 184.

Pimentel suivit le roi à Paris, où il conclut au commencement de 1659 avec le cardinal et avec Mr. de Lyonne, les préliminaires qui devaient servir de base au traité de paix. L'article du prince de Condé y fut accordé de la maniere que le roi le souhaitait, c'est-à-dire qu'il serait rétabli dans ses biens sans charges ni gouvernemens. On convint que le roi retiendrait les places qui furent depuis spécifiées dans le traité des Pyrénées; mais l'honneur de la conclusion du traité fut réservé aux deux premiers Ministres de l'une et de l'autre couronne, au cardinal Mazarin et à Don Louis de Haro.

Immédiatement après la signature des préliminaires, on accorda une suspension d'armes, qui fut signée le 8 May 1659. Le cardinal se rendit ensuite à St. Jean de Luz, et Don Louis de Haro à St. Sébastien, sur la frontiere.

CONGRÈS DES PYRÉNÉES.

On convint de tenir les conférences dans l'isle des Fésans située dans la riviere de Bidassoa auprès des Pyrénées. Pour prévenir toutes les difficultés, les deux ministres, par des déclarations réciproques, reconnurent cette isle pour mitoyenne et appartenant par moitié aux deux états. On construisit ensuite un sallon au milieu de l'isle à une égale distance des bords. Le train du cardinal surpassa de beaucoup celui de Don Louis. Il alla à la premiere conférence, qui se tint le 13 Août, avec vingt-sept carosses à six chevaux, tous remplis de noblesse française, sans parler des gens de livrée, pages, gardes etc. Les conférences furent au nombre de vingt-cinq. Don Louis de Haro y fut assisté du secrétaire d'état, Pierre Coloma, et le cardinal du marquis de Lyonne nouvellement déclaré ministre d'état. Le cardinal parla toujours en italien, et Don Louis de Haro en espagnol. Dès la sixieme conférence, les deux ministres envoyerent le maréchal duc de Grammont à Madrid, pour faire la demande de l'infante.*)

Comme tous les articles du traité avaient déja été accordés à Paris avec Pimentel, il y eut peu de difficultés, sinon sur l'article du prince de Condé que Don Louis de Haro ne pouvait se résoudre de voir privé de ses charges et de ses gouvernemens, croyant que cela était contraire à la réputation du roi, son maître. Il crut donc devoir insister derechef sur le rétablissement entier du prince. Le cardinal refusa d'y consentir, prétendant s'en tenir à ce qui avait été réglé par le traité des préliminaires. L'affaire causa de vives contestations, et fut débattue dans près de quinze conférences. Enfin Don Louis, pour fléchir le cardinal, employa une ruse qui lui réussit. Il déclara que le roi son maître ne pouvait pas, à la vérité, exiger que le roi de France se départit d'aucun des articles des préliminaires; mais que ce dernier souverain ne trouverait non plus mauvais que le roi d'Espagne accomplit la promesse, qu'il avait faite au prince, de lui remettre en dédommagement, s'il n'obtenait une restitution complete, deux ou trois de ses meilleures places en Flandre

*) *Mémoires de Grammont*, T. II. p. 193.

pour les posséder en toute souveraineté. On ignore si telle était la véritable intention du roi d'Espagne, mais il n'en est pas moins certain, que cette déclaration du ministre espagnol agit puissamment sur l'esprit du cardinal. L'exemple de Sedan qui servait de retraite à tous les factieux, fesait sentir au cardinal qu'une nouvelle souveraineté accordée au prince dans les Pays-Bas deviendrait beaucoup plus préjudiciable à la France et au premier ministre, que le rétablissement du prince de Condé dans le gouvernement de Bourgogne et dans la charge de grand-maître. Il crut donc devoir céder sur ces articles, en tirant tout le parti possible du sacrifice qu'il fesait au roi d'Espagne. Pour prix de sa condescendance, il obligea le ministre espagnol d'ajouter aux cessions faites au roi dans le traité des préliminaires, celles des villes d'Avénes, de Philippeville, et de Marienbourg dans les Pays-Bas, avec le comté de Conflans du côté des Pyrénées. Le roi d'Espagne consentit aussi à remettre le duc de Neubourg en possession de la ville et citadelle de Juliers, se désistant pareillement à cet égard du traité des préliminaires, qui le maintenait dans la possession de cette place.

Ce point ayant été réglé, le traité de paix et le contrat de mariage du roi furent signés dans la vingt-quatrieme conférence tenue le 7 Novembre, et ce fut dans la vingt-cinquieme, qui eut lieu le vingt-cinq du même mois, que les deux plénipotentiaires prirent congé l'un de l'autre. *)

*) *Lettres du cardinal Mazarin.* DUMONT, *mémoires politiques pour l'histoire de la paix de Rysvic*, T. I. COURCHETEL, *histoire des négociations et du traité de paix des Pyrénées.*

SOMMAIRE DU TRAITÉ. *)

Ce traité contient cent vingt-quatre articles. Depuis le premier jusqu'au trente-troisieme, il n'est question que du renouvellement d'amitié et du commerce. On y regle entre, autres que les sujets d'un des deux rois jouiraient dans les états de l'autre des privileges accordés aux Anglais et aux Hollandais: qu'il serait respectivement permis aux deux souverains d'établir des consuls de leur nation dans les royaumes de l'autre, où ils jouiraient des privileges qui leur compétent: que les sujets de l'une et l'autre nation ne pourraient fournir aux ennemis de l'état des marchandises de contrebande: qu'on réputerait pour telles toutes les armes offensives et défensives, les munitions de guerre, les chevaux, leurs équipages et les autres attirails servant à la guerre; mais non les denrées commestibles: qu'en cas de contravention, ces sortes de marchandises de contrebande seraient confisquées, sans cependant y comprendre les vaisseaux et les marchandises libres, qui pourraient s'y trouver: qu'en cas de rupture, les sujets des deux rois auraient six mois pour se retirer et emporter leurs effets: que toutes les lettres de représailles seraient revoquées, et qu'il n'en serait plus accordé, qu'en cas de déni de justice dont les poursuivans fourniraient la preuve.

Le mariage du roi avec l'infante est arrêté au trente-troisieme article. On y convient, ainsi que dans

*) Ce traité se trouve dans LÉONARD T. IV, et DUMONT corps dipl. T. VI. P. II. p. 264.

le contrat de mariage, que le roi d'Espagne donnerait en dot à l'infante Marie-Thérése la somme de cinq cent milles écus d'or, payables en trois termes; qu'au moyen du payement de cette somme, l'infante ne pourrait prétendre autre chose à la succession du roi et de la reine d'Espagne, qu'elle y renoncerait avant de se marier, et qu'elle confirmerait encore cette renonciation conjointement avec le roi, après la consommation du mariage; que l'infante, aussi bien que les enfans nés de son mariage avec le roi, seraient exclus de toute succession aux états du roi d'Espagne, par quelque titre que ce puisse être. *)

CESSIONS FAITES À LA FRANCE
du côté des Pays-Bas. **)

La France conserve le *comté d'Artois*, savoir les villes d'Arras, Hesdin, Bapaume, Lillers, Lens, Terouane, le comté de St. Paul, et généralement tout l'Artois, à la réserve de St. Omer et Aire.

Dans le *comté de Flandre*, Gravelines, Bourbourg, St. Venant et leurs dépendances.

Dans le *comté de Hainault*, Landrecy et le Quesnoy, avec leurs baillages et annexes.

Dans le *duché de Luxembourg*, Thionville, Montmédy, Damvillers, Ivoy, Chavancy, Marville, et leurs dépendances.

*) LÉONARD, p. 66, et les actes de renonciation, datés du 2 Juin 1660, dans DUMONT, T. VI. P. II. p. 288 et 291.

**) Art. 35 et suivants jusqu'à 41.

Enfin Marienbourg, Philippeville et Avesnes entre Sambre et Meuse.

CESSIONS FAITES À LA FRANCE *du côté de l'Espagne.* *)

Le *comté de Rousillon* et de *Conflans*, à la réserve des lieux qui se trouveront être dans les Pyrénées du côté de l'Espagne; la partie du *comté de Cerdaigne*, qui se trouvera être dans les Pyrénées du côté de la France.

Les Pyrénées serviront de limites entre les deux états. Elles furent ensuite réglées par une convention particuliere, signée le 12 Novembre 1660. **)

Depuis l'article quarante-quatre, il s'agit des restitutions à faire au roi d'Espagne dans le comté de Bourgogne, dans les Pays-Bas, en Italie, dans les comtés de Catalogne et de Cerdaigne.

Par l'article soixantieme, le roi s'engage sur son honneur, et en foi et parole de roi, de ne donner au royaume de Portugal aucune aide ni assistance publique ou secrete, ni directement, ni indirectement, d'hommes, d'armes, munitions, vivres, vaisseaux, argent etc. Cet article fut une grande amorce pour l'Espagne, et l'engagea à se relacher sur plusieurs points du traité. Envain le cardinal Mazarin avait-il offert à l'Espagne la restitution de toutes les conquetes de la France, si elle voulait laisser le roi de Portugal en paisible possession de son royaume.

Cette

*) Art. 42 et 43.

**) LÉONARD T. IV. p. 74.

Cette offre ne tenta point les Espagnols, qui espéraient de pouvoir réduire le Portugal, après avoir fait leur paix avec la France.

Par l'article 61, l'Espagne renonce à ses droits sur l'Alsace, le Sundgau et autres places et pays cédés au roi par le traité de Munster.

Depuis l'article 62 jusqu'à 79, il est question de la restitution du duc de Lorraine, qui est rétabli dans son duché, à la réserve de Moyenvic, du duché de Bar, et du comté de Clermont, qui sont incorporés à la couronne de France. Le duc se désiste de toute ligue faite ou à faire contre la France, et accorde libre passage aux troupes de cette couronne. Cette restitution ne fut gueres du gré du duc de Lorraine, qui restait dépouillé d'une grande partie de ses états. Il s'en plaignit vivement à Don Louis de Haro; mais il ne fut pas possible d'y rien changer, par l'opposition constante du cardinal Mazarin. *)

À l'article 81 commence la restitution du prince de Condé. Il est rétabli dans tous ses biens, honneurs et dignités, nommément dans la charge de grand-maître; mais au lieu du gouvernement de Guyenne, on lui donne celui de la Bourgogne.

L'article 89 renouvelle les articles 21 et 22 du traité de Vervins, concernant la réservation des droits du roi sur le royaume de Navarre.

Enfin, depuis l'article 91, sont traités les intérêts des ducs de Savoye et de Modene, qui avaient été alliés de la France contre l'Espagne. Ces princes

*) *Lettres du cardinal Mazarin*, T. II. p. 265.

sont complettement rétablis dans l'état où ils avaient été avant la guerre.

Telles sont les principales conditions du traité des Pyrénées, qui fut des plus glorieux à la France; car indépendamment des avantages réels qu'il lui procura, il établit sa considération politique aux yeux de toute l'Europe, et décida sa supériorité sur l'Espagne.

HISTOIRE DU TRAITÉ DE PAIX DE LISBONNE

ENTRE L'ESPAGNE ET LE PORTUGAL, CONCLU EN 1668.

GUERRE ENTRE L'ESPAGNE ET LE PORTUGAL.

La guerre subsistait entre le Portugal et l'Espagne depuis la fameuse révolution de 1640, où les Portugais révoltés contre les Espagnols s'étaient donnés à Jean IV de la maison de Bragance : elle languit pendant tout le tems que dura la guerre de France.

Les Espagnols vivement poussés par les Français, ne pouvaient faire que de faibles efforts contre le Portugal. Ils n'eurent pas sitôt fait leur paix avec la France, qu'ils résolurent de tourner toutes leurs forces contre les Portugais, qu'ils croyaient faciles à réduire, les Français s'étant formellement engagés à en abandonner la défense, et à leur refuser toute espece de protection. Il y avait donc lieu de croire que les Portugais abandonnés à leurs propres forces, qui se réduisaient à peu de choses, finiraient par retomber sous la domination espagnole.

Vivement allarmés d'un tel état de détresse, il ne restait d'autre parti à prendre aux Portugais, que de se jetter entre les bras de l'Angleterre. Le roi Alphonse VI, fils et successeur de Jean IV, réussit, malgré les intrigues de la cour de Madrid, à faire arrêter en 1661 le mariage de l'Infante Catherine, sa soeur, avec le roi Charles II, nouvellement rétabli sur le trône britanique. Les traités d'alliance, qui avaient été contractés antérieurement entre les deux nations, furent renouvellés. Le roi de Portugal promit de payer au roi d'Angleterre une dot de deux millions de crousades, de lui livrer la ville de Tanger en Afrique, et l'île de Bombay aux Indes. Le roi Charles II s'engagea de son côté à envoyer au secours des Portugais deux mille hommes d'infanterie, mille chevaux, et une flotte de dix vaisseaux de guerre. *)

La France, persuadée qu'il était de son intérêt de maintenir les Portugais contre les Espagnols, s'employa fortement à la réussite de leur alliance avec l'Angleterre, et sans être arrêtée par les stipulations du traité des Pyrénées, elle leur accorda toute sorte de secours. Le maréchal de Schomberg passa en 1661 en Portugal avec 600 officiers français, et parmi eux d'excellens ingénieurs. M. d'Ablancourt**) fut envoyé pour veiller aux intérêts de la France dans ce royaume, et pour soigner le payement des troupes.

Le Portugal devint alors le théâtre d'une guerre fort animée. L'armée espagnole était commandée par Don Juan d'Autriche, fils naturel de Philippe IV,

*) Voyez ce traité dans LA CLEDE *Histoire de Portugal*, T. VIII. p. 307.

**) On a de lui des mémoires intéressans sur le Portugal.

et qui s'était déja distingué par la réduction du royaume de Naples. Les Portugais, guidés par les conseils du comte de Schomberg, et assistés des troupes auxiliaires de l'Angleterre, n'oublierent rien pour lui opposer la défense la plus vigoureuse.

Don Juan eut d'abord quelques succès; il s'empara de la ville d'Évora, et jetta la consternation dans Lisbonne; mais deux victoires remportées par les Portugais rétablirent leurs affaires et assurerent leur indépendance. La premiere bataille se donna à Almexial en 1663, et Don Juan d'Autriche la perdit. Le marquis de Caracéna, son successeur dans le commandement, ne fut pas plus heureux; il essuya une entiere défaite aux environs de Montes-Claros ou de Villa-Viciosa, en 1665. Ces deux succès furent dus en grande partie aux talens du comte de Schomberg et à la bravoure des troupes anglaises.

NÉGOCIATIONS.

La guerre pour le droit de dévolution ayant éclaté en 1667, la France conclut une nouvelle alliance offensive avec le roi de Portugal. Les Espagnols sentirent très-bien, que n'ayant pu réduire le Portugal, pendant qu'ils étaient en paix avec la France, et qu'ils n'avaient que cette seule guerre sur les bras, ils n'en viendraient pas à bout dans un tems où ils étaient obligés de porter toutes leurs forces en Flandre, pour résister aux Français. C'est ce qui engagea la cour de Madrid à se prêter aux insinuations de celle de Londres, qui lui offrit sa médiation pour la paix avec le Portugal. Cette paix fut négociée et traitée à Lisbonne, dans l'instant même de la singuliere révolution qui amena le detrônement du roi Alfonse VI. Sa femme, qui était une princesse de Nemours, réussit, par ses intrigues, à lui faire donner sa démission. Alfonse fut enfermé, et la reine épousa l'Infant Don Pedre, qui fut substitué au roi son frere en qualité de régent. *) La France s'était flattée que cet évenement servirait à maintenir le Portugal dans son alliance contre l'Espagne; mais l'Infant Don Pedre, quoiqu'il fût porté pour la France, se vit obligé par les cortès de donner les mains à la paix, qui fut signée à Lisbonne, le 13 Février 1668. **)

SOMMAIRE DU TRAITÉ.

Par cette paix les Espagnols traiterent avec le roi de Portugal, comme avec un prince souverain et indépendant. On convint de se rendre de part et d'autre tout ce qu'on s'était enlevé pendant la guerre, à l'exception de la seule ville de Ceuta en Afrique, qui resta aux Espagnols. ***)

Le roi d'Espagne ne renonça cependant pas formellement, par ce traité, aux droits et prétentions, qu'il formait sur le Portugal. Ce ne fut que par des traités et conventions postérieures, qu'il abandonna le titre et les armes de ce royaume.

*) *Histoire du détrônement du roi Alfonse VI*, contenue dans les *Lettres de* M. ROBERT SOUTHWEL.

**) *Mémoires* D'ABLANCOURT.

***) Article 2 du traité de Lisbonne. Ce traité se trouve dans DUMONT, corps dipl. T. VII. P. I. p. 70; dans les *Mémoires* D'ABLANCOURT, p. 353, et dans LA CLEDE, *Histoire du Portugal*, T. VIII. p. 518.

HISTOIRE DU TRAITÉ DE PAIX DE LA HAYE

ENTRE LES PORTUGAIS ET LES HOLLANDAIS, EN 1669.

Les Hollandais, pendant leur guerre avec l'Espagne, avaient attaqué les possessions des Portugais aux Indes, et les avaient successivement dépouillés des îles Moluques, et de tous leurs principaux établissemens, tant en Asie qu'en Afrique et en Amérique. Peu après la révolte du Portugal contre l'Espagne, il se conclut en 1641 une treve de dix ans entre les Hollandais et les Portugais, dont une des principales conditions fut, que les deux nations s'assisteraient mutuellement contre les Espagnols d'un secours de 20 vaisseaux de guerre. *) Il arriva alors, que les Hollandais, qui cultivaient la paix avec les Portugais, et leur donnaient des secours en Europe, continuerent à leur faire la guerre et à les dépouiller dans les Indes.

Les Portugais, de leur côté, reprirent en 1645 sur les Hollandais une grande partie du Brésil, et les expulserent entiérement de ces pays en 1654. Angola et l'île de St. Thomas, sur la côte de l'Afrique,

*) DUMONT, T. V. p. 215.

retomberent aussi en 1648 au pouvoir des Portugais. En 1650 les Hollandais se rendirent maitres du Cap de bonne espérance; ils enleverent en 1656 aux Portugais la ville de Colombo, capitale de leurs possessions dans l'île de Ceylon.

Les Portugais ne pouvaient se résoudre à abandonner aux Hollandais les conquêtes, qu'ils avaient faites sur eux, et espéraient de les expulser des Indes, comme ils avaient réussi à les chasser du Brésil.

Les tentatives qu'on fit de tems à autre pour accommoder les différens de ces deux nations, ayant été infructueuses, la guerre fut formellement déclarée entre elles en 1657. Les Hollandais conquirent en 1658 sur les Portugais l'île de Manara, fameuse par la pêche des perles, Jafanapatan dans l'île de Ceylon, et Négapatnam sur la côte de Coromandel.

Enfin les Portugais vivement attaqués par les Espagnols en 1661, prirent le parti d'accepter la médiation de l'Angleterre. On parvint le 6 Août 1661 à conclure à la Haye un traité de paix entre les deux nations. *) Il portait que les hostilités cesseraient en Europe deux mois après la signature de la paix, et dans les autres parties du monde lors de sa publication; que cette publication se ferait trois mois après la ratification, et que tout ce qui aurait été conquis jusques là de part et d'autre, resterait à celui qui s'en trouverait en possession; mais que tout ce qui aurait été conquis en Europe, deux mois après la signature de la paix, et ce qui l'aurait

*) DUMONT, *Corps dipl.* T. VI. P. II. p. 366.

été dans les autres parties du monde après sa publication, serait rendu de part et d'autre.

Des empêchemens de toutes especes furent cause que l'échange des ratifications ne se fit que le 14 Décembre 1662. Les Hollandais profiterent de cet intervalle, pour faire de nouvelles conquêtes sur les Portugais. Ils leur enleverent en 1661 Coulan, en 1662 Cranganor, et en 1663 Cananor et Cochin, sur la côté de Malabar.

La nouvelle de ces conquêtes étant arrivée en Europe, il s'éleva une contestation sur leur légitimité. Les Portugais exigerent la restitution de tout ce que les Hollandais avaient occupé depuis le 25 Octobre 1662. Ils prétendaient que la ratification portugaise ayant été présentée à la Haye dès le 15 Juillet 1662, et l'échange n'ayant été retardée que par la faute des Hollandais, le terme des trois mois stipulé par le traité pour la publication, devait commencer du jour de cette présentation. Les Hollandais, au contraire, soutenaient, que ce terme ne devait avoir lieu que du jour même de l'échange, qui fut le 14 Décembre 1662. Ils voulaient donc conserver toutes les conquêtes faites jusqu'au 14 Mars 1663, et nommément Cochin et Cananor. Ayant constamment refusé la restitution de ces deux places, la négociation traîna, et l'accommodement définitif entre les deux nations n'eut lieu qu'en 1669.

On signa enfin à la Haye le 31 Juillet de cette année un nouveau traité, qui confirma et modifia celui de 1661. Les Hollandais conserverent généralement toutes leurs conquêtes, sans en excepter celles qu'ils avaient faites depuis la conclusion de la paix de 1661. Ils s'engagerent seulement à la restitution de Cananor et de Cochin, lorsque les Portugais leur payeraient les trois millions de florins mentionnés dans le traité, et leur rembourseraient les frais faits pour la conquête de ces places. Cette clause onéreuse aux Portugais parait équivalente à un entier abandon de leur part de ces deux places.

Les traités de 1661 et 1669 renferment ensuite plusieurs stipulations relatives au commerce entre les deux nations. *)

*) DUMONT, *Corps dipl.* T. VII. p. 114.

HISTOIRE DU TRAITÉ DE PAIX D'AIX-LA-CHAPELLE,

CONCLU EN 1668 ENTRE LA FRANCE ET L'ESPAGNE.

GUERRE DE DÉVOLUTION.

Louis XIV saisit la circonstance de la mort de Philippe IV, roi d'Espagne, arrivée en 1665, pour former des prétentions à plusieurs états de la monarchie espagnole. La renonciation de la reine Marie Thérése, sa femme, portée par son contract de mariage et confirmée par le traité des Pyrénées, ne put l'emporter sur le penchant qu'il avait pour la guerre.

Ces prétentions n'embrassaient pas moins que le duché de Brabant, la seigneurie de Malines, Anvers, la Haute-Gueldre, Namur, Limbourg et les places unies au-de-là de la Meuse, le Hainault, l'Artois, Cambrais, le comté de Bourgogne, le duché de Luxembourg et une de principales parties du comté de Flandre. On les fesait dériver du droit de dévolution usité dans ces provinces, en vertu duquel la propriété des biens est affectée aux enfans du premier lit, lorsque leur pere ou mere passent en secondes noces.

Charles II, roi d'Espagne, qui venait de succéder à son pere, était du second lit de Philippe IV, au lieu que Marie Thérése, reine de France, était du premier lit. Louis XIV soutenait donc, que dès l'instant du second mariage de Philippe IV, la propriété de tous les pays, où le droit de dévolution avait lieu, avait été dévolue à la reine sa femme, et qu'à la mort du roi d'Espagne la jouissance devait se réunir à la propriété, en faveur de la reine: que cette princesse étant mineure, lorsqu'elle signa son contrat de mariage, elle n'avait pu renoncer à des droits légitimes, qui lui avaient été antérieurement acquis: que la dot de cinq cens mille écus d'or, qui lui avait été promise par son contrat de mariage, n'ayant point été payée, la renonciation, qui était fondée sur ce payement, demeurait nulle et comme non arrivée.

Les Espagnols répliquerent, que le droit de dévolution dérivant de la coûtume, ne réglait que les successions des particuliers, et qu'il ne pouvait point déroger aux loix fondamentales de l'Espagne, qui établissaient l'indivisibilité de la monarchie, et qui déféraient toute la succession à Charles II, frere de Marie Thérése, sans le moindre partage. *)

La guerre éclata en 1667. Les Français y eurent les plus grands succès. Ils s'emparerent dès la pre-

*) La cour de France publia à ce sujet un livre intitulé: *Traité des droits de la reine Très-Chrétienne sur divers états de la monarchie espagnole.* Ce livre fut refuté par le jurisconsulte STOCKMANN, et par un gentilhomme francontois, nommé le baron de LIBOLA, qui publia à ce sujet son *Bouclier d'état et de justice contre le dessein manifestement découvert de la monarchie universelle.*

miere campagne de quantité de villes des Pays-Bas espagnols, comme Charleroi, Bergues St. Vinox, Ath, Tournai, Douai, le fort de Scarpe, Courtrai, Oudenarde, Lille, Armentieres. À la fin de Janvier et au commencement de Février 1668, le prince de Condé fit la conquête de la Franche-Comté.

TRIPLE ALLIANCE.

Les Hollandais allarmés de ces progrès, arrêterent en 1668 la fameuse triple alliance avec l'Angleterre et la Suede, pour la défense des Pays-Bas espagnols. Ce fut le Chevalier Temple, ministre du roi d'Angleterre à la Haye, qui ménagea cette ligue, et qui réussit à gagner le fameux Jean de Witt, grand pensionnaire d'Hollande, qu'il détacha des intérêts de la France. Les Hollandais, fortement intéressés à la conservation des Pays-Bas espagnols, qu'ils envisageaient dès-lors comme leur barriere contre la France, se concilierent la cour de Suede, en lui fournissant les subsides que la France avait cessé de leur payer.

Par cette alliance, signée à la Haye le 23 Janvier 1668, *) les trois puissances s'érigerent en médiatrices entre les deux couronnes. Elles s'engagerent à disposer d'abord la France à un armistice, et à employer ce tems pour obliger de gré ou de force la cour d'Espagne d'accepter l'un des deux projets proposés, savoir, ou de laisser le roi maître de toutes les places,

*) DUMONT, *Corps dipl.* T. VII. P. I. p. 66.

qu'il avait conquises pendant la campagne de 1667, ou de lui abandonner soit le duché de Luxembourg, soit la Franche-Comté, avec Cambrai et le Cambrésis, Douai, Aire, St. Omer, Furnes et leurs dépendances.

Un article secret de ce traité portait, que, si le roi de France refusait d'accepter la paix à ces conditions, l'Angleterre et les états généraux donneraient des secours aux Espagnols, et feraient la guerre à la France par terre et par mer, jusqu'à ce que toutes les choses fussent rétablies sur le pied de la paix des Pyrénées.

Ce dernier article irrita beaucoup Louis XIV contre les Hollandais et leur pensionnaire Jean de Witt, et fut une des principales causes de la guerre, qu'il entreprit depuis contre la république.

NÉGOCIATION.

Le marquis de Castel Rodrigo, gouverneur des Pays-Bas pour le roi d'Espagne, et plénipotentiaire pour la paix, ayant accepté la premiere des deux alternatives, le roi y donna pareillement les mains par un traité signé à St. Germain avec les alliés. *)

La ville d'Aix-la-Chapelle avait été choisie pour le lieu du congrès; Colbert s'y était rendu de la part du roi, en qualité de son ambassadeur et plénipotentiaire, et le marquis de Castel Rodrigo y avait envoyé le baron de Bergheik comme son subdélégué. Après la signature du traité de St. Germain par le roi, la négociation de la paix ne fut plus difficile.

*) DUMONT, T. VII. P. I. p. 88.

Elle fut signée à Aix-la-Chapelle le 2 May 1668 *) sous la médiation du pape. Colbert la signa pour le roi, et le baron de Bergheik pour le roi d'Espagne. **)

SOMMAIRE DE LA PAIX.

Les articles 3 et 4 de cette paix adjugeaient au roi les conquêtes, qu'il avait faites pendant la campagne de 1667. „ En conséquence de la paix, le „ roi Très-Chrétien demeurera saisi et jouira effec- „ tivement de toutes les places, forts et postes, que „ ses armes ont occupés ou fortifiés pendant la cam- „ pagne de l'année passée: à savoir, de la forteresse „ de Charleroi, des villes de Binch et d'Ath, des „ places de Douai, le fort de Scarpe compris, Tour- „ nai, Oudenarde, Lille, Armentieres, Courtrai, „ Bergues et Furnes, et toute l'étendue de leurs „ baillages, châtellenies, territoires, gouvernemens, „ prévôtés, appartenances, dépendances et annexes."

Par l'article 5 la France restitua la Franche-Comté au roi d'Espagne.

L'Angleterre, la Suede et la Hollande se chargerent de la garantie de cette paix, par un traité particulier, signé à la Haye, le 7 May 1669. ***)

*) Cette paix se trouve dans LÉONARD, T. IV. et DUMONT, T. VII. P. I. p. 89.

**) Voyez sur cette paix les *Mémoires* de DUMONT *sur la paix de Rysvic*, et les *Lettres du comte d'Arlington au chevalier Temple*.

***) DUMONT, *Corps dipl.* T. VII. P. I. p. 107.

HISTOIRE DES TRAITÉS DE PAIX DE NIMEGUE,

CONCLUS EN 1678 ET 1679.

ORIGINE DE LA GUERRE D'HOLLANDE.

Louis XIV désirant de se venger des Hollandais qui avaient arrêté, par la triple-alliance, le cours de ses victoires et de ses conquêtes, prétexta, pour leur faire la guerre, quelques médailles injurieuses qui avaient été frappées en Hollande, à l'occasion de la paix d'Aix-la-Chapelle.

La premiere *) représentait les Provinces unies, sous la figure d'une femme tenant un sceptre et foulant aux pieds la discorde, et au revers le lion belgique tenant entre ses griffes un canon avec ces mots: *sic fines nostros tutamur et undas.* Au-dessous était une inscription latine dont voici la traduction: „Les loix „ affermies, la religion perfectionnée, les alliés pro„ tégés, les rois pacifiés, la liberté des mers assu„ rée, une paix glorieuse acquise par la supériorité „ de la valeur et des armes, la tranquillité de l'Eu„ rope solidement établie, ont déterminé les états „ de Hollande à faire frapper cette médaille."

On

*) On en trouve la déscription dans VAN LOON *histoire métallique des Pays-Bas*, T. III. p. 22.

On en cite une autre encore plus piquante qu'on attribuait à Mr. van Beuningen, ambassadeur des États-généraux à la cour de France, le même qui avait négocié le traité de St. Germain avec le roi. Elle représentait cet ambassadeur sous la figure de Josué, qui commandait au soleil de s'arrêter, avec l'inscription : *stetit itaque sol.* Cette derniere médaille fut traitée de pure fiction par Mr. van Beuningen lui-même, qui soutint qu'elle n'existait que dans l'imagination des inventeurs de ce mensonge. *) Van Loon, dans son histoire métallique des Pays Bas, donne bien une semblable médaille, qui se trouve dans quelques cabinets ; mais il convient en même tems qu'elle n'a été frappée qu'après coup et en Allemagne, sans que Mr. van Beuningen y ait eu aucune part. Les États-généraux firent briser les coins des médailles dont le roi se plaignait, et lui offrirent, par leur ambassadeur, toute satisfaction raisonnable ; mais le roi n'en persista pas moins dans le dessein de leur faire la guerre, et comme il parait avoir eu en vue l'entiere destruction de la république, il fit de grands préparatifs, et mit en usage tous les ressorts de sa politique.

Son premier soin fut de dissoudre la triple-alliance, et de mettre l'Angleterre et la Suede dans ses intérêts contre les Hollandais. Mr. Colbert fut envoyé en Angleterre ; ce ministre y réussit, à ce qu'on prétend, à corrompre tout le ministere composé des lords Clifford, Arlington, Buckingham, Ashley et

*) BASNAGE, *hist. des Provinces-unies* T. II. p. 361.

Lauderdale. C'est ce qu'on appellait *la cabale*, mot composé des cinq premieres lettres de leurs noms. Le roi, pour consommer l'ouvrage, entreprit en personne *) un voyage à Calais, et y mena avec lui la duchesse d'Orléans, soeur du roi d'Angleterre. Cette princesse passa à Douvres, et y acheva de décider le roi, son frere, qui s'y était rendu, à signer l'alliance avec Louis XIV contre la république. **)

Cette alliance fut conclue le 10 Décembre 1670, et confirmée par un second traité, qui fut signé le 12 Février 1672. Le roi d'Angleterre promit de fournir et d'entretenir un corps de six mille hommes pour la guerre de terre. Il fut convenu que ce corps serait sous les ordres du général en chef, qui commanderait l'armée de France. Quant à l'armée de mer, le roi d'Angleterre armerait cinquante gros vaisseaux et six brulots, auxquels Louis XIV joindrait et entretiendrait à ses frais trente vaisseaux et dix brulots. Toute cette flotte devait être sous les ordres du duc d'York, frere du roi d'Angleterre. Louis XIV s'engagea de payer tous les ans trois millions au roi d'Angleterre, pour le mettre en état de subvenir aux frais de la guerre. De toutes les conquêtes qui se feraient sur les États-généraux, on réserva seulement au roi d'Angleterre quelques isles de la Zélande et de la

*) En 1670.

**) *Mémoires* de DUMONT, T. II. p. 7. À son retour de ce voyage, la duchesse d'Orléans mourut d'une mort subite et dans la persuasion d'avoir été empoisonnée. *Lettres du comte d'Arlington*, p. 554. et 555.

Hollande, comme Walcheren, Goerée, Voorn etc. *)

On fit gouter cette alliance au roi d'Angleterre par la réflexion, qu'en se prêtant à l'anéantissement de la république, il pourrait réussir à se rendre absolu en Angleterre.

Dans l'intervalle le roi envoya Mr. de Pomponne en Suede, qui fut successivement relevé par le marquis de Vaubrun et le Sr. Courtin. Ces ministres négocierent avec tant d'adresse, qu'ils engagerent aussi la Suede à se départir de la triple-alliance, et à donner les mains à un traité d'alliance offensive et défensive avec le roi. Ce traité fut rédigé dès le commencement de l'année 1672; mais différens incidens en firent différer la signature jusqu'au 14 Avril de la même année.

Par ce traité il fut convenu, „que si l'empereur, „ les électeurs ou quelques princes d'empire attaquaient, les armes à la main, un des deux rois dans „ l'Empire, contre la disposition de la paix de Westphalie, ou qu'ils donnassent, soit dedans, soit au „ dehors de l'Empire, un secours de troupes, d'armes, ou de quelque autre maniere aux ennemis „ de l'un des deux rois, en ce cas les deux rois uniraient leurs armes, pour attaquer l'infracteur de la „ paix. **)

Le roi, non content d'avoir mis dans ses intérêts l'Angleterre et la Suede, négocia encore plusieurs traités avec les princes et puissances de l'Empire, et

*) *Histoire des traités* par M. de St. Prest, T. I. p. 254.

**) Dumont *corps dipl.* T. VII. P. I. p. 166.

engagea les uns à embrasser la neutralité, et les autres à se liguer avec lui. Il conclut en conséquence en 1672 une alliance offensive avec l'électeur de Cologne contre les Hollandais, et une autre avec l'évêque de Munster.

Ce qui favorisa encore beaucoup les projets du roi contre les Hollandais, ce fut l'occupation de la Lorraine par les troupes françaises; et voici ce qui y donna lieu.

AFFAIRES DE LORRAINE.

Le duc Charles IV, toujours mécontent du traité des Pyrénées, ne cessait de solliciter le roi de lui accorder des conditions plus favorables, soutenant que celles qui étaient contenues dans ce traité ne l'obligeaient pas, parce qu'il n'y avait jamais donné son consentement. Le roi agréa enfin un nouveau traité qui fut signé à Paris le dernier Février 1661. Le duché de Bar fut rendu au duc, pour en jouir comme par le passé. Moyenvic et le comté de Clermont resterent au roi, qui se fit aussi céder par le duc, Sierques, Saarbourg, Pfaltzbourg et plusieurs autres endroits du duché de Lorraine, qui étaient à sa convenance. Mais la condition la plus dure que le roi imposa au duc par ce traité, fut celle d'un grand chemin pour servir de passage aux troupes, depuis Metz jusqu'en Alsace. Ce chemin devait avoir une demie lieue de largeur par tout, et tous les endroits situés dans l'étendue de cette demie lieue devaient appartenir en toute souveraineté et propriété au roi. *)

À peine le duc eut-il signé ce traité, qu'il entama une négociation d'un genre tout différent avec le roi. Entraîné par la fougue de son caractere, il avait épousé la princesse de Cantecroix du vivant de la duchesse Nicole sa femme. Il en eut un fils, nommé Charles-Henri prince de Vaudemont, qui, comme fils naturel et adulterin, ne pouvait point lui succéder dans ses états. Le duché passait après sa mort au prince Charles, fils de son frere, et le prince de Vaudemont demeurait sans établissement, et sans biens. Le prince Charles, dans l'intention de se ménager la protection du roi, recherchait alors la princesse de Nemours**) en mariage, et c'est-ce qui fesait craindre au vieux duc, qu'on ne l'obligeât à donner sa dimission du duché en faveur de son neveu, si ce mariage venait à s'effectuer. Desirant donc de le rompre et de procurer en même tems au prince de Vaudemont, son fils, un établissement convenable en France, il prit la singuliere résolution de céder son duché au roi, par un traité signé à Montmartre le 6 Fevrier 1662. ***) Il s'en réservait la jouissance sa vie durant, et des terres et seigneuries jusqu'à la concurrence de 200,000 livres de rente en faveur de son fils, le prince de Vaudemont. Tous

*) LÉONARD *traités de paix*, T. III.

**) C'était la fille ainée de Charles-Amédée, duc de Nemours et d'Aumale, tué en duel en 1652. Elle épousa depuis Charles-Emanuel II, duc de Savoye.

***) LÉONARD, T. III.

les princes de Lorraine furent déclarés capables de succéder à la couronne de France après la maison de Bourbon, et le roi leur accorda les titres et les prérogatives de princes du sang.

Le prince Charles de Lorraine ayant eu connaissance de ce traité, essaya d'en détourner le roi. Ses tentatives ayant été vaines, il sortit secrétement de France, et se retira auprès de l'empereur Léopold. *) Cette fuite lui servit d'acheminement à une plus grande fortune. L'empereur lui donna sa soeur en mariage, et il se ménagea une haute réputation militaire dans les guerres de Hongrie, par les victoires éclatantes qu'il remporta sur les Turcs. Son fils, le duc Léopold, fut le grand pere de l'empereur Joseph II.

Pour revenir au duc Charles IV, il n'eut pas plutôt signé le traité de Montmartre, qu'il s'en repentit, et qu'il le révoqua, par un acte qu'il fit signifier au roi et au parlement.

Le roi exigeait cependant, que le duc lui livrât Marsal, en conformité du traité. Il s'ensuivit une nouvelle négociation, qui fut terminée par le traité de Nomeny, signé le premier Septembre 1663, par lequel on laissa au duc la jouissance de ses états sur le pied du traité de 1661, à la réserve de Marsal, qu'il fut obligé de remettre aux troupes du roi. **)

Ce prince inquiet et remuant s'étant avisé depuis de mettre des troupes sur pied, et ayant traité d'une ligue offensive et défensive avec les États-généraux

*) *Mémoires du marquis de Beauvau*, p. 213.

**) LÉONARD, T. III.

contre le roi, ce qui était ouvertement contraire au traité de 1661, par lequel il s'était engagé à ne jamais contracter alliance contre la France, le roi jugea à propos de s'assurer de ses états. Le maréchal de Créquy eut ordre d'entrer dans la Lorraine, dont il se rendit maître en 1670. Le duc se sauva en Allemagne, et porta depuis les armes contre la France dans la guerre dont nous allons parler.

GUERRE D'HOLLANDE.

Quoique les Hollandais vissent de loin l'orage qui les menaçait, ils ne prirent cependant aucune des mesures, que la prudence leur dictait, pour le conjurer. Abandonnés de tous leurs alliés au dehors, ils négligerent même de pourvoir à leur défense intérieure. Les freres de Witt se trouvaient au timon des affaires, depuis que le stadhouderat avait été supprimé par l'édit perpétuel. Ils avaient entierement négligé le militaire, que la maison d'Orange avait toujours entretenu sur un bon pied. Les forteresses étaient dépourvues de munitions et de troupes, les fortifications tombaient en ruine, et les gouverneurs des places n'avaient d'autre mérite, que celui de tenir au parti dominant. Il n'y avait exactement que la flotte qui était en bon état, par la sagesse de l'incomparable Ruyter, un des plus grands marins, que la Hollande ait produits.

La seule puissance qui dans ces circonstances critiques osa s'allier avec les Hollandais, fut le roi d'Espagne. Cette alliance fut signée le 17 Décembre 1671. *)

Louis XIV fit au printems suivant son invasion dans les états de la république, où son armée entra, partagée en trois corps. Il en commandait un, et les deux autres étaient aux ordres du prince de Condé et du vicomte de Turenne.

Les Français prirent leur route du côté de Mastricht qu'ils laisserent en arriere, quoique bien fortifié et contenant une garnison de 10,000 hommes; mais ils voulaient passer la Meuse, et pénétrer par le Rhin et l'Yssel au centre des états de la république. Ils commencerent par s'emparer de toutes les places du duché de Cleves, où les Hollandais avaient garnison.

Enfin Louis XIV fit le 18 Juin 1672 le fameux passage du Rhin près du château de Tolhuis, pas loin du fort de Schenck. On l'a envisagé comme une des plus hardies entreprises, qui se lisent dans l'histoire. Les poétes l'ont chanté avec emphase, parce qu'ils ont supposé qu'il s'était fait à la vue de l'armée des états et du prince d'Orange; mais si l'on consulte les auteurs des Pays-Bas, le prince ne se trouvant pas assez fort pour disputer le passage aux Français, avait pris le parti de se retirer à Utrecht, en sorte qu'il n'y eut qu'un corps de cavalerie et d'infanterie peu nombreux, commandé par un nommé Würtz, qu'il fut facile aux Français de dissiper. Cependant si ce passage ne fut pas remarquable par les circonstances qui l'accompagnerent, il le fut par ses suites. Au

*) DUMONT *corps dipl* T. VII. P. I. p. 155.

bout de quelques semaines, les Français et leurs alliés, l'électeur de Cologne et l'évêque de Munster, se virent maitres des provinces de Gueldre, d'Utrecht, d'Ober-Yssel et d'une partie de la Hollande.

La consternation s'étant répandue par toutes les villes, elles ouvrirent à l'envi leurs portes aux Français, qui marchaient déja à Amsterdam, lorsque les Hollandais prirent le parti de percer les digues, pour inonder tous les environs de la ville, et en éloigner l'ennemi. *)

Dans la situation critique où se trouvait alors la république, on vit Jean de Witt ouvrir l'avis d'envoyer des députés au roi, pour lui demander la paix. Ces députés offrirent toutes les villes de la Généralité, et dix millions pour les frais de la guerre. Mr. de Pomponne, secrétaire d'état, opina que le roi ferait bien d'accepter cette offre, qui le rendrait maître de tous les dehors de la république, et lui faciliterait les moyens de la tenir constamment en bride ; mais pour le bonheur de la république l'avis de Mr. de Louvois l'emporta sur celui de Mr. de Pomponne.

*) On reproche assez généralement au marquis de Rochefort d'avoir négligé de se saisir du poste de Muyden proche Amsterdam, là où sont les écluses dont on se servit pour inonder le pays. BASNAGE, qui raconte ce fait, a été copié fidélement par tous les auteurs qui ont écrit après lui. LE CLERC, dans son *histoire des Provinces-unies*, démontre l'inexactitude de cette critique de Basnage, il observe, d'après la connaissance du local, que l'écluse de Muyden n'est pas la seule ouverture par laquelle on pouvait faire entrer l'eau, pour inonder le plat pays ; que cette inondation pouvait se faire de différentes manieres et sous le canon même de la ville d'Amsterdam, sans qu'il fût possible de l'empêcher.

Ce ministre leur fit préscrire des conditions si dures et si ignominieuses, qu'il les mit dans l'impossibilité de les accepter. On remarque entre autres celle qui les obligeait d'envoyer tous les ans une ambassade au roi, pour lui présenter chaque fois une médaille d'or avec une inscription, par laquelle ils professeraient tenir de lui la conservation de leur liberté. *)

Il arriva dans ces circonstances une révolution en faveur du prince d'Orange. La petite ville de Veer dans la Zélande en donna le signal, en proclamant, sur la fin de Juin 1672, le prince de stadhouder de Zélande. Cet exemple fut suivi de toutes les autres villes de la Zélande et de la Hollande, le peuple ayant forcé par tout les magistrats de déférer le stadhouderat au prince d'Orange. L'édit perpétuel fut alors supprimé, et le stadhouderat renouvellé par les états assemblés. **) Les deux freres de Witt, qui depuis vingt ans réglaient le sort de la république, devinrent l'objet de la haine et de l'exécration publique. Corneille de Witt, bourguemaître de Dordrecht, accusé d'avoir formé un complot contre la vie du prince d'Orange, fut arrêté, mis à la question, et condamné au bannissement. Jean de Witt, le pensionnaire, en allant voir son frere dans la prison, fut assailli par le peuple, qui força les prisons et massacra les deux freres. ***)

*) Basnage *histoire des Provinces-unies*, T. II. p. 246.

**) Basnage, T. II. p. 287. Les seules provinces de Frise et de Groningue conserverent encore un stadhouder particulier.

***) Basnage, p. 311. 315.

Tandis que les Français pénétraient par terre dans l'intérieur des états de la république, leur armée de mer s'était réunie à la flotte anglaise, sur les côtes de la Hollande, dans le dessein d'y faire une descente. Ruyter les arrêta, et par différens combats, qu'il leur livra dans les années 1672 et 1673, il rendit leurs efforts inutiles, et mérita le titre de libérateur de sa patrie.

Le premier de ces combats qui fut des plus sanglans, se donna le 7 Juin 1672, proche Solbay entre Harwich et Yarmouth. La flotte anglaise était commandée par le duc d'York, et l'escadre française par le comte d'Étrées; le second, qui est du 7 Juin 1673, se passa sur les côtes de Hollande; le troisieme sur celles de Zélande, le 14 Juin suivant; et le quatrieme enfin près du Texel, le 21 Août. Dans les trois derniers les Anglais étaient sous les ordres de Robert, prince palatin, fils du malheureux roi de Boheme; Mr. d'Étrées commandait les Français. Le succès en fut balancé de part et d'autre; il n'y eut que le dernier qu'on regardât comme décisif en faveur des Hollandais, qui réussirent par là à éloigner les ennemis de leurs côtes.

PAIX DE VOSSEM.

L'empereur et l'électeur de Brandebourg s'étaient depuis peu décidés à réunir leurs forces aux Espagnols, pour marcher au secours de la république; mais les deux généraux Impériaux, Montecuculi et Bournonville, resterent dans l'inaction, en conséquence d'ordres secrets émanés, à ce qu'on prétend, du conseil de guerre de Vienne. C'est ce qui engagea l'électeur de Brandebourg, dont les états sur le Rhin se trouvaient exposés, à conclure, dès le 16 Juin 1673 avec le roi, le traité de *Vossem* en Brabant, par lequel il promit de ne plus assister les Hollandais, en se reservant la faculté de défendre l'empire, au cas qu'il fut attaqué. Le roi lui rendit toutes les places du duché de Cleves, de la principauté de Minden et des comtés de la Marck et de Ravensberg, à l'exception de Wesel et des forts de la Lippe et de Reez, dont il promit la restitution après la paix. *)

PAIX DE WESTMUNSTER.

Une circonstance des plus favorables pour les Hollandais, fut la désertion de l'alliance française par le roi d'Angleterre. Ce prince n'ayant pu obtenir des subsides du parlement, qui blamait hautement la guerre qu'il avait entreprise sans son aveu, fut obligé de se rapprocher des Hollandais. En effet toute l'Europe et la France même avait eu de la peine à concevoir qu'un roi d'Angleterre prétât serieusement les mains à la destruction de la république. La paix entre l'Angleterre et la Hollande fut signée à *Westmunster* le 19 Février 1674. **) L'électeur de Cologne et l'évêque de Munster prirent bientôt le même

*) LÉORARD, T. III. DUMONT, T. VII. P. I. p. 234.

**) DUMONT, T. VII. P. I. p. 283.

parti, le premier signa sa paix avec les Hollandais, à *Cologne* le 11 May, et le second pareillement à Cologne le 22 Avril 1674. *)

On vit alors se former une puissante alliance contre la France. L'empereur et le roi d'Espagne se liguerent de nouveau avec les Hollandais, par des traités signés à la Haye le 30 Août 1673. Plusieurs princes entrerent successivement dans cette ligue dans le cours de l'année suivante, tel que le duc de Lorraine, celui de Brunswic-Lunebourg, l'électeur de Brandebourg et le roi de Danemarc. **) L'Empire déclara aussi la guerre à la France au mois de Juin 1674.

Cette alliance, en changeant la face des affaires, fit une puissante diversion en faveur des Hollandais. Les Français abandonnerent toutes les places qu'ils tenaient dans le territoire de la république, à l'exception de Mastricht.

La campagne de 1674 fut des plus mémorables; Louis XIV la commença par la conquête de la Franche-Comté. Turenne défit le 16 Juin le vieux duc de Lorraine et le général Caprara, à Sintzheim dans le Palatinat. ***) Le prince de Condé gagna le 11 Août la bataille de Sénef sur le prince d'Orange.

*) DUMONT, T. VII. P. I. p. 259 et 263.

**) Ces différens traités se trouvent dans DUMONT aux années 1673 et 1674.

***) *Mémoires de Beauvau*, p. 387. Le duc gagna depuis encore un avantage sur le maréchal de Créqui, le 11 Août 1675, et mourut le 20 Sept. suivant dans un village du pays de Trèves, nommé Allenbach. *Mémoires de Beauvau*, p. 453.

Turenne, après avoir ravagé le Palatinat, *) marcha contre les alliés en Alsace, résolu de les attaquer avant leur jonction avec l'électeur de Brandebourg. Il se passa le 4 Octobre une action fort vive auprès d'Enshcim, à une lieue de Strasbourg, dont l'issue fut à l'avantage de Turenne. La grande supériorité des ennemis depuis leur jonction avec l'électeur, obligea ce général à se retirer dans les défilés de Saverne. Il en sortit à la fin de Décembre, pour les attaquer dans leurs quartiers; il leur livra différens combats le 29 Décembre à Mülhausen, et le 5 Janvier suivant à Türckheim dans la haute Alsace, et les obligea de repasser le Rhin. Cette campagne fit un honneur infini aux talens de ce général, qui renversa tous les grands projets que les alliés avaient formés sur leur campagne d'Alsace.

Il passa lui-même le Rhin au commencement de la campagne suivante; mais en observant les mouvemens de Montecuculi, général de l'armée impériale, qui campait aux environs de Sasbach, dans les terres de l'évêché de Strasbourg, il fut tué le 27 Juillet 1675, d'un coup de canon, agé alors de 64 ans. Après sa mort, les François rentrerent en Alsace, et y furent suivis de près de Montecuculi, qui après quelques attaques inutiles qu'il fit sur Haguenau et sur Saverne, repassa le Rhin au mois de Septembre suivant.

*) Il incendia plusieurs villages du Palatinat et fit faire le dégât des grains de la campagne, jusques sous le canon de Mannheim. L'électeur indigné lui écrivit une lettre des plus vives accompagnée d'un cartel, auquel Turenne ne répondit pas. *Mémoires de Beauvau*, p. 390.

Dans le tems que les forces principales de l'électeur de Brandebourg s'arrêtaient sur le Rhin, la Suede, pour satisfaire aux engagemens qu'elle avait pris avec la France, fit entrer une armée dans la marche de Brandebourg. L'électeur qui avait pris ses quartiers d'hyver en Franconie, n'eut pas sitôt refait ses troupes des fatigues de la campagne d'Alsace, qu'il vola au secours de son pays. Il fit tant de diligence qu'il surprit les Suédois à Rathenau, et les défit complettement le 18 Juin 1675 auprès de Fehrbellin. Cette journée fut très-glorieuse à ce prince. L'auteur des *mémoires de Brandebourg* *) en fait les plus grands éloges.

Les Suédois déclarés alors ennemis de l'empire, furent attaqués par l'électeur dans leurs propres états. Ils leur enleva successivement toutes leurs places en Poméranie, pendant que l'évêque de Munster, réuni aux ducs de Brunswic et de Lunebourg, les dépouillait de Bremen et de Verden. Le roi de Danemarc s'empara de Wismar et de plusieurs villes de Suede.

La campagne de 1676 se réduisit à des siéges, qu'on fit de part et d'autre. Le nouveau duc de Lorraine, qui avait succédé en 1675 à son oncle dans un duché, dont sa maison était dépouillée depuis 1670, fit, à la tête de l'armée impériale, le siége de Philippsbourg, et s'en rendit maître, pendant que les Français s'emparerent de Condé, Bouchain et Aire dans les Pays-Bas.

Les Suédois défirent les Danois à Lunden en Scanie, le 14 Décembre.

*) Edition de Berlin, p. 167.

Ruyter livra deux batailles navales aux Français, commandés par le célèbre du Quêne; l'une le 8 Janvier 1676 auprès des isles de Lipari, pas loin de Messine, et l'autre le 22 Avril suivant au Nord-Est du Mont-Gibel. Il reçut dans cette derniere une blessure mortelle, dont il mourut le 29 du même mois, comblé d'honneur et de gloire.

En 1677 les alliés comptaient pénétrer dans l'intérieur de la France; mais la défaite du prince d'Orange auprès de Mont-Cassel le 11 Avril par le duc d'Orléans, les fit renoncer à ce projet. Valenciennes, Cambray, St. Omer, et Fribourg en Brisgau tomberent au pouvoir des Français.

NÉGOCIATIONS.

Les négociations pour la paix avaient commencé dès l'an 1675, sous la médiation du Pape et celle de l'Angleterre. Cette derniere puissance y employa le fameux chevalier Temple. On choisit la ville de Nimegue dans la Gueldre-hollandoise, où les conférences s'ouvrirent en 1676.

Les ministres de France à ce congrès furent le comte d'Estrades, maréchal de France, Mr. Colbert et le comte d'Avaux. Ceux de l'empereur, l'évêque de Gurk, le comte de Kinsky et le conseiller aulique de Stratmann. Ceux de l'Espagne, le marquis de Los-Balbases, le marquis de la Fuenté, Don Pedro Ronquillo.

La négociation fut trainée en longueur par la faute du roi d'Angleterre, qui ayant fait malgré lui la la paix avec les Hollandais, nourrissait toujours un secret penchant pour la France. Ce prince aurait été à même de dicter les conditions de la paix, s'il avait voulu profiter des dispositions de son parlement, et faire craindre à la France son accession à la grande alliance.

Toute la politique de cette derniere puissance aboutit à diviser les alliés, et à en venir à un traité de paix particulier avec les Hollandais, afin de se mettre à même de faire la loi aux autres alliés.

Les Hollandais se montrerent d'abord fort zélés pour la grande alliance; mais ayant considéré ensuite que le principal poids de la guerre tombait sur eux, et que les Espagnols surtout ne soutenaient que faiblement la cause commune, ils commencerent à prêter l'oreille aux insinuations de la cour de France, qui leur fesait les offres les plus avantageuses. Un incident survenu dans ce tems là, occasionna un changement dans les dispositions des États-généraux.

Le prince d'Orange, Guillaume III, négocia en 1677 son mariage avec la princesse Marie, fille du duc d'York, et niéce du roi d'Angleterre. Il se rendit à ce sujet en personne à Londres, et y trouva moyen de détacher le roi Charles II des intérêts de la France, et de le faire pencher pour ceux des alliés. Il en résulta en 1678, le 10 Janvier, un traité entre l'Angleterre et la Hollande, qui renfermait un projet de paix à faire entre la France et les alliés. Le roi, en conservant la Franche-Comté, devait rendre aux Espagnols les villes des Pays-Bas, qu'il leur avait enlevées. Il devait rendre de même au duc de Lorraine son duché, et à l'empereur et à l'Empire les conquêtes qu'il venait de faire sur eux. *)

La France, sans être déconcertée par ce traité, persista néanmoins dans son dessein d'entraîner les Hollandais dans une paix particuliere. Pour cet effet elle ne négligea rien pour leur faire naître des soupçons sur le mariage du prince d'Orange, qu'elle leur fit envisager comme un événement qui pourrait nuire à leur liberté, et augmenter le crédit et le pouvoir du prince.

C'est par des insinuations semblables, et par d'autres ressorts qu'elle mit en oeuvre, qu'elle réussit enfin à détacher les Hollandais de la grande alliance, et à les faire consentir à des articles dont plusieurs étaient en opposition avec le projet nouvellement concerté entre l'Angleterre et la Hollande. **)

PAIX DE NIMEGUE

ENTRE LA FRANCE ET LA HOLLANDE.

Le traité de paix entre la France et la Hollande fut signé le 11 Août 1678. ***) La France rendit par ce traité aux Hollandais la ville de Mastricht et ses dépendances, comme étant la seule conquête qui lui fût restée de toutes celles qu'elle avait faites sur la république.

*) DUMONT *corps dipl.* T. VII. P. I. p. 341.

**) TEMPLE *mémoires*; T. I. p. 302. 308.

***) DUMONT *corps dipl.* T. VII. p. 351. LÉONARD. T. V.

On inséra dans le même traité l'article suivant: „ En ce présent traité de paix et d'alliance, seront „ compris le roi d'Espagne et tous les autres al„ liés, qui dans le tems de six semaines, à compter „ depuis l'échange des ratifications, se déclareront ac„ cepter la paix. " Au moyen de cet article, la France se vit en état de dicter la loi aux autres alliés.

PAIX DE NIMEGUE

ENTRE LA FRANCE ET L'ESPAGNE.

Les Espagnols furent les premiers à signer la paix, après les Hollandais. Leur traité, qui est du 17 Septembre 1678, **) porte ce qui suit :

1. La France rend aux Espagnols les villes de Charleroy, Binche, Ath, Oudenarde et Courtray, qui lui avaient été cédées par la paix d'Aix-la-Chapelle.

2. Elle leur rend de même la ville et le duché de Limbourg, le pays d'Outremeuse, la ville de Gand, le fort de Rodenhus et le pays de Waes, la ville de Leuve, la ville de St. Ghilain et celle de Puycerda en Catalogne, dont elle s'était emparée pendant la guerre.

3. Le roi d'Espagne céde à la France toute la Franche Comté avec plusieurs villes des Pays-Bas espagnols, comme Valenciennes, Bouchain, Condé, Cambray et le Cambrésis, Aire, St. Omer, Ypres,

*) Dumont, T. VII. p. 365. Léonard, T. IV.

Warwick, Warneton, Poperingue, Bailleul, Cassel, Bavai, Maubeuge. Le traité dit: „ Ledit seigneur roi très-chrétien retiendra, demeurera saisi „ et jouira effectivement de toute la comté de Bourgogne vulgairement appellée la Franche-Comté, „ et des villes, places et pays en dépendans, y „ compris la ville de Besançon et son district; comme „ aussi des villes de Valenciennes et ses dépendances, Bouchain et ses dépendances, Condé et ses „ dépendances, Cambray et le Cambrésis, Aire, „ St. Omer et leurs dépendances, Ypres et sa chatellenie, Warwick et Warneton sur la Lys, Poperinghen, Bailleul et Cassel avec leurs dépendances, Bavay et Maubeuge avec leurs dépendances."

Ce traité entre la France et Espagne était sur le point d'être signé, lorsqu'il survint un incident, qui faillit le rompre et renouveller la guerre entre ces deux couronnes.

Les Français s'engageaient par ce traité à rendre aux Espagnols plusieurs villes en Flandre; mais le tems de cette restitution n'étant pas précisément marqué dans les conditions du traité, les Espagnols et les Hollandais croyaient qu'elle devoit avoir lieu immédiatement après la ratification du traité. Les Français au contraire ayant été requis de donner leur avis à ce sujet, déclarerent que le roi étant obligé de faire rendre à la Suede tout ce qu'elle avait perdu pendant la guerre, il ne pouvait faire évacuer les villes en question, jusqu'à ce qu'on eût rendu à la Suede tout ce qu'on lui avait enlevé, et il croyait que la rétention de ces places était l'unique moyen de porter les alliés du Nord, à se prètre à une paix équitable. *)

La cour d'Angleterre, irritée de cette déclaration, signa le 26 Juillet 1678, un traité avec les Hollandais, par lequel ces derniers s'obligerent de continuer la guerre, et le roi d'Angleterre s'engageait à y entrer, au cas que la France ne consentît pas dans quatorze jours à évacuer lesdites villes. **)

Les Anglais et les Hollandais commencerent dès lors à faire de grands préparatifs de guerre, et toute espérance de paix semblait s'évanouir de nouveau, lorsque le roi d'Angleterre, qui n'était jamais constant dans ses résolutions, enjoignit au chevalier Temple de faire tous ses efforts, pour porter les ambassadeurs de Suede à déclarer à ceux de France, qu'ils consentaient non-seulement que leur maître fît évacuer les villes de Flandre; mais qu'ils le priaient même pour le bien général de la chrétienneté de ne pas différer plus longtems la paix, sans avoir égard à l'intérêt particulier de la couronne de Suede. Le roi d'Angleterre fit assurer en même tems les Suédois, que dès que la paix serait faite, il employerait tous ses efforts pour leur faire rendre tout ce qu'ils avaient perdu par la guerre. Les Suédois s'étant portés à cette démarche, la France consentit à l'évacuation des villes, et la paix fut signée avec les Hollandais et les Espagnols. Elle dicta aux autres alliés, et particulierement à l'empereur et à l'Empire, les conditions qu'elle jugea à propos, en ajoutant qu'elle les rendrait plus

*) TEMPLE *mémoires*, T. I. p. 324.

**) DUMONT *corps dipl.* T. VII. p. 348.

dures encore, si l'empereur n'y consentait dans un terme limité.

NÉGOCIATIONS DE LA PAIX ENTRE LA FRANCE, L'EMPEREUR ET L'EMPIRE.

Une contestation s'était élevée à la diete de l'Empire, pour savoir s'il fallait envoyer de la part des états une députation à Nimegue, ou si chaque etat d'empire y enverrait ses ministres. Après bien des délibérations, il fut enfin décidé, que pour le cas présent on se dispenserait même d'envoyer une députation, et qu'on se bornerait à charger l'empereur des pleins pouvoirs de la diete, en le priant de communiquer avec elle sur les points les plus essentiels.

Cette résolution de la diete n'empêcha pas les électeurs et plusieurs princes d'empire, qui avaient un intérêt direct dans la négociation, tels que ceux de Brunswic et de Neubourg, d'envoyer leurs ministres au congrès; c'est ce qui y fit naitre des difficultés sur les honneurs qui leur étaient dûs. On ne contesta pas aux ministres électoraux le titre d'ambassadeurs et la qualité d'excellence, mais on refusa les mêmes distinctions aux ministres des princes d'empire, comme étant contraires à l'ancien usage et à ce qui avait été pratiqué au congrès de Westphalie. Le fameux Leibnitz, qui se trouvait au service du duc de Brunswic, écrivit alors sous le nom emprunté de *Furstenerius* son livre intitulé: *de suprematu*, dans lequel il attribue la souveraineté aux princes d'Allemagne, qui peuvent entretenir des armées sur pied, et influer dans les affaires générales de l'Europe, pendant qu'il n'accorde que la *supériorité territoriale* aux autres. Selon lui ceux qui ont la souveraineté, peuvent aussi envoyer des ministres du premier rang, et exiger les honneurs qui leur sont dûs. *)

La négociation entre la France, l'empereur et l'Empire semblait ne devoir souffrir aucune difficulté, puisque, si les Impériaux avaient pris Philippsbourg pendant cette guerre, les Français en revanche s'étaient rendus maîtres de Fribourg en Brisgau, et qu'en échangeant ces deux places, il y avait moyen de remettre les choses dans l'état où elles étaient avant la guerre. Aussi la France ne manqua-t-elle pas de proposer à l'empereur l'alternative de céder Fribourg en gardant Philippsbourg, ou bien de rendre Philippsbourg contre Fribourg. Mais ce prince persistait à vouloir garder Philippsbourg, et il offrait pour Fribourg un équivalent à la France en Alsace. Cet équivalent devait être ou Séléstatt ou Colmar. Le roi refusa l'un et l'autre, soutenant que le traité de Munster lui donnait sur les dix villes de la préfecture des droits assez étendus, pour qu'il se dispensât d'en souhaiter davantage. On offrit ensuite au roi le droit de garnison à Strasbourg, s'il voulait abandonner ses droits sur Philippsbourg et sur Fribourg. Le roi exigea que Strasbourg lui fût cédé en toute souveraineté; mais les ministres impériaux ayant déclaré, qu'une pareille cession outrepassait leurs pou-

*) *Lettres et négociations du comte d'Estrades*, T. VII. p. 290.

voirs, les Français se bornerent à insister sur l'option de Fribourg ou de Philippsbourg.

Il y avait encore un autre objet dont la négociation fut des plus épineuses. C'était la restitution du duc Charles V de Lorraine, que l'empereur exigeait, et que la France eut grand soin de décliner. Ce prince, en quittant la France et en se dévouant au service de la maison d'Autriche, avait obtenu la soeur de l'empereur en mariage. Il semblait que l'honneur de la maison impériale exigeât de soutenir les intérêts du duc, et de ne rien négliger pour lui ménager son parfait rétablissement. Cette matiere fit beaucoup traîner la négociation.

Cependant l'empereur voyant qu'il était abandonné de l'Espagne et de la Hollande, et qu'il n'avait non plus rien a espérer de la part du roi d'Angleterre, prit enfin le parti de faire la paix aux conditions que la France avait jugé à propos de lui accorder. *)

Cette paix fut signée à Nimegue, le 5 Février 1679. **)

PAIX ENTRE LA FRANCE, LA SUEDE, L'EMPEREUR ET L'EMPIRE.

Par l'article deuxieme de cette paix, le traité de Munster est renouvellé et adopté pour base du présent traité, en ces termes: „Et parce que la paix

*) Voyez sur cette négociation, outre les *lettres d'Estrades*; DUMONT, *mémoires de Ryswic*; DISDIER, *histoire des négociations de la paix de Nimegue*; *Actes et négociations de Nimegue.*

**) LÉONARD, T. III. DUMONT, *corps dipl.* T. VII. P. I. p. 376.

„ conclue à Munster le 24 Octobre 1648, doit faire „ le plus solide fondement de cette amitié réciproque et de la tranquillité publique, elle sera rétablie en sa premiere force et vigueur en tous et „ chacun de ses points, et demeurera à l'avenir en „ son entier, comme si le traité de la même paix „ était ici inséré de mot à mot, si ce n'est en tant „ qu'il y sera expressément dérogé par le présent „ traité."

Par l'article quatrieme, la France renonce au droit de garnison dans Philippsbourg, qui lui avait été accordé par la paix de Munster.

Par l'article cinquieme, l'empereur céde à la France la ville de Fribourg, et lui permet par l'article sixieme libre passage de Brisac à Fribourg.

Depuis l'article douzieme jusqu'au vingt-deuxieme, il s'agit de la restitution du duc de Lorraine, que la France ne consentit que sous les conditions les plus onéreuses: elles portaient:

1°. Que Nancy avec sa banlieue demeurerait à la couronne de France.

2°. Qu'il serait fait, en conformité du traité de 1661, quatre chemins qui auraient chacun une demie lieue de largeur: que le premier s'étendrait de Saint-Didier à Nancy, le second de Nancy en Alsace, le troisieme de Nancy à Vesoul en Franche-Comté, et le quatrieme de Nancy à Metz.

3°. Que tous les endroits, compris dans l'étendue de cette demie lieue, appartiendraient en toute souveraineté à la France.

4°. Que la ville et la prévôté de Longwi resteraient aussi en toute souveraineté au roi, qui donnera un équivalent au duc dans les trois évêchés.

5°. Que le duc aurait la ville de Toul avec sa banlieue, en équivalent de Nancy.

Le duc trouva ces conditions si dures qu'il refusa d'y souscrire, et qu'il protesta formellement contre le traité. Il ne rentra jamais dans son duché, et ce ne fut que le duc Léopold, son fils, qui y fut rétabli par la paix de Ryswic.

Par l'article vingt-troisieme, le prince François Egon, évèque de Strasbourg, et le prince Guillaume Egon de Furstenberg, son frere, avec le prince Antoine Egon, leur neveu, furent pleinement rétablis dans l'état où ils étaient avant la guerre.

L'article vingt-sixieme porte, que si les ennemis de la Suede ne voulaient pas entendre à la paix, l'empereur et l'Empire ne les aideraient en aucune maniere, et ne leur permettraient pas de prendre des quartiers d'hyver ou d'été hors de leurs territoires. Il sera libre, dans cette vue, au roi de France de tenir garnison dans Chasselet, Huy, Verviers, Aix-la-Chapelle, Duren, Linnick, Nuys et Zons, promettant d'évacuer ces places à la paix générale.

Le même jour que la paix fut signée entre l'empereur, l'empire et la France, elle fut signée de même entre l'empereur, l'Empire et la Suede. La paix de Westphalie y fut renouvellée, et l'empereur promit d'employer ses bons offices pour procurer la paix entre la Suede d'une part, et le roi de Danemarc, l'électeur de Brandebourg, les ducs de Brunswic, et l'évêque de Munster de l'autre. *)

TRAITÉS

ENTRE LA SUEDE ET LES ALLIÉS DU NORD.

Après le rétablissement de la paix entre la France, l'empereur, l'Empire, et la Suede, les alliés du nord se virent forcés de la conclure avec la France et la Suede.

Les états de Brunswic furent les premiers à prendre ce parti. Leur traité de paix avec la France et la Suede, fut signé à *Zell* le 5 Février 1679. **) Les ducs s'engagerent à rendre aux Suédois la partie du duché de Bremen, dont ils s'étaient emparés, à l'exception de quelques petits pays et biens enclavés dans leurs états, et nommément du baillage de Tedinghausen, qui leur fut laissé. La France leur paya la somme de trois cents mille écus.

L'évêque de Munster, en signant le 29 Mars 1679 sa paix à *Nimegue* avec la France, ***) se contenta d'une somme de cent mille écus, pour rendre aux Suédois, en vertu du traité signé avec eux le même jour à Nimegue, ****) la partie du duché de Bremen et de Verden, qui lui était tombée en partage. La Suede s'engagea à lui payer aussi cent mille écus pour les frais qu'il avait faits aux fortifications des places, qu'il était obligé de restituer.

*) DUMONT *corps dipl.* T. VII. P. I. p. 301. LÉONARD, T. III.
**) DUMONT, T. VII. P. I. p. 391. LÉONARD, T. III.
***) DUMONT, T. VII. P. I. p. 399. LÉONARD, T. III.
****) DUMONT, T. VII. P. I. p. 401. LÉONARD, T. III.

L'électeur de Brandebourg ayant fait difficulté de se prêter à la restitution des places dont il avait dépouillé la Suede pendant le cours de cette guerre, le roi fit entrer une armée dans le duché de Cleves et jusques dans la principauté de Minden ; ce qui mit l'électeur dans le cas de signer sa paix avec le roi et avec la Suede à *St. Germain en Laye* le 29 Juin 1679. *) L'électeur rendit par ce traité aux Suédois tout ce qu'il leur avait enlevé dans la Pomeranie. On lui abandonna cependant les places situées au-delà de l'Oder, à l'exception de Dam et de Golnau. Le roi s'engagea à payer trois cent milles écus à l'électeur.

Pour accélérer enfin la conclusion de la paix avec le Danemarc, la France fit marcher, au mois de Juin 1679, un détachement dans les comtés d'Oldenbourg et de Delmenhorst, sous les ordres de Mr. de Joyeuse, qui mit ce pays à contribution. Le roi de Danemarc, abandonné de tous ses alliés, prit alors aussi le parti de faire sa paix. Elle fut signée à *Fontainebleau* le 2 Septembre 1679. **) Les Danois y rendirent aux Suédois Wismar, l'isle de Rügen et les autres villes qu'ils leur avaient enlevées. Le duc de Holstein Gottorp fut rétablie sur le pied du traité de Copenhague.

Cette paix fut suivie de celle entre le Danemarc et la Suede, signée le 26 Septembre 1679 à *Lunden en Scanie*, relativement à celle de Fontainebleau. ***)

Enfin la paix fut aussi signée à *Nimegue* le 12 Octobre 1679 entre les Suédois et les Hollandais. ****)

*) DUMONT, T. VII. P. I. p. 408. LÉONARD, T. III.

**) DUMONT, T. VII. P. I. p. 419.

***) DUMONT, T. VII. P. I. p. 425.

****) DUMONT, T. VII. P. I. p. 432.

HISTOIRE DE LA TRÈVE, DE RATISBONNE en 1684.

TROUBLES DES RÉUNIONS.

Le traité de Nimegue avait à peine rétabli la paix entre les différentes puissances, que Louis XIV commença de nouveaux troubles par ses arrêts de réunions. Il en chargea ses parlemens de Metz, de Besançon et le conseil souverain d'Alsace siégeant pour lors à Brisac. Dans chacune de ces cours souveraines il établit une chambre, dite de réunions, pour examiner la nature et l'étendue des cessions, qui lui avaient été faites par les traités de Westphalie et des Pyrénées, ainsi que par celui de Nimegue. Les arrêts de ces différentes chambres *) adjugerent au roi depuis 1680, quantité de villes et seigneuries, soit comme fiefs, soit comme dépendances des trois évêchés de Metz, Toul et Verdun. Il en arriva de même en Alsace, en Franche-Comté et dans les Pays-

*) Léonard a imprimé en 1681 le *recueil des arrêts des trois chambres royales de réunions*, à la suite de son *recueil des traités de paix*. Tom. VI.

Bas, où les Espagnols avaient cédé des places à la France par les traités précédens.

Par une suite de ces réunions, Louis XIV se procurait, en pleine paix, des acquisitions plus considérables, que celles qu'il aurait pu espérer de la guerre la plus heureuse. En partant du principe que ses plénipotentiaires avaient déja mis en avant au congrès de Westphalie, que les vassaux des trois évêchés étaient dans le cas de reconnaître sa souveraineté, il prit possession des duchés de Veldentz et des Deux-Ponts, des principautés de Saarbruck, de Saarwerden, et de plusieurs autres seigneuries. La principauté de Montbéliard lui fut adjugée comme fief relevant de la Franche Comté.

Les principales vues de Louis XIV portaient sur l'Alsace, dont il réclamait l'entiere souveraineté, fondée sur les §§. 73 et 74 du traité de Munster et sur la généralité des termes de l'acte solemnel, relatif à la cession de cette province.

Tous les états d'Alsace, qui par le §. 87 du même traité étaient conservés dans leur immédiateté envers l'Empire, furent obligés alors de se soumettre à la souveraineté du roi. *)

La ville de Strasbourg sommée par Mr. de Louvois à la tête d'une armée de 20,000 hommes, se rendit par capitulation qui fut signée le 30 Septembre 1681. **)

*) *Recueil des arrêts de réunions*, p. 251 et 261.

**) Item p. 268. *Recueil des ordonnances d'Alsace.* DUMONT *corps dipl.*

Elle confirma à la ville ses priviléges, droits, statuts et coutumes tant ecclésiastiques que politiques, conformément au traité de paix de Westphalie et à l'état de l'année décrétoire.

Dans les Pays-Bas les Français s'emparerent aussi de Courtray, Dixmude, et de Luxembourg pendant les années 1683 et 1684.

Un procédé de cette nature envers des puissances souveraines ne pouvait manquer de soulever les esprits contre Louis XIV. Il fut suivi d'une ligue générale contre la France. La Suede et la Hollande en donnerent l'exemple, par une alliance signée à la Haye le 30 Septembre 1681, *) qui avait pour objet le maintien des dispositions des traités de Westphalie et de Nimegue.

L'empereur y accéda, aussi bien que le roi d'Espagne; **) on délibéra à Ratisbonne sur les moyens de mettre sur pied une armée d'Empire. Les cercles du Haut-Rhin et de Franconie conclurent ensemble un traité, et le cercle de Baviere en fit un particulier avec celui de Franconie, qui tendaient l'un et l'autre à se mettre en état de défense contre la France.

Il arriva cependant par le défaut d'union entre les états de l'Empire, et par les embarras où l'empereur se trouvait alors, qu'il ne fut pris aucune résolution vigoureuse contre la France, dont la grande supériorité et les succès répandaient la terreur. L'empereur avait besoin de toutes ses forces tant contre les

*) DUMONT, *Corps dipl.* T. VII. P. II. p. 15.

**) DUMONT, p. 19. 22.

Hongrais révoltés, que contre les Turcs, qui le pousserent jusqu'à sa capitale, devant laquelle le grand visir, Kara Mustapha, mit le siége en 1683 à la tête de toutes les forces de l'empire Ottoman.

Quant à la cour d'Espagne, son état de faiblesse et de langueur ne lui permettait pas d'entrer seule en lice avec la France. Elle ne pouvait non plus compter sur l'assistance des Hollandais tellement épuisés et découragés par la derniere guerre, qu'ils n'avaient aucune envie de reprendre les armes.

NÉGOCIATION.

Toutes ces considérations engagerent l'empereur et le roi d'Espagne à préférer les voies de négociation. On ouvrit un congrès à Francfort, qui fut ensuite transféré à Ratisbonne. La France déclara, que, si l'on fesait difficulté d'en venir à un traité définitif, elle se contenterait d'une trève de vingt à trente ans, pendant laquelle elle conserverait les pays réunis. L'empereur et le roi d'Espagne ayant tardé d'accepter ces propositions, le comte d'Avaux, *) qui négociait pour le roi à la Haye, réussit d'engager les Hollandais, malgré les oppositions du prince d'Orange, à accepter, le 29 Juin 1684, la trève pour les Espagnols, sous les conditions suivantes: **)

1°. Que

*) Voyez *Négociations de M. le comte* D'AVAUX *en Hollande.*

**) DUMONT, Corps dipl. T. VII. P. II. p. 79. LÉONARD, T. V.

1°. Que la France garderait pendant la trève la ville de Luxembourg avec les 15 villages y appartenant, Beaumont avec 4 villages, Bouvines et Chimay avec 15 villages.

2°. Qu'elle rendrait Courtrai et Dixmude et toutes les places, qu'elle avait occupées depuis le 20 Août 1683, hormi celles, qui sont exceptées dans l'article précédent.

Une suite de ce traité fut la trève, signée le 15 Août 1684 à Ratisbonne, entre la France et l'Espagne, ainsi que celle entre la France, l'empereur et l'Empire.

SOMMAIRE DU TRAITÉ.

La trève entre la France et l'Espagne *) fut entierément conforme au traité précédent avec la Hollande.

Quant à celle de la France avec l'empereur et l'Empire, **) ses principales conditions sont:

1°. Qu'elle durerait pendant vingt ans. Art. 1.

2°. Que les traités de Westphalie et de Nimegue seraient maintenus dans leur force et vigueur. Art. 2.

3°. Que le roi resterait en possession de la ville de Strasbourg et du fort de Kehl, de même que de tous les lieux et seigneuries, qu'il aurait réunies en vertu des arrêts des trois chambres de Metz, de Brisac et de Besançon, jusqu'au 1 Août 1681. Art. 4.

*) DUMONT, p. 83.

**) Voyez ce traité dans LÉONARD, T. III. et dans DUMONT, T. VI. P. II. p. 81.

4°. Que le roi exercerait librement et sans aucune contradiction, dans les lieux réunis, *tous les droits de souveraineté*, et qu'il ne sera permis à qui que ce soit de le troubler dans cet exercice de ses droits. Art. 5.

5°. Que le roi rendrait toutes les places, qu'il aurait occupées après le 1 Août 1681, à l'exception de la ville de Strasbourg. Art. 6.

6°. Que le roi laisserait tous les seigneurs propriétaires, leurs héritiers et successeurs, et tous autres, qui lui auront prêté serment de fidélité, dans leur état, et dans l'entiere perception des fruits et revenus, qui dépendent de la propriété des lieux réunis, *se réservant ceux qui appartiennent a la souveraineté*, comme aussi dans l'exercice des choses qui regardent tant le spirituel que le temporel, ainsi qu'il est porté par les traités de Munster et de Nimegue. Art. 8.

7°. Que tous les habitans des endroits réunis, soit qu'ils professent la religion catholique, ou qu'ils soient de la confession d'Augsbourg, ou de la religion réformée, seraient maintenus dans le libre exercice de leur religion, de même que dans la possession des biens ecclésiastiques, de quelque nature qu'ils puissent être. Art. 9.

8°. Qu'on nommerait, aussitôt après la ratification du traité, des commissaires de part et d'autre, pour marquer et désigner les limites entre l'Empire et la France, et pour poser des bornes, où il en serait nécessaire. Art. 10.

HISTOIRE DU TRAITÉ DE PAIX DE RYSWIC, EN 1697.

GUERRE D'ALLEMAGNE.

La trève de Ratisbonne ne durait que depuis quatre ans, lorsque Louis XIV, recommençant la guerre, fit une nouvelle invasion dans l'Empire, en 1688. Il publia alors un manifeste, *) où il exposa les motifs, qui l'engageaient à reprendre les armes.

Selon lui, l'empereur nourrissant le dessein d'attaquer la France, dès qu'il aurait fait sa paix avec les Turcs, il lui paraissait plus prudent de prévenir son ennemi, que de s'en laisser prévenir. Pour prouver cette intention de l'empereur, il cita la ligue d'Augsbourg, conclue en 1686, entre l'empereur, le roi d'Espagne, la république de Hollande, la Suede, le duc de Savoye et les principaux états d'Empire. **)

À consulter les termes de cette ligue, elle visait à maintenir les dispositions des traités de Westphalie, de Nimegue et de Ratisbonne, contre la France, si elle venait à y porter atteinte. Guillaume III, prince d'Orange, en avait été le principal moteur. Occupé

*) On trouve ce manifeste dans DUMONT, Corps dipl. T. VII. P. II. p. 170.

**) DUMONT, T. VII. P. II. p. 131.

dès-lors du projet de détrôner le roi Jacques II, son beau-pere, il crut devoir détourner sur d'autres objets l'attention de Louis XIV, qui était le seul de tous les souverains de l'Europe, qui pût mettre obstacle à son entreprise, et qui était essentiellement intéressé à le faire. En formant la ligue d'Augsbourg, il fesait craindre à ce prince une guerre générale sur le continent de l'Europe.

Indépendamment de cette ligue, Louis XIV allégua encore deux autres motifs de la guerre qu'il allait commencer. Il dérivait le premier de la succession palatine, dans laquelle il prétendait faire valoir les droits de sa belle-soeur, la duchesse d'Orléans; et le second de l'élection de Cologne.

La branche électorale de Simmern étant venue à s'éteindre dans les mâles en 1685; l'électorat Palatin, en conformité de l'ordre de succession, établi par la Bulle d'or, passait à Philippe-Guillaume, prince palatin de la branche de Neubourg, comme étant le plus proche agnat et héritier féodal. L'empereur n'avait donc trouvé aucune difficulté à lui en donner l'investiture. Elle ne lui était pas contestée par la duchesse d'Orléans, soeur du dernier électeur de la branche de Simmern; mais cette princesse réclamait la succession allodiale de son frere. La grande difficulté était, de déterminer le vrai objet de cette succession allodiale. La duchesse y comprenait une partie considérable du Palatinat, et généralement tous les biens et possessions quelconques, qui dans l'origine avaient été de nature allodiale.

Le nouvel électeur au contraire soutenait, que tout ce qui avait été une fois incorporé dans l'électorat, allodial ou féodal, ne pouvait plus en être démembré ni réclamé par l'héritier allodial, et que, conformément aux loix et usages germaniques, toute la succession, sans le moindre partage, passait à l'héritier féodal.

Enfin Louis XIV allégua l'élection de Cologne, comme un outrage qu'il avait reçu, et qu'il convenait de venger par les armes. L'archevèché de Cologne étant devenu vacant dans ce tems là, Louis XIV avait recommandé au chapitre l'évêque de Strasbourg, Guillaume-Egon de Fürstenberg, qu'il protégeait. L'empereur, désirant d'écarter le protégé de la France, s'était vivement intéressé pour le prince Joseph-Clément de Baviere, évêque de Freisingen et de Ratisbonne.

Tous les deux étaient dans le cas de ne pouvoir être *élus*, suivant le droit canon, mais simplement *postulés*. Le pape, pour complaire à l'empereur, déclara le prince de Baviere éligible, non obstant qu'il eût un double vice canonique, le défaut d'âge requis par les canons, et sa qualité d'évêque de deux autres siéges, pendant que le prince de Fürstenberg ne pêchait que par la seule qualité d'évêque de Strasbourg. Le jour de l'élection, qui fut le 19 Juillet 1688, étant arrivée, treize chanoines sur vingt-quatre donnerent leur suffrages à l'évêque de Strasbourg, et neuf seulement voterent pour le prince de Baviere,

Le pape rejetta cependant la postulation de l'évêque de Strasbourg, pour confirmer ce qu'il appellait l'élection de l'évêque de Freisingen, qui obtint aussi l'investiture de l'empereur. Le fondement de cette décision du pape était, que, suivant le droit canon, le postulable concourant avec l'éligible, doit avoir au-delà du double de suffrages, pour l'emporter sur l'éligible.

Outre ces motifs que Louis XIV exposa dans son manifeste, il y en avait un de caché, et qui se rapportait à l'expédition du prince d'Orange en Angleterre, que Louis XIV comptait également empêcher par son invasion en Empire. Il était pour lui de la derniere importance de maintenir le roi Jacques II et la maison de Stuart sur le trône d'Angleterre. Ce prince devait pencher, de toute nécessité, pour la France, au lieu qu'on pouvait prévoir que son gendre, le prince d'Orange, venant à monter au trône, deviendrait l'ennemi capital de Louis XIV et le rival de sa gloire, en lui donnant pour ennemis l'Angleterre et la Hollande.

On s'etait flatté à la cour de France, que les Hollandais, voyant la guerre éclater dans leur voisinage, n'oseraient pas donner leur flotte au Statthouder, pour l'expédition d'Angleterre. Cette combinaison n'étai pas juste, ou plutôt M. de Louvois avait des motifs particuliers, tel que celui d'une diversion en faveur des Turcs, *) pour agir plutôt contre l'Empire que contre la Hollande. M. de Seignelay, ministre de la marine, avait conseillé au roi de faire un

*) Selon les *Mémoires de* St. SIMON, T. I. p. 22, la fenêtre de Trianon fut le motif principal, qui engagea Louvois à susciter cette sanglante guerre.

armement considérable par mer contre les Hollandais, et de former un camp de 50,000 hommes aux environs de Luxembourg, prêt à marcher au premier signal à Mastricht. Mais le roi, guidé par les conseils de M. de Louvois, préféra de faire son attaque du côté de l'Empire. Une aussi fausse démarche, en accélérant la révolution d'Angleterre, devint la cause principale de tous les malheurs et revers, qui traverserent depuis le regne de Louis XIV. Elle était d'autant plus blamable, qu'on n'ignorait pas en France l'armement, que fesaient les Hollandais en faveur du prince d'Orange, *) que le roi avait même fait connaître aux états généraux, qu'il envisagerait comme une déclaration de guerre tout acte d'hostilité exercé de leur part contre le roi de la Grande-Bretagne, et qu'il n'eut pas plutôt reçu la nouvelle de la descente du prince en Angleterre et de la fuite du roi Jacques II, qu'il déclara en effet la guerre aux Hollandais. **)

Ce fut au mois de Septembre 1688, environ deux mois avant la révolution de l'Angleterre, que les Français porterent la guerre en Empire. Elle commença par le siége de Philipsbourg, que le Dauphin à la tête d'une armée de 80,000 hommes emporta. Cette ville prise, les Français s'emparerent du Palatinat, ainsi que des villes de Worms, de Spire, de Mayence, de Treves, de Heilbronn et de plusieurs autres places, situées en deçà et au-delà du Rhin.

*) Le comte d'Avaux, qui résidait à la Haye, en avait donné des nouvelles positives. Voyez ses *Négociations* au Tome VI.

**) Cette déclaration de guerre est du 26 Novembre 1688.

Ils exigerent même des contributions jusqu'en Franconie.

Les puissances, allarmées de cette invasion, se hâterent de se rapprocher par des alliances. Une ligue formidable s'éleva contre la France, dans laquelle entrerent l'empereur et l'Empire, l'Espagne, la Hollande, l'Angleterre et la Savoye. *)

Les articles principaux de cette ligue portaient, que les alliés tacheraient de faire rétablir les choses dans l'état où elles avaient été mises par les traités de Munster et des Pyrénées. Ils s'engagerent plus particuliérement à procurer le rétablissement du duc de Lorraine, et arrêterent par un article secret, que la succession de la monarchie espagnole serait assurée à l'empereur et à sa postérité, à l'exclusion de la France. **)

Louis XIV, pour faire face aux ennemis, qui se présentaient de tous côtés, jugea à propos de retirer en 1689 ses troupes des places conquises en Empire; mais en les retirant, il fit brûler et saccager celles d'Oppenheim, Spire, Worms, Heidelberg, Mannheim, Ladenbourg, Frankenthal. En général, tout le Palatinat, une partie de l'électorat de Trêves, du margraviat de Bade, et la plûpart des pays situés sur les bords du Rhin, devinrent la proie des flammes. Cette rigueur ne fit qu'augmenter l'ardeur et l'animosité des ennemis de la France, sans que cette puissance en retirât aucun avantage réel.

*) DUMONT, Corps dipl. T. VII. P. II. p. 229. 241. 267. 272.

**) DUMONT, p. 230.

La guerre se fit sur le Rhin, en Italie, en Espagne, dans les Pays-Bas, en Irlande, par mer comme par terre; elle languit sur le Rhin, mais son principal théâtre s'établit dans les Pays-Bas, où la France maintint la supériorité de ses armes, malgré tous les efforts des puissances coalisées. Le maréchal de Luxembourg y gagna le 1 Juillet 1690 la bataille de Fleurus sur le prince de Waldeck; et le maréchal de Catinat vainquit le 18 Août le duc de Savoye à Staffard près de Saluzes en Piémont. Enfin le comte de Tourville défit la flotte des Anglais et des Hollandais dans la Manche auprès du cap de Béveziers, le 10 Juillet de cette même année.

En 1691 le 9 Avril, Louis XIV prit en personne Mons; le maréchal de Luxembourg défit le 18 Septembre l'arriere garde des alliés auprès de Leuse aux environs de Tournay. Elle était sous les ordres du prince de Waldeck.

En 1692, la flotte française, sous les ordres du comte de Tourville, fut défaite le 29 May par l'amiral Roussel, entre l'île de Wight et Barfleur.

Louis XIV, dans le dessein de rétablir le roi Jacques II, avait fait équipper une grande flotte, dont quarante-quatre vaisseaux s'armaient à Brest, et trente-cinq à Toulon. Une armée fut disposée à portée de la Hogue et du Havre de Grace, où l'embarquement devait se faire. Le comte d'Estrées, qui commandait les vaisseaux de Toulon, ayant été empêché par des vents contraires de sortir de la méditerranée, Louis XIV impatient d'exécuter son projet de descente en Angleterre, envoya ordre à

Tourville d'entrer dans la Manche, sans attendre l'escadre de Toulon, et de combattre les ennemis, s'il les trouvait. Cet amiral exécuta l'ordre du roi; il attaqua avec des forces inférieures les flottes combinées d'Angleterre et de Hollande, au nombre de quatre-vingt-cinq vaisseaux de ligne. Le combat dura depuis la pointe du jour jusqu'à la nuit, et ne laissa pas d'être tres glorieux à la marine française. M. de Tourville, après avoir perdu beaucoup de monde, se retira sur les côtés de France, et y fut suivi de la flotte ennemie. Quatre de ses vaisseaux furent brûlés à Cherbourg, et lui avec treize se fit échouer dans la baie de Hogue. *)

La ville de Namur, ayant été prise par les Français, le 5 Juin, le roi Guillaume III désirant de reparer cet échec par quelque action d'éclat, attaqua le 3 Août le camp du maréchal de Luxembourg auprès de Steinkerque; mais il fut repoussé après un combat fort vif, où l'on perdit de part et d'autre plus de sept mille hommes tués sur le champ de bataille. **)

En 1693, au commencement de Juin, les Français rassemblerent des forces supérieures dans la Flandre; le roi commandait une armée en personne, ayant avec lui le Dauphin et le maréchal de Bouflers. Le maréchal de Luxembourg était à la tête de l'autre armée. On s'attendait aux plus grands succès, et le roi d'Angleterre, nommé communément le prince

*) *Mémoires du maréchal* DE BERWIC, T. I. p. 107.

**) *Mémoires de* BERWIC, T. I. p. 116.

d'Orange, semblait être perdu sans ressource. Ce prince campait à l'abbaye du Parc auprès de Louvain, à une lieue de l'armée du roi, n'ayant que cinquante mille hommes à opposer à cent vingt mille, et il désespérait lui-même de pouvoir se sauver. La surprise fut générale, quand tout-à-coup le roi prit le parti de se retirer, et de faire deux détachemens de son armée, l'un pour l'Italie et l'autre pour l'Allemagne.

Le maréchal de Luxembourg resta alors seul chargé de la direction de la campagne de Flandre. Il attaqua les alliés, commandés par Guillaume III, dans leurs retranchemens de Neerwinden ou de Landen, et y remporta une victoire complette. Les alliés y perdirent près de vingt mille hommes avec leur camp et artillerie. Ce général aurait pu se rendre maitre de tous les Pays-Bas, s'il avait su profiter de sa victoire et de la consternation, qu'elle avait repandue. *)

Le duc de Savoye fut battu le 4 Octobre par le maréchal de Catinat, auprès de Marsaglia, pas loin de Pignerol en Piémont. Le duc y perdit 8000 hommes.

En 1694, le maréchal de Noailles vainquit les Espagnols au passage très difficile de la riviere de Tere, et s'empara de plusieurs places de la Catalogne, entre autres de Gironne. **)

*) *Mémoires de* BERWIC, T. I.

**) *Mémoires du maréchal* DE NOAILLES, T. I. p. 284. *Mémoires de* BERWIC.

La flotte des alliés bombarda Dieppe, le 22 et 23 Juillet, et réduisit en cendres la moitié de la ville: ce bombardement fut suivi le 24 du même mois de celui du Havre de Grace.

En 1695 le 4 Août, le roi d'Angleterre prit Namur en présence de l'armée française. Le maréchal de Villeroi, qui venait de relever le maréchal de Luxembourg, s'en vengea par le bombardement de Bruxelles, qui incendia plus de 3000 maisons de cette ville.

La campagne de 1696 n'offre rien de remarquable, si non que le célebre marin français, Jean-Barth, attaqua le 18 Juin la flotte des Hollandais, venant de la mer baltique et de la Norwege, auxquels il enleva cinq vaisseaux de guerre et 50 gros vaisseaux marchands.

En 1697 le 7 Août, les Français s'emparerent de la ville de Barcelone: cet événement hâta la conclusion de la paix.

Louis XIV, non obstant ses victoires et ses conquêtes, la désirait avec ardeur. Il prévoyait la mort prochaine du roi d'Espagne, et il lui importait de dissoudre la grande alliance avant l'ouverture de la succession espagnole, sur laquelle il comptait faire valoir ses prétentions.

NÉGOCIATIONS.

Pour accélérer la paix, le roi eut recours à la médiation de la Suede. Il rechercha avec soin les moyens de désunir les alliés, en offrant des conditions avantageuses aux uns, pour mieux faire la loi aux autres. Sa premiere démarche fut envers les Hollandais, avec lesquels il entama une négociation secrete à Gand, qui fut ensuite transférée à la Haye. Il réussit bientôt avec le duc de Savoye, qui le premier renonça à la grande alliance, pour faire sa paix avec le roi. Elle fut signée à Turin, le 29 Août 1696. *) Le roi gagna le duc, en lui rendant non seulement tout ce qu'il lui avait enlevé pendant la guerre, mais en lui cédant en outre la ville et le gouvernement de Pignerol, et en accordant à ses ambassadeurs tous les honneurs, que reçoivent ceux des têtes couronnées. Ce qui flatta encore beaucoup le duc, ce fut le mariage arrêté entre sa fille et le duc de Bourgogne.

Cette paix particuliere fut un acheminement à la paix générale. L'exemple du duc de Savoye fit impression sur plusieurs des princes ligués. On disputa encore quelque tems sur le lieu des conférences. L'empereur, qui désirait de prolonger la guerre, ou d'empêcher du moins la dissolution de la grande alliance, jusqu'au moment où l'on saurait à quoi s'en tenir sur le roi d'Espagne, qu'on disait fort malade, s'opposait à ce qu'on s'assemblât dans un endroit, situé sous la souveraineté de la république, comme Louis XIV le demandait. Il exigeait sous différens prétextes, que le congrès fût indiqué dans une ville d'Empire.

Enfin, menacé par le roi de Suede d'un traité articulier, que l'Angleterre et la république se

*) DUMONT, Corps dipl. T. VII. P. II. p. 368. LÉONARD, T. VII.

proposaient de faire avec la France, l'empereur accepta le château de Ryswic pour lieu du congrès. On y ouvrit les conférences le 9 May 1697.

Le roi de Suede, en sa qualité de médiateur, y envoya M. de Lilienroth, son ambassadeur.

Ceux de France furent, M. de Harlay, de Verjus et de Callieres.

Ceux du roi d'Angleterre, le comte de Pembrock, le vicomte de Darford, le lord de Lexington, le chevalier Williamson.

Ceux de l'empereur, le comte de Kaunitz, le comte de Strattmann et le baron de Seilern.

Ceux de l'Espagne, Don Francisco Bernardo de Quiros, et Louis Alexandre Schockard.

Ceux des États-Généraux, Antoine Heinsius, Jacques Borel, etc.

Les états d'Empire arrêterent une députation pour le congrès; elle fut choisie dans les trois colléges de la diete, en nombre égal des deux religions. Cette députation étant arrivée à Ryswic, les ministres impériaux refuserent de l'admettre à leurs conférences avec les ministres de France, se bornant à ne communiquer avec elle, que sur les objets qui seraient absolument relatifs aux affaires de l'Empire.

La négociation ayant traîné à Ryswic, les deux généraux en chef, le comte de Portland et le maréchal de Boufflers, se rendirent à un château près de Hall en Hainault, en conformité des ordres qu'ils en avaient reçus de leurs cours. Ce fut dans leurs conférences particulieres, que les principaux articles de la paix furent réglés de la part de la France, de l'Angleterre et de la Hollande. Les Espagnols agréerent ces articles; mais l'empereur et les états d'Empire firent difficulté de les admettre. Alors la France, qui dès le commencement de la négociation, avait offert la restitution de la ville de Strasbourg et celle du duc de Lorraine, déclara, pour accélérer la conclusion de la paix, qu'elle n'entendait être obligée à ces restitutions, qu'autant que les alliés accepteraient les conditions proposées, avant la fin du mois d'Août. Les impériaux ayant laissé écouler ce terme infructueusement, les plénipotentiaires français présenterent au congrès, le 1 Septembre, une déclaration, portant, que le roi, libre de ses engagemens, était en droit de profiter des succès qu'il avait eus depuis l'ouverture du congrès, pour exiger des conditions plus avantageuses, que celles qu'il avait d'abord demandées : qu'il était donc résolu de conserver Strasbourg, et que, si les alliés laissaient passer le nouveau terme, qu'il fixait au 20 Septembre, pour l'acceptation de ses offres, il se reservait la faculté de proposer de nouvelles conditions.

Cette déclaration amena le 20 et 21 Septembre la signature de la paix, entre l'Angleterre, l'Espagne, la Hollande et la France. Cette derniere puissance consentit à prolonger jusqu'au 1 Novembre le terme pour traiter de la paix avec l'empereur et l'Empire. Les impériaux firent encore quelques difficultés, et traînerent la négociation jusqu'au 30 Octobre, où la paix fut aussi signée entre la France, l'empereur et l'Empire.

ARTICLES DE LA PAIX ENTRE LA FRANCE ET L'ESPAGNE. *)

1°. Les villes, que la France avait conquises dans la Catalogne, sont rendues aux Espagnols. Art. 4.

2°. La France rend de même toutes les places, dont elle s'était emparée, pendant la guerre, dans les Pays-Bas espagnols, comme Luxembourg, Charleroi, Mons, Ath, Courtrai, etc. Art. 5. 6. 7. 8. 9.

3°. Elle rend également toutes celles, qu'elle avait occupées dans les Pays-Bas par la voie des réunions, à l'exception de quatre-vingt-deux, qu'elle se réserve par une liste particuliere, **) comme dépendances de Charlemont, Maubeuge et autres lieux. Art. 10.

4°. Dinant est rendu à l'évêché de Liége. Art. 31.

ARTICLES DE LA PAIX ENTRE LA FRANCE ET L'ANGLETERRE. ***)

1°. Louis XIV reconnait Guillaume III comme vrai et légitime roi de la Grande-Bretagne, et s'engage sur

*) DUMONT, Corps dipl. T. V. I. P. II. p. 408. LÉONARD, T. VII.

**) Cette liste se trouve dans les *Actes et Mémoires d'Utrecht*, au Tome III. p. 261.

***) DUMONT, T. VII. P. II. p. 399. LÉONARD, T. VI.

sur sa parole royale de ne jamais le troubler dans la possession de ses royaumes, ni de donner aucune assistance directe, ni indirecte à ses ennemis, s'entend au roi Jacques II. Art. 4.

2°. On se rend de part et d'autre tout ce qu'on s'était enlevé pendant la guerre. Art. 7.

3°. On convient de nommer des commissaires, pour examiner les prétentions réciproques sur les endroits contestés de la Baye de Hudson, et pour le réglement des limites et confins des pays cédés ou restitués de part et d'autre par l'article précédent. Art. 8.

ARTICLES DE LA PAIX ENTRE LA FRANCE ET LA HOLLANDE. *)

On y arrête la restitution réciproque des conquêtes. Les Hollandais rendent Pondichery à la France. Art. 8.

Le traité de commerce, signé le même jour, entre la France et la Hollande, porte :

1°. Que les sujets des États-Généraux ne seraient plus regardés comme *aubains* en France. Art. 15.

2°. Qu'au commencement d'une guerre entre les deux nations, il serait accordé un espace de neuf mois, pendant lequel il serait libre à l'un et à l'autre parti de rappeller ses sujets, qui pour cause de commerce s'arrêteraient dans les états de l'un ou de l'autre. Art. 42.

*) DUMONT, T. VII. P. II. p. 38.

Dans chacun des trois traités de paix, il fut arrêté par des articles séparés, que, si l'empereur et l'Empire n'admettaient point jusqu'au 1 Novembre les conditions, qui leur avaient été proposées par la France, les trois puissances ne leur donneraient plus aucun secours.

ARTICLES DE LA PAIX
ENTRE LA FRANCE, L'EMPEREUR ET L'EMPIRE. *)

1. Les traités de Westphalie et de Nimegue sont renouvellés et adoptés pour bases du présent traité. Art. 3.

2. Tout ce que la France avait occupé, soit durant la guerre, soit auparavant sous le nom de réunions, est rendu, et les arrêts des chambres de Metz, de Besançon et de Brisac sont cassés et annullés; c'est-à-dire, la France s'engage à rendre toutes les réunions, qu'elle avait faites *hors de l'Alsace*, ou qui se trouvaient comprises dans la liste des réunions, **) produite par les ambassadeurs de France au congrès. Voici les propres termes du traité. Art. 4.

„ Tous les lieux et endroits occupés par sa Sacrée „ Majesté Très-Chrétienne, pendant la guerre, et „ par voie de fait, que sous le nom d'unions ou „ réunions, *situés hors de l'Alsace*, ou *contenus dans* „ *la liste des réunions*, *produite par l'ambassade de*

*) DUMONT, *Corps dipl.* T. VII. P. II. p. 421. LÉONARD, T. VII.

**) Cette liste se trouve dans les *Actes et Mémoires de Ryswic*, t. II. p. 387.

„ *France*, seront restitués à sa Sacrée Majesté Impé-
„ riale, à l'Empire et à ses états et membres, etc."

On voit clairement par ce passage, qu'en annulant les réunions faites *hors de l'Alsace*, on laissa subsister celles que la France avait faites dans cette province. Ces réunions sont donc validées par le traité de Ryswic, ainsi que la reconnaissance de la souveraineté sur toute l'Alsace, telle qu'elle est établie par la trêve de Ratisbonne, dont les dispositions ne sont point révoquées. Enfin il est évident par cet article, que l'intention des Français était de conserver à la paix l'intégrité de l'Alsace, et qu'en offrant la restitution des réunions couchées dans la *liste* dont il s'agit ici, ils supposaient, qu'elle ne renfermait point d'endroits situés en Alsace. On peut donc en inférer, que ce fut par erreur, que les ambassadeurs de France comprirent dans cette liste quelques terres et seigneuries enclavées en Alsace, telles que celles du comté de Hanau-Lichtenberg. Cependant comme, d'après les termes du traité, elles étaient dans le cas d'être restituées à l'Empire, le comte de Hanau prit le parti de faire, après la paix de Ryswic, une soumission volontaire au roi. Elle lui valut des lettres patentes très favorables, données en 1701 et 1707.

3. La France, en fesant ces restitutions, ajouta une clause au quatrieme article du traité, qui porte, que la religion catholique sera conservée dans les endroits restitués, sur le pied qu'elle s'y trouvait lors de la paix, „ *à condition toutes fois*, tels sont les termes du traité, „ *que, dans tous ces lieux, la religion*

„ *catholique romaine demeurera dans le même état* „ *auquel elle est à présent* "

Pour l'intelligence de cette clause, il faut remarquer, que la France, pendant qu'elle se trouvait en possession du Palatinat et des contrées voisines, y introduisit le simultanée ou le co-exercice de la religion catholique, contre les dispositions formelles du traité de Westphalie et de l'année décrétoire. *) Ces innovations faites dans la religion sont maintenues par la clause dont nous venons de parler, et qui n'a été insérée qu'après que tous les autres articles du traité avaient été déja réglés. On croit que ce fut l'électeur palatin lui même, qui la sollicita. **) Ses prédécesseurs, qui étaient calvinistes, avaient introduit le calvinisme dans le Palatinat; mais le nouvel électeur de la branche de Neubourg, étant catholique, desirait de maintenir les changemens, que Louis XIV avait faits en faveur de la religion catholique dans ce pays. L'empereur n'ayant non plus rien trouvé à redire, la clause passa, malgré l'opposition des protestans, qui se sont constamment récriés contre cette clause, jusqu'à renouveller leurs protestations dans toutes les capitulations, qui ont été préscrites aux empereurs jusqu'à nos jours.

4. La restitution générale, énoncée dans l'article IV du traité de Ryswic, est suivie de plusieurs restitutions particulieres, telles que celle de l'électeur

*) Voyez: *Liste des lieux compris par la derniere clause du quatrieme article du traité de Ryswic*, dans LÉONARD, *Traités de paix*, T. V .

**) LAMBERTY *Mémoires*, T. I. p. 14

de Trèves, qui est rétabli dans la ville de Trèves. Art. 6.

5. La restitution de l'électeur de Brandebourg est traitée dans l'article 7. Le traité de St. Germain en Laye du 29 Juin 1679 entre la France et cet électeur, y est confirmé dans tous ses points.

6. Quant à électeur palatin, ce prince est rétabli, par l'article huitieme, dans toutes ses terres et possessions quelconques, et pour ce qui est de la prétention de la duchesse d'Orléans, il est dit dans le même article, qu'elle serait vuidée par la voye d'un compromis ou d'un arbitrage, et que ce serait l'empereur et le roi, qui en qualité d'arbitres en décidéraient, conformément aux loix et constitutions de l'Empire. On ajouta la clause que si l'empereur et le roi ne pouvaient pas s'accorder, l'affaire serait renvoyée au Pape, qui en deciderait en qualité de surarbitre: enfin que l'électeur palatin payerait annuellement à la duchesse d'Orléans la somme de deux cents mille livres, jusqu'à la conclusion finale du différent.

Ce fut en exécution de cet article que l'empereur envoya à Francfort le conseiller aulique Binder, en qualité de son subdélégué. Mr. Obrecht, préteur royal de Strasbourg, s'y rendit de la part du roi. L'affaire de la duchesse d'Orléans fut débattue entre ces deux commissaires, qui rendirent le 26 Avril 1701, des sentences diamétralement opposées l'une à l'autre. Mr. Binder déchargea l'électeur palatin de toute prétention formée contre lui. Mr. Obrecht exigea un inventaire plus détaillé, et adjugea provisoirement à la duchesse la moitié du duché de Simmern, de

Lautern et du comté de Spanheim. La cause ayant alors été dévolue en cour de Rome ; le pape, par une congrégation d'auditeurs de rote, fit prononcer en 1702 une sentence, par laquelle l'électeur palatin, au moyen de la somme de trois cent milles écus, qu'il payerait à la duchesse, fut libéré de toute prétention formée contre lui. Les différens payemens qui avaient été faits antérieurement à la duchesse, furent comptes dans cette somme. *)

7. Le duché des Deux-Ponts est rendu de plein droit au roi de Suede, comme comte palatin du Rhin, pour le posséder selon la teneur de la paix de Westphalie. Art. 9.

8. Le duché de Veldentz est également rendu à son duc. Art. 10.

9. L'ordre Teutonique est rétabli dans toutes les commanderies, qu'il possédait ci devant, et quant aux commanderies et biens de l'ordre situés dans la souveraineté du roi, il en jouira avec les mêmes privilèges et immunités dont jouit l'ordre de Malte. Art. 11.

10. Le duc de Wirtemberg est rétabli dans le comté de Montbéliard, pour le posséder dans le même état, droits et privilèges, et surtout la même immédiateté à l'égard de l'Empire, dont il jouissait auparavant. Art. 13.

11. La restitution de la maison de Bade et des comtes de Nassau et de Linange est contenue dans les art. 14 et 15.

*) *Actes et mémoires de la paix de Ryswic*, T. V. qui renferme les actes de ce procès.

12. La ville de Strasbourg est cédée formellement à la France, par les art. 16 et 17. C'est à cause de son importance qu'on en exigea la cession expresse.

13. En considération de cette cession, le roi rend à l'Empire le fort de Kehl, qu'il avait fait construire par Mr. de Vauban, après la réduction de la ville de Strasbourg, et pour servir à sa défense. Quant au fort de la Pile, qui avait été élevé dans les isles du Rhin ; le traité ordonne qu'il sera rasé aux frais du roi, sans pouvoir être reconstruit. Art. 18.

14. La navigation du Rhin est déclarée parfaitement libre par le même article, et en ces termes: „ La navigation et autre usage du Rhin demeurera „ libre aux sujets des deux parties et à tous autres „ qui voudront y naviguer, passer ou transporter „ des marchandises, sans que la riviere puisse jamais être détournée par aucune des deux parties, „ ni son cours, la navigation et autre usage rendus „ plus difficiles. Il sera encore moins permis d'y „ exiger de nouveaux droits de péage, ou d'y augmenter les anciens, ou d'obliger les bateaux qui „ passent, d'aborder ou de décharger leurs charges „ ou marchandises d'un côté plutôt que de l'autre; „ mais au contraire il sera libre à chacun de faire là-dessus ce qu'il jugera à propos."

15. La ville et les châteaux de Fribourg avec ses dépendances sont rendus à l'empereur et à la maison d'Autriche, sur le même pied qu'ils avaient été cédés au roi par la paix de Nimegue. Art. 10.

16. La ville de Brisac est cédée pareillement à l'empereur et à la maison d'Autriche, dans l'état où elle se trouvait alors, avec toutes ses dépendances situées sur la rive droite du Rhin, au lieu que le fort le Mortier, situé sur la rive gauche du même fleuve, est laissé au roi. Mais la ville, appellée Neuve, située sur cette rive gauche, de même que le pont et le fort construit sur une isle du Rhin, seront entiérement démolis, et ne pourront jamais être relevés de part ni d'autre. Art. 20. 21.

Depuis la cession du vieux Brisac, le roi fit construire en 1699 en Alsace la ville, appellée Neuf-Brisac.

17. Philippsbourg avec toutes ses fortifications est rendu à l'empereur et à l'Empire. Art. 22.

18. Les forts construits vis-à-vis de Huningue sur la rive droite du Rhin et dans une isle de ce fleuve, seront rasés. Le fond avec les maisons sera rendu à la maison de Bade. Art. 23.

19. Le fort construit sur la rive droite du Rhin, vis-à-vis du Fort-Louis, sera pareillement rasé, Fort-Louis avec l'isle restera au roi. Art. 24.

20. Plusieurs autres forts spécifiés dans les articles 25. 26 et 27 seront rasés de même.

21. Le duc de Lorraine est rétabli dans son duché sur le pied, qu'il l'avait possédé en 1670, sauf les changemens mentionnés dans le traité. Art. 28.

Le roi lui rend Nancy dont les nouvelles fortifications seront rasées, et le duc ne pourra construire qu'un simple mur autour de la nouvelle ville. Art. 29.

Il lui rend de même Bitsche et Hombourg, en rasant les fortifications de ces places. Art. 30.

Le roi se réserve Saare-Louis avec un district d'une demie lieue. Art. 32.

La ville et la préfecture de Longwi resteront en toute souveraineté à la France; le duc aura un équivalent dans les trois évêchés. Art. 33.

Les troupes françaises auront en tout tems le libre passage par les terres du duc; mais les chaussées établies par la paix de Nimegue n'auront pas lieu. Art. 34.

22. Le cardinal de Fürstemberg, évêque de Strasbourg, est retabli dans tous ses droits, honneurs et biens, qui lui appartiennent comme état d'Empire. Art. 44.

23. Les landgraves de Hesse-Rheinfels sont aussi compris dans l'amnistie. Art. 45.

Les ministres des princes protestans refuserent de signer la paix, rélativement à la clause du quatrieme article. Ils présenterent un écrit à ce sujet, qui contenait les motifs de leur refus. *)

La maison de Brunswic présenta aussi une protestation aux médiateurs, touchant deux canonicats dans la cathédrale de Strasbourg, qui avaient été enlevés à cette maison en vertu d'un arrêt du conseil souverain d'Alsace, rendu à Brisac le 11 Juille 1687. **)

*) *Actes et mémoires de Ryswic*, T. IV. p. 143.

**) Item T. IV. p. 128. 130.

HISTOIRE DES TRAITÉS DE PAIX D'UTRECHT,

en 1713.

DIFFÉRENS SUR LA SUCCESSION D'ESPAGNE.

Les traites d'Utrecht furent précédés d'une guerre de douze ans, qui commença avec le siecle et eut pour sujet les contestations, qui s'étaient élevées sur la succession à la monarchie d'Espagne.

Charles II, dernier mâle de la branche Espagnole d'Autriche, issuë de l'empereur Charles-Quint, n'ayant ni enfans, ni frere, la monarchie espagnole appartenait à sa mort à Marie-Thérése, reine de France, soeur ainée de ce prince, conformément à l'ordre de la succession castillane, qui se trouvait alors établi en Espagne.

On opposait à cette princesse la renonciation formelle, qu'elle avait faite à la monarchie espagnole tant pour elle que pour ses enfans et descendans, par son contrat de mariage confirmé par la paix des Pyrénées. On soutenait en France la nullité de cette renonciation, qui de plus ne pouvait préjudicier aux droits des enfans issus de ce mariage, parce qu'ils ne tenaient pas leurs droits de leur mere, mais de la loi fondamentale qui les appellait à succéder.

Louis XIV avait pour compétiteur de cette succession l'empereur Léopold, qui s'était d'abord appuyé sur les pactes de famille, établis en Autriche, d'après lesquels les mâles d'une branche venant à s'éteindre, la succession était dévolue aux mâles de l'autre branche, à l'exclusion des femmes, qui n'y pouvaient prétendre qu'au défaut total des mâles de toutes les branches.

Cet argument, tout spécieux qu'il parut, n'était cependant rien moins que concluant, attendu que les pactes de famille et les arrangemens particuliers de la maison d'Autriche ne pouvaient être mis en opposition avec la loi fondamentale de l'Espagne. L'empereur se vit donc dans le cas de fonder pareillement son droit sur les femmes. Il avait épousé en premieres noces Marguerite-Thérése, soeur cadette de Charles II. Les loix fondamentales de l'Espagne déféraient le trône à cette princesse, au défaut de Marie-Thérése, sa soeur ainée. Le testament de Philippe IV l'y appellait pareillement, à l'exclusion de la reine de France et de ses enfans; mais l'empereur ne jugea pas à propos de faire valoir les droits de Marguerite Thérése, sa femme. Il n'en avait qu'une fille, nommée Marie-Antoinette, qui ayant épousé l'électeur de Baviere, fut la mere de Joseph-Ferdinand, prince électoral de Baviere. En admettant la validité des droits de Marguerite-Thérése, la monarchie d'Espagne passait dans la maison de Baviere.

L'empereur qui désirait la conserver dans la sienne propre, soutint que la princesse Marie-Antoinette, sa fille, avait renoncé à tous ses droits de succession, lors de son mariage avec l'électeur de Baviere, et s'érigea lui-même en prétendant de la monarchie espagnole.

Pour cet effet, il s'appuya des droits de Marie-Anne, sa mere, fille de Philippe III, roi d'Espagne, et tante de Charles II, à laquelle, selon lui, la succession avait été assurée par son contrat de mariage, et par testamens des rois d'Espagne, à l'exclusion des enfans de France. Il avait de son mariage avec une princesse palatine de Neubourg, les archiducs Joseph et Charles. L'aîné qu'il avait fait élire roi des Romains dès l'an 1690, devait lui succéder au trône de l'Empire, et il destinait le cadet à la monarchie espagnole.

La reine d'Espagne, qui était la soeur de l'impératrice, favorisait les vues de l'empereur, son beau-frere. Elle était contrariée par la reine-mere d'Espagne, qui soutenait les intérêts du prince électoral de Baviere, son arriere-petit-fils. L'obstacle parut levé lors du decès de cette princesse, arrivée au mois de May 1696; mais ses représentations avaient fait une telle impression sur l'esprit du roi, son fils, que l'empereur, pour réussir à les effacer, crut devoir recourir aux talens d'un ministre habile. Il jetta les yeux sur le vieux comte de Harrach, un des principaux ministres de son conseil, qu'il nomma en 1696 son ambassadeur en Espagne, et désigna le jeune comte de Harrach, son fils, pour lui succéder dans la même ambassade. Sa commission portait de solliciter la révocation du testament que le roi d'Espagne avait fait en faveur du prince électoral de Baviere, et d'engager ce prince à déclarer l'archiduc Charles, héritier présomptif de la monarchie d'Espagne, en l'appellant auprès de sa personne en qualité de son successeur éventuel. L'empereur s'était même flatté de faire agréer les droits de succession de son fils, en les présentant comme un article fondamental du traité de Ryswic, relativement aux engagemens qu'il avait pris à ce sujet avec les alliés par un article séparé du traité de la grande alliance.

Le roi d'Espagne se rendant enfin aux instances de la cour de Vienne et à celles de la reine, son épouse, annulla le testament qui établissait les droits du prince de Baviere; mais il ne fut pas aussi facile à se déclarer en faveur de l'archiduc. Il n'y consentait qu'autant que l'empereur enverrait un corps de dix à douze mille hommes pour la défense de la Catalogne contre la France.

Léopold se trouvant engagé dans une double guerre contre la France et contre les Turcs, cherchait a éluder une condition aussi onéreuse. Elle lui fit manquer l'occasion d'obtenir la déclaration qu'il désirait. La négociation traîna en longueur, *) et la France trouva moyen de faire sa paix à Ryswic et de dissoudre la grande alliance, sur laquelle l'empereur fondait ses espérances.

Sans perdre cependant son objet de vue, ce prince continua après la paix de négocier à la cour d'Espagne.

*) *Mémoires du comte de Harrach; mémoires de la Torre.*

Charles II et la plupart de ses ministres étaient portés pour l'archiduc; mais ils exigeaient que ce prince se rendît en personne en Espagne, et qu'il fut soutenu d'un corps de douze mille Autrichiens. L'empereur parut enfin y consentir, mais il demanda que la cour d'Espagne contribuât à l'entretien de ces troupes.

La lenteur avec laquelle cette affaire fut traitée, donna à la cour de France le tems de faire échouer les projets de celle de Vienne. Le marquis d'Harcourt, ambassadeur du roi à Madrid, réussit à détacher des intérêts de l'archiduc plusieurs des ministres espagnols, et le roi qui tenait toujours des forces considérables sur pied, déclara à la cour d'Espagne, qu'il regarderait comme une infraction de la paix, les mesures quelle prendrait pour disposer de la succession espagnole au préjudice des droits des enfans de France. De ce moment Charles II n'osa plus donner la déclaration que sollicitait la cour de Vienne, dans la crainte d'une nouvelle guerre avec la France.

TRAITÉS DE PARTAGE.

Louis XIV ayant néanmoins refléchi sur les difficultés sans fin, qui s'opposeraient à l'élévation d'un prince de son sang au trône d'Espagne, prit le parti qu'il jugea le plus convenable au véritable intérêt de sa couronne et au maintien de la tranquillité générale. En conséquence des ouvertures que le roi Guillaume III lui fit faire par le comte de Portland, son ambassadeur en France, il chargea Mrs. les comtes de Tallard et de Briord, d'une négociation avec les cours maritimes, qu'ils disposerent à signer le premier traité de partage proposé et arrêté à la Haye le 11 Octobre 1698 *), et dont les principaux articles portaient :

1.° Que le royaume des deux Siciles avec les ports de Toscane, le marquisat de Final et la province de Guipuscoa seraient assurés au Dauphin.

2.° Que l'archiduc Charles aurait le duché de Milan.

3.° Que le reste de la monarchie espagnole passerait à Joseph-Ferdinand, prince électoral de Baviere.

4.° Que l'electeur de Baviere, pere du jeune prince, lui serait substitué dans la succession à cette monarchie.

5.° Que si les maisons d'Autriche et de Baviere refusaient d'agréer ce traité, leurs portions seraient mises en séquestre, et les alliés réuniraient leurs armes contre elles.

L'électeur de Baviere accepta sans hésiter le traité de partage; mais le roi d'Espagne révolté contre le projet qui partageait sa monarchie, ne l'eut pas plutôt appris, qu'il assembla un conseil extraordinaire, à l'issue duquel il fit un nouveau testament. Il y institua le prince électoral de Baviere héritier universel de tous les états qu'il délaisserait, et déféra à la reine, son épouse, la régence pendant le bas âge de ce prince.

Les principales puissances se réunissaient donc en faveur du prince de Baviere: la France, l'Angleterre

*) DUMONT, *Corps dipl.* T. VII. P. II. p. 442. *Mémoires de Lamberty*, T. I. p. 12.

et la Hollande lui destinaient l'Espagne, l'Amérique et les Pays Bas. L'électeur souscrivait pour son fils au partage du reste de la monarchie espagnole, et dans le même tems le roi d'Espagne appellait ce jeune prince à sa succession. On se flattait généralement d'avoir prévenu une guerre sanglante, et affermi pour longtems le repos de l'Europe, lorsque la prudence humaine se vit confondue par l'événement de la mort du prince de Baviere, décédé à Bruxelles le 8 Février 1699.

Le premier traité de partage ne pouvant plus subsister, Louis XIV en proposa un second, qui fut signé à Londres le 13 Mars 1700 par la France, l'Angleterre et la Hollande. *) Il réglait:

1.° Que le Dauphin, outre le royaume des deux Siciles, les ports de Toscane, le marquisat de Final et la province de Guipuscoa, qui lui avaient été assurés par le premier traité de partage, aurait encore le duché de Lorraine, et qu'on donnerait en échange celui de Milan au duc de Lorraine.

2.° Que les autres royaumes et états de la monarchie espagnole seraient assurés à l'archiduc Charles, et si ce prince n'acceptait point le traité de partage dans l'espace de trois mois, les alliés se concerteraient entr'eux pour en nommer un autre à sa place: que l'archiduc, en acceptant le traité de partage, ne pourrait se rendre ni dans le royaume d'Espagne, ni dans le duché de Milan, aussi longtems que vivrait le roi Charles

*) DUMONT *corps dipl.* T. VII. P. II. p. 477. *Mémoires de Lamberty*, T. I. p. 97.

Charles II : que si l'archiduc venait à mourir avant le roi d'Espagne, il serait permis à l'empereur de nommer un autre prince ou princesse de sa maison, pour lui être substitué, à l'exception de Joseph, roi des Romains, qui ne pourrait point posséder la monarchie d'Espagne, par la raison que cette monarchie ne devra jamais être réunie à l'Empire, ni aux états de la branche allemande de la maison d'Autriche.

Louis XIV fit son possible, pour engager la cour de Vienne à approuver le nouveau traité de partage. Il y envoya à cet effet le marquis de Villars, et l'empereur ne paraissait pas fort éloigné de se prêter aux vues des cours alliées ; mais il ne cherchait qu'à amuser la France par des promesses vagues, tandis qu'il mettait tout en oeuvre, pour se concilier le roi et le ministere d'Espagne. Enfin ne pouvant plus trainer, il déclara en termes formels, qu'il ne pouvait point approuver le traité de partage.

TESTAMENT DE CHARLES II.

La connaissance qu'eut le roi d'Espagne de ce second traité de partage, lui donna de vives inquiétudes. Il regardait le partage de ses états comme le plus grand malheur qui pût lui arriver, et en fit des plaintes ameres par ses ministres dans les principales cours de l'Europe. Il prit ensuite l'avis des théologiens et des jurisconsultes de ses royaumes, ainsi que celui du Pape, sur le parti qu'il lui convenait de prendre, pour empêcher le démembrement de la monarchie. Le plus grand nombre, sans en excepter le

Pape, déciderent que la renonciation de Marie-Thérése étant nulle à l'égard de ses enfans, il serait juste de la part du roi de nommer un des fils du Dauphin pour son successeur. Le cardinal Portocarrero, archevêque de Tolède, ayant adopté le même sentiment, Charles II fit, peu avant sa mort, ce fameux testament, en vertu duquel il reconnut les droits de Marie-Thérése, sa soeur, à la monarchie d'Espagne. Il déclara que la renonciation de cette princesse, de même que celle de la princesse Anne, mere de Louis XIV, aux royaumes d'Espagne, ayant eu pour unique motif d'empêcher la réunion de ces royaumes à la couronne de France, ce motif cessait, en transférant la succession sur un fils puîné de France; qu'en cette considération il nommait Philippe, duc d'Anjou, fils puîné du Dauphin, héritier légitime de tous ses états. Il substitua à ce prince, en cas qu'il vint à manquer, ou qu'il fut élevé au trône de France, le duc de Berry, troisieme fils du Dauphin, et au défaut de celui-ci, il substitua l'archiduc Charles, à l'exclusion de l'archiduc Joseph, fils ainé de l'empereur. Enfin au défaut de l'archiduc, il appella à la succession le duc de Savoye et ses enfans, sans permettre dans aucun cas le moindre démembrement et diminution de la monarchie. *)

Charles II mourut le 1 Novembre 1700. Le conseil qu'il avait établi par son testament, pour

*) Ce testament, qui est du 12 Octobre 1700, est rapporté par DUMONT, *corps dipl.* T. VII. P. II. p. 485, et par LAMBERTY dans ses *mémoires* au Tome I. p. 191. Il ne changeait en rien l'état de la question; un roi ne pouvant par son testament renverser l'ordre de succession établi par la loi fondamentale.

vaquer au gouvernement du royaume jusqu'à l'arrivée de son successeur, envoya à Louis XIV une copie du testament, et le supplia de concourir à en maintenir les dispositions, en accordant Philippe d'Anjou, son petit-fils, aux Espagnols. Le même conseil donna ordre à l'ambassadeur qui résidait à Paris, de dépêcher tout de suite un courier à Vienne, pour faire la même offre à l'archiduc, si Louis XIV aimait mieux s'en tenir au traité de partage.

ACCEPTATION DE LOUIS XIV.

Le roi ayant assemblé son conseil, pour délibérer sur le parti qu'il lui convenait de prendre, se décida pour l'acceptation du testament, en renonçant au traité de partage. Le motif de cette décision était : „ Que le roi n'acceptant pas le testament, se verrait „ dans le cas d'abandonner totalement la succession „ d'Espagne, ou de faire la guerre pour conquérir la „ part que le traité de partage assignait à la France; „ n'y ayant avec cela gueres d'apparence que l'An„ gleterre et la Hollande voulussent soutenir par les „ armes la disposition faite des états de la couronne „ d'Espagne. " *)

Immédiatement après l'acceptation du testament, Philippe d'Anjou fut proclamé par les Espagnols, le 14 Novembre. Il fit son entrée solennelle à Madrid le 14 Avril 1701, et fut généralement reconnu par tous les peuples soumis à la domination espagnole.

*) *Mémoires de Torcy*, T. I. p. 153.

La couronne d'Espagne transférée dans la maison de France, devait exciter une forte agitation dans les différentes cours de l'Europe. Il était de la prudence de chercher les moyens de calmer les esprits, et d'éviter la guerre générale dont on était menacé.

Louis XIV paroissait d'abord disposé à vouloir adopter des voyes de conciliation. Il fit déclarer par le comte de Briord, son ministre à la Haye, „ qu'ayant
„ pris en considération les affaires présentes, et vo-
„ yant que l'empereur n'avait point accepté le traité
„ de partage, et que peu de princes, surtout les cou-
„ ronnes du nord n'y étaient point entrées; voyant
„ d'ailleurs la peine que fesait au roi d'Angleterre,
„ la Sicile entre les mains des Français, il avait ré-
„ solu de se rendre à l'empressement des Espagnols
„ d'avoir le duc d'Anjou pour roi; qu'il savait
„ bien que par là il perdait beaucoup, mais qu'il
„ aimait mieux renoncer aux avantages que le traité
„ de partage procurait à sa couronne, que de donner
„ lieu à une guerre, qui troublerait le repos de toute
„ l'Europe." *)

L'exécution du traité de partage eût été en effet plus favorable à la France, que ne l'était celle du testament de Charles II, puisque le traité de partage aggrandissait la France de plusieurs royaumes et provinces, au lieu que par l'acceptation du testament la monarchie espagnole passait en entier à Philippe d'Anjou, prince cadet de France.

L'évidence de cette vérité aurait dû engager les puissances de l'Europe à applaudir au parti que prenait

*) *Mémoires de Lamberty*, Tom. I. p. 213.

Louis XIV, de préférer le testament au traité de partage, et il devait être fort indifférent à ces puissances, que ce fût un prince cadet de France ou un prince cadet d'Autriche, qui emportât la monarchie espagnole, pourvu qu'elle fût conservée sur le pied d'un état libre et indépendant.

DISPOSITION DES COURS DE L'EUROPE.

Ces considérations semblent avoir guidé les puissances, qui reconnurent d'abord Philippe d'Anjou comme légitime roi d'Espagne. Le premier qui prit ce parti, fut le duc de Savoye. Ce prince, gagné par le mariage du nouveau roi avec une de ses filles, et par le grade de généralissime des deux couronnes en Italie qui lui fut déféré, s'engagea même à accorder en tout tems aux troupes françaises le libre passage dans le Milanois, et à entretenir un corps de dix mille hommes pour le service des deux couronnes. *) Son exemple fut suivi par le duc de Mantoue, qui embrassa aussi l'alliance des deux couronnes. **)

Le roi de Portugal, par un traité conclu au mois de Juin 1701, promit d'envisager comme ses propres ennemis, tous ceux qui s'opposeraient à la succession de Philippe V. ***)

Le ministere même d'Angleterre, entraîné par la cour de France, reconnut le nouveau roi d'Espagne,

*) *Mémoires de la Torre*, T. II. p. 283.

**) Item T. III. p. 218.

***) *Mémoires de Lamberty*, T. I. p. 415. 547. DUMONT, T. VIII P. I. p. 31.

et le roi Guillaume III lui écrivit une lettre de félicitation sur son avénement au trône. *)

La situation politique des affaires de l'Europe était encore fort avantageuse au nouveau roi d'Espagne. La grande guerre qui venait d'éclater entre les puissances du nord, en occupait les forces. L'empereur était menacé d'une puissante diversion de la part des mécontens de Hongrie, qui s'étaient donnés le fameux Ragotzi pour chef.

En Allemagne tout était en combustion au sujet des différens, qui s'y étaient élevés touchant l'érection du neuvieme électorat. Les princes confédérés contre cette innovation armaient à toutes forces, et les délibérations avaient été interrompues à la diete de l'Empire. Plusieurs princes, tels que les électeurs de Baviere et de Cologne, les ducs de Brunswic-Wolffenbüttel et de Saxe-Gotha, de même que l'évêque de Munster, étaient ouvertement du parti de la France.

Il est donc probable, que Louis XIV aurait évité la guerre sanglante dont la France fut accablée, s'il eût donné aux cours maritimes des suretés capables de les faire revenir de l'appréhension qu'elles avaient, que par l'acceptation du testament il ne cherchait que son propre aggrandissement et la réunion de la monarchie espagnole à celle de France.

*) *Mémoires de la Torre*, T. III. p. 108.

CONDUITE DE LOUIS XIV.

Loin d'écarter ce soupçon par une conduite aussi politique que sage, il prit des mesures diamétralement contraires, capables d'augmenter la méfiance et d'aigrir les esprits agités, au point de soulever contre lui une grande partie de l'Europe.

Immédiatement avant le départ du duc d'Anjou pour l'Espagne, le roi lui fit sceller des lettres patentes qui réservaient à ce prince ses droits à la couronne de France, au défaut du duc de Bourgogne et de sa descendance mâle. *)

Les Hollandais ne craignaient rien tant que de voir passer sous la domination française les Pays-Bas espagnols, qu'ils regardaient comme une barriere à laquelle les Anglais mêmes paroissaient fortement s'intéresser. Louis XIV, au lieu de dissiper cette crainte, l'augmenta, en y introduisant ses troupes. Il s'était fait attribuer par le conseil de Madrid, le pouvoir de prendre telles mesures qu'il jugerait à propos pour le bien-être de l'état, et les instructions avaient été données à tous les gouverneurs de provinces d'avoir pour les ordres du roi la même déférence que pour ceux qui leur viendroient de la cour d'Espagne. Louis XIV enjoignit en conséquence à l'électeur de Baviere, qui commandait dans les Pays-Bas espagnols, d'introduire des troupes françaises dans toutes les places, sous la dénomination de troupes auxiliaires, afin de leur servir de défense contre

*) DUMONT, *corps dipl.* T. VIII. P. II. p. 494. LAMBERTY, *mémoires*. T. I. p. 388.

les Hollandais accusés de fomenter des ligues avec l'Angleterre contre Philippe d'Anjou et contre la France.

Les troupes françaises entrerent dans les Pays-Bas espagnols le 6 Février 1701, et Louis XIV força même les Hollandais d'évacuer toutes les places, où ils tenaient des garnisons en vertu d'une convention passée entre eux et Charles II. La retraite de ces troupes ne fut même accordée que sous la condition expresse, que la république reconnaitrait Philippe d'Anjou en qualité de roi d'Espagne. *) Après une pareille démarche les Hollandais ne balancerent plus à se joindre aux ennemis de la France, d'autant qu'ils y étaient excités par Guillaume III, le vrai rival de la gloire de Louis XIV.

Le roi Guillaume était à la vérité dans l'embarras de faire goûter au parlement son projet de guerre contre la France. Une grande partie des membres de ce corps national était dans l'opinion, que le véritable intérêt de l'Angleterre ne lui permettait pas de se mêler des affaires du continent. La mort du roi Jacques II, arrivée le 16 Novembre 1701, changea la disposition des esprits en Angleterre. Louis XIV ayant accordé au fils de ce prince le titre et les honneurs de roi de la Grande-Bretagne, en contravention manifeste au traité de Ryswic, cette circonstance seule suffit pour décider le parlement anglais contre la France. **)

*) Thucel[illegible] [illegible], T. I. p. 366.

**) *Annales politiques de l'abbé de St. Pierre*, T. II. p. 21.

GRANDE ALLIANCE CONTRE LA FRANCE.

Ils se forma en 1701 une grande alliance contre la France, et nombre de puissances y entrerent successivement.

L'empereur commença d'abord seul la guerre en Italie. Le prince Eugene, qui commandait son armée, battit le 9 Juillet 1701, les Français près de Carpi dans le duché de Modene. À la suite de cet avantage il s'empara de tout le pays, qui est situé entre les rivieres d'Adige et d'Adda. Les Français essuyerent le 1 Septembre un second échec auprès de Chiari dans le Bresciano; et ces premiers succès encouragerent les différentes puissances à se rapprocher de l'empereur par des alliances.

Louis XIV avait chargé le comte d'Avaux, son ministre à la Haye, d'entamer une négociation avec les puissances maritimes, pour aviser aux moyens de conserver la paix. Ceux qu'elles proposerent, quoique très-équitables, et beaucoup moins durs que les conditions dictées depuis par la paix d'Utrecht, n'ayant pas été approuvés à la cour de Versailles, les conférences furent rompues. *) Dès lors les deux puissances maritimes conclurent à la Haye le 7 Novembre 1701, une alliance formelle avec l'empereur. **) Elle portait:

1.° Que les alliés s'empareraient à forces réunies des Pays-Bas espagnols, du duché de Milan, du royaume des deux Siciles et des ports de Toscane.***)

*) *Mémoires de la Torre*, T. III. p. 90.

**) DUMONT *corps dipl.* T. VIII. P. I. p. 89.

***) Les Anglais et les Hollandais n'ont pas voulu s'engager à re-

2.° Que tous les pays et places dont les Anglais et les Hollandais s'empareraient en Amérique, leur resteraient.

3.° Que la paix ne pourrait se faire que du consentement commun des alliés : qu'on y stipulerait une satisfaction pour l'empereur et une sureté pour les Hollandais.

4.° Que les royaumes de France et d'Espagne ne pourraient jamais être unis.

5.° Qu'il serait libre à d'autres puissances d'accéder à cette alliance.

Nombre d'autres puissances s'empresserent alors d'entrer dans cette alliance. Les cercles du Haut et du Bas-Rhin, ceux d'Autriche, de Franconie et de Suabe, déja confédérés entre eux, y accéderent en 1702. Leur exemple fut suivi de l'Electeur de Trève, du cercle de Westphalie, et enfin de tout l'Empire, qui décida la guerre contre la France à la diete de Ratisbonne le 30 Septembre 1702. *)

L'empereur avait déja mis dans ses intérêts le nouveau roi de Prusse, dont il venait de reconnaître la dignité royale, et ce prince, en s'alliant avec lui, s'était engagé à l'assister d'un corps de dix mille hommes.

Le roi de Portugal par son acte d'accession à la grande alliance, signé le 16 May 1703, promit de

vendiquer toute la monarchie espagnole à la maison d'Autriche ; ce qui montre encore que ces puissances ne répugnaient pas de conserver cette monarchie à Philippe V.

*) THUCELII *acta publica*, Tom. II.

mettre sur pied une armée de vingt-huit mille hommes, dont treize mille seraient à la charge des alliés, mais il ne s'engagea ni à reconnaître l'archiduc en qualité de roi d'Espagne, ni à prendre les armes en sa faveur, que du moment que ce prince serait arrivé en Espagne; les alliés au contraire s'engagerent envers le roi de Portugal de lui obtenir par la paix la cession des droits, que la France s'arrogeait sur les pays du Cap-Nord, situés au-de-là de la riviere des Amazones. En outre l'archiduc Charles, en sa qualité de roi d'Espagne, céda au roi de Portugal les villes de Badajoz, d'Albuquerque, de Valence et d'Alcantara dans la province d'Estrémadure, avec les villes de Guarda de Tuy, de Bayonne et de Vigo dans le royaume de Gallice. *)

Enfin le duc de Savoye tourna aussi le dos à la France, pour embrasser la grande alliance. Son acte d'accession est daté de Turin du 25 Octobre 1703. **) Par ce traité l'empereur s'engage à entretenir à ses propres frais dans le Piémont une armée de 20,000 hommes, et le duc promit d'en entretenir une autre de 15,000. Le commandement en chef de ces deux armées fut assuré au duc. L'Angleterre et la Hollande s'obligerent à lui payer une fois pour toutes la somme de cent mille ducats, et des subsides de quatre-vingt mille ducats par mois. L'empereur céda au duc la partie du duché de Montferat dont avaient joui précédemment les ducs

*) DUMONT, *corps dipl.* T. VIII. P. I. p. 127. LAMBERTY *mémoires*, T. II. p. 501.

**) LAMBERTY.

de Mantoue, pour la tenir en fief de l'empereur et de l'Empire, sur le même pied que les ducs de Mantoue l'avaient possédée. Il lui céda en outre une partie considérable du duché de Milan, savoir, les provinces d'Alexandrie et de Valence, avec le territoire situé entre le Po et le Tanaro, de même que Lomellino et Valsessia avec leurs dépendances, pour les tenir de l'empereur et de l'Empire sur le même pied que les rois d'Espagne, et sauf le domaine direct de l'Empire. Le duc sera mis en possession de ces provinces aussitôt qu'il sera possible. Le droit à la monarchie espagnole lui est conservé en conformité du testament de Philippe IV.

L'empereur, la reine Anne d'Angleterre, qui venait de succéder à Guillaume III, et les Hollandais déclarerent à la fois la guerre à la France et à l'Espagne le 15 May 1702. *)

GUERRE POUR LA SUCCESSION D'ESPAGNE.

Au commencement de cette guerre, dont nous allons donner le précis, la France maintint la supériorité de ses armes, malgré le grand nombre des puissances alliées contre elle.

Campagne de 1702.

En 1702, le prince Eugene surprit par trahison la ville de Crémone, à la tête d'un corps de 7000

*) DUMONT, *corps dipl.* T. VIII. P. I. p. 112. 115.

hommes; mais il en fut chassé le même jour par la bravoure de la garnison. Le maréchal de Villeroi resta prisonnier entre les mains des impériaux.

Le duc de Vendome obligea depuis le prince Eugene à lever le siége de Mantoue, et défit le 26 Juillet le général Visconti près de Santa Vittoria. Cette action fut suivie le 15 Août de la bataille de Luzzara, qui fut très-vive et très-sanglante, mais rien moins que décisive, M. de Vendome et le prince Eugene s'étant attribué l'un et l'autre la victoire. Le premier cependant prit Luzzara et Guastalla après la bataille.

Sur le Bas-Rhin, les alliés s'emparerent de Venlo, de Ruremonde et de la citadelle de Liége. Le comte de Tallard prit Trèves, la ville et le château de Trarbach.

Sur le Haut-Rhin, le prince Louis de Bade, qui commandait l'armée de l'Empire, se rendit maitre de Landau le 10 Septembre: le roi des Romains se trouva en personne à ce siége.

L'électeur de Baviere, allié de la France, surprit le 25 Septembre la ville d'Ulm, poste qui lui était nécessaire pour faciliter le passage aux troupes qu'il attendait de France. Le maréchal de Catinat avait donné ordre à Villars d'amener du secours à l'électeur, en tentant le passage du Rhin du côté de Huningue. Le prince de Bade, dans l'intention d'empêcher ce passage, se posta aux environs de Fridlingue, où sa cavallerie fut battue par Villars le 12 Octobre. Cet avantage valut au général français le bâton de maréchal. Les suites du combat de Fridlingue ne lui furent cependant rien moins que favorables. Il fut obligé de renoncer à son projet de jonction avec l'électeur, pour faire sa retraite en Alsace, où il fut poursuivi par le prince de Bade.

La flotte française, sous les ordres du comte de Château-Renaud, fut entiérement détruite, le 22 Octobre, par le duc d'Ormond, dans le port de Vigo.

Campagne de 1703.

En 1703, l'empereur attaqua vigoureusement l'électeur de Baviere. Le maréchal de Villars, désirant s'ouvrir un passage pour lui amener du secours, s'empara de Kehl, et attaqua à différentes reprises les lignes de Stollhofen, qui étaient défendues par le prince de Bade. Ses tentatives ayant été inutiles, il changea de plan, et dirigea sa route par la vallée de Kinzing, pour aller se camper entre Lauingen et Dillingen. Réuni depuis à l'électeur, il défit le 20 Septembre le comte de Styrum à Schwenningen, près de Höchstätt.

Le duc de Bourgogne prit Brisac. Les alliés, commandés par le prince héréditaire de Hesse-Cassel, furent vaincus le 10 Novembre à Spirbach, par le maréchal de Tallard, qui prit ensuite Landau.

Sur le Bas-Rhin, le maréchal de Boufflers eut le 28 Juin un grand avantage sur les Hollandais au combat d'Eckern; mais le comte de Tilly arrêta les fuyards, et empêcha les Français de tirer parti de leur victoire.

En Italie, le duc de Savoye, étant sur le point de se déclarer pour les alliés, fut désarmé par le duc de Vendome, et le maréchal de Tessé s'empara ensuite de tout le duché de Savoye, à l'exception de Montmélian.

L'empereur Léopold transféra cette même année ses droits à la monarchie espagnole sur l'archiduc Charles, son fils puiné. Le roi des Romains, Joseph I, en ayant fait autant, l'archiduc fut déclaré roi d'Espagne, et se rendit à la Haye, pour passer de là en Portugal et en Espagne. Arrêté par des vents contraires, il n'aborda à Lisbonne que le 7 Mars de l'année suivante.

Campagne de 1704.

La France, jusqu'alors victorieuse contre tous ses ennemis, n'essuya plus que des revers depuis la campagne de 1704. Ce fut dans le commencement de cette année que le maréchal de Tallard passa le Rhin à la tête d'un renfort de 13,000 hommes, qu'il menait à l'armée de l'électeur de Baviere. Il la joignit le 17 May du côté de Villingen.

Le duc de Marlborough, voyant que les maréchaux de Villeroi et de Boufflers, qui commandaient en Flandre, se tenaient soigneusement sur la défensive, résolut de transférer le théâtre de la guerre sur le Danube. Il s'y porta avec la meilleure partie de ses troupes. Réuni au prince Louis de Bade, il força le 2 Juillet le comte d'Arco, qui commandait un détachement de l'armée de Baviere, dans ses retranchemens de Schellenberg proche Donawerth. L'action fut très-vive, attendu que les alliés y laisserent près de cinq mille hommes sur le champ de bataille.

Le prince de Bade entreprit alors le siége d'Ingolstadt. Tallard amena à l'électeur un nouveau renfort de 30,000 hommes, et fit sa jonction avec lui à Augsbourg. Le prince Eugene, ayant abandonné les lignes de Stollhofen, prit aussi le parti de se réunir à Marlborough. Tout se disposa pour une action générale, qui eut lieu le 13 Août aux environs de Höchstätt. La droite des Français, commandée par M. de Tallard, fut attaquée par le duc de Marlborough, et la gauche, où étaient l'électeur de Baviere et le maréchal de Marsin, par le prince Eugene. Le duc de Marlborough prit les Français en flanc, coupa leur aile droite, et mit leur cavalerie en déroute. Les efforts que fit le maréchal de Tallard pour rallier les fuyards, le firent tomber au pouvoir de l'ennemi. Vingt-six bataillons et quatre régimens de dragons, qu'on avait laissés dans le village de Blenheim, furent enveloppés et pris. Cent pieces de canons, 24 mortiers, 3600 tentes, 300 drapeaux ou étendarts demeurerent au vainqueur.

Cette défaite terrible en elle-même le fut encore plus par ses suites. L'électeur abandonna son pays aux ennemis, et les Français firent leur retraite en deçà du Rhin. Les alliés les suivirent de près, et ayant passé ce fleuve aux environs de Philippsbourg, ils établirent leur camp près de Wissembourg, pour couvrir le siége de Landau, que le prince de Bade forma le 12 Septembre. Le roi des Romains se

trouva

trouva encore à ce siége. La ville se rendit par capitulation le 24 Novembre. Trarbach et Trêves tomberent aussi au pouvoir des alliés.

En Italie, le duc de Vendome prit Verceil et Yvrée.

La flotte des alliés échoua dans son entreprise sur Barcelone; mais elle réussit, sous les ordres du prince de Darmstadt, à s'emparer le 4 Août de Gibraltar. Cette importante conquête ne couta pas de grands efforts aux alliés. La garnison, qui n'était que de cent hommes, fut obligée de capituler au bout de quelques jours.

Le combat naval, qui se donna le 20 Août aux environs de Malaga, ne fut pas décisif: la flotte française y était commandée par le comte de Toulouse, grand-amiral de France, qui avait sous lui le maréchal de Coeuvres, vice-amiral.

Campagne de 1705.

À l'entrée de la campagne de 1705, les alliés résolurent le siége de Saarlouis, pour se faciliter l'entrée de la Champagne. Le maréchal de Villars, pour empêcher ce siége, prit une position très-favorable près de Sierques, au moyen de laquelle il couvrait Thionville et Saarlouis. Marlborough, qui avait porté les principales forces des alliés de ce coté-là, n'osa attaquer le général français, à cause de la bonté de son poste, et se vit obligé de renoncer à son entreprise, et de retourner dans les Pays-Bas. Il rejetta alors la faute du mauvais succès de son entreprise sur le prince de Bade, qui avait tardé à lui amener les troupes de l'Empire.

En Italie, les Français s'emparerent de plusieurs places. M. de Vendome gagna le 16 Août sur le prince Eugene la bataille de Cassano, où les impériaux perdirent plus de 8000 hommes, et abandonnerent le champ de bataille aux Français. Le prince ne s'attribua pas moins le succès de cette journée, comme il avait déja fait à la bataille de Luzara. Ce qu'il y a de très-assuré, c'est que, n'ayant engagé cette action que dans le dessein de forcer le passage de l'Adda pour amener du secours au duc de Savoye, il fut obligé de renoncer à son projet.

Les Français prirent depuis Montmélian, la seule place de la Savoye, qui restait encore au duc.

L'archiduc fit une descente dans la Catalogne, où il s'empara, le 9 Octobre, de Barcelone, et peu de tems après de presque toute la Catalogne, ainsi que du royaume de Valence. Ce prince établit alors sa résidence à Barcelone. Les Portugais prirent plusieurs places en Espagne.

Campagne de 1706.

L'année 1706 fut désastreuse pour la France. Villars se rendit maître des lignes de la Motter, dégagea Fortlouis, et obligea le prince de Bade, qui n'avait que 6000 hommes à lui opposer, de se retirer au-delà du Rhin et de se renfermer dans les lignes de Stollhofen.

Dans les Pays-Bas, les Français s'étaient défendus jusqu'alors derriere leurs lignes. Le maréchal de Villeroy les franchit sur des ordres reçus de la cour, pour établir son camp du côté de Ramillies dans le Brabant. Marlborough vint l'y attaquer le 13 May, et ayant pris, comme à Höchstätt, les Français en flanc, il rompit leur cavalerie et força l'infanterie de quitter en désordre le champ de bataille. La déroute fut si générale et si complette, que l'artillerie et tout le bagage tomberent au pouvoir de l'ennemi, et cette défaite fut suivie de la perte de tous les Pays-Bas espagnols.

Les Français évacuerent Bruxelles, Bruges, Gand, Louvain, Malines, Oudenarde, pour faire leur retraite jusques sous Lille.

On rappella alors le duc de Vendome de l'Italie, pour l'opposer à Marlborough dans les Pays-Bas. Cet habile général arrêta les progrès des alliés, et sauva Douay, Tournay et Valenciennes.

Vendome avait maintenu jusqu'alors la supériorité des armes françaises en Italie, où il ne restait au duc de Savoye que les seules villes de Turin et de Coni. Son départ ruina aussi les affaires des Français dans cette partie, et mit le comble aux disgraces d'une campagne qui n'a point d'exemple.

Le duc d'Orléans prit le commandement de l'armée de Piémont, ayant sous ses ordres le maréchal de Marsin. Les impériaux, commandés par le prince Eugene, firent une invasion dans le Piémont, et vinrent attaquer l'armée française dans ses retranchemens devant Turin. Le sentiment du duc d'Orléans avait été qu'on allât au devant de l'ennemi, pour le combattre avec toutes les forces, au lieu de l'attendre dans les lignes, où l'on ne pouvait mettre que huit mille hommes en bataille; mais l'avis du maréchal de Marsin, opposé à celui du duc, et appuyé des ordres de la cour, prévalut. Les Français renfermés dans leurs lignes, y furent attaqués et forcés par le prince Eugene le 7 Septembre. Le combat, qui dura trois heures, fut fort vif; les Français abandonnerent 255 pieces de canon et 108 mortiers; tout l'attirail de siége, avec les bagages de l'armée devinrent la proie de l'ennemi. La retraite se fit en grand désordre, le duc d'Orléans ayant été dangereusement blessé et le maréchal l'étant à mort.

Les suites de cet échec furent encore plus funestes que celles de Ramillies: il entraîna la perte du Modénois, du Mantouan, du Milanois, du Piémont, et enfin du royaume de Naples. Le duc de Savoye rentra alors dans son pays, et les Français signerent le 13 Mars suivant une capitulation à Milan, par laquelle ils livrerent aux impériaux toutes les places de Lombardie, dont ils étaient encore saisis, moyennant le libre passage, qu'on accorda à leurs troupes, qui se trouvaient reduites à 18,000 hommes.

Philippe V, assisté du maréchal de Tessé, ayant entrepris le siége de Barcelone, fut obligé de le lever le 12 May, à l'approche de la flotte des alliés, commandée par le vice-amiral Leuk.

Pendant ce siége les Portugais, sous les ordres du marquis de Lasminas et du comte de Galloway, s'emparerent d'Alcantara et de Ciudad-Rodrigo, et pousserent le 6 Juin jusqu'à Madrid, où ils proclamerent l'archiduc, sous le nom de Charles III. La lenteur de la marche de ce prince, et les fautes de ses généraux lui firent bientôt perdre le fruit de ses succès, et le maréchal de Berwick s'étant réuni à Philippe V, délogea les alliés de Madrid et de toute la Castille, et les repoussa vigoureusement jusques dans le royaume de Valence et dans l'Aragon.

Campagne de 1707.

En 1707, le maréchal de Villars s'empara des lignes de Stollhofen immédiatement après la mort du prince Louis de Bade. Une grande partie de l'Allemagne, depuis le Rhin jusqu'à Nuremberg, fut alors mise à contribution.

Le duc de Vendome empêcha par son habileté les alliés de rien entreprendre dans les Pays-Bas.

Le duc de Savoye, réuni au prince Eugene, assiégea Toulon par terre et par mer; mais ce siége, où les alliés sacrifierent beaucoup de monde, ne leur réussit pas; ils furent obligés de le lever le 22 Août.

Les impériaux s'emparerent du royaume de Naples, sous le général Daun.

Le maréchal de Berwick remporta le 25 Avril sur les alliés la victoire d'Almanza, dans le royaume de Castille, où ils perdirent 12,000 hommes avec l'artillerie et les bagages de l'armée. Ce fut en grande partie à cette victoire que Philippe V dut la conservation de sa couronne. Il reprit alors les royaumes de Valence et d'Aragon, et poussa ses conquêtes jusques dans le Portugal.

Campagne de 1708.

En 1708, les principales forces des parties belligérantes se rassemblerent dans les Pays-Bas. Le duc de Bourgogne y commandait en chef l'armée française, qui était forte de cent mille hommes. Les alliés étaient au nombre de 80,000. Les Français s'emparerent de Gand et de Bruges, et livrerent le 7 Juillet aux alliés le combat d'Oudenarde, où la perte fut à peu près égale de part et d'autre. La retraite, que les Français firent pendant la nuit qui suivit le combat, malgré l'avis du duc de Vendome, fut cause, que Marlborough et le prince Eugene s'attribuerent la victoire. Les alliés prirent Lille, en présence du duc de Bourgogne, qui refusa de combattre, malgré les représentations du duc de Vendome.

Le vice-amiral Leack s'empara de l'île de Sardaigne. Le général Stanhope prit Port-Mahon, et l'île de Minorque.

Le duc de Savoye reprit différens forts de la Savoye.

L'empereur proscrivit le duc de Mantoue, et confisqua son duché. Ce prince étant mort la même année à Padoue, le duché de Mantoue resta entre les mains de l'empereur, et les ducs de Guastalle, issus de la même maison, furent obligés de se contenter des terres de Sabioneta et de Bozzolo.

Le duc de Savoye fut alors investi pour lui et ses descendans mâles, de la partie des duchés de

Montférat et de Milan, qui lui avait été assurée par la grande alliance.

Campagne de 1709.

En 1709, les alliés, dans le dessein d'accélérer la paix, firent des efforts extraordinaires. Leur armée des Pays-Bas était forte de cent dix mille hommes, et supérieure à celle de France. Ils s'emparerent de Tournay dans l'espace de 21 jours, pour entreprendre ensuite le siége de Mons. L'armée française marcha au secours de cette place. Le maréchal de Villars, qui la commandait, se retrancha du côté de Malplaquet. Le duc de Marlborough et le prince Eugene vinrent l'attaquer dans ses retranchemens, le 11 Septembre. La bataille fut des plus sanglantes. Enfin Villars fit sonner la retraite, et se distingua par l'ordre et l'intelligence qu'il y mit. On prétend, que la perte des alliés se monta à vingt mille hommes, et qu'elle surpassa celle des Français.

Le marquis de Bay, général de l'armée espagnole, battit le 7 May le général Galloway à Badajoz, et exigea des contributions jusques dans l'intérieur du Portugal.

Campagne de 1710.

En 1710, les alliés prirent plusieurs villes des Pays-Bas, comme Douay, Bethune, St. Venant et Aire.

En Espagne, Philippe V essuya un échec à Alménara, où le général Stanhope défit le 27 Juillet une partie de l'armée espagnole. Le roi d'Espagne marcha alors vers Saragosse, où il fut suivi par les alliés, commandés par le général Stahremberg. La bataille, qui se donna le 20 Août aux environs de cette ville, fut vive et sanglante. Les Espagnols, qui étaient sous les ordres du marquis de Bay, essuyerent une entiere déroute. Philippe V abandonna une seconde fois sa capitale, pour se retirer à Valladolid. Charles, son rival, y entra le 28 Septembre, s'empara de Toléde et de la meilleure partie de l'Aragon; mais n'ayant point été secondé à tems par les Portugais, il fut obligé de faire sa retraite. Philippe V, secouru par le duc de Vendome, lui donna la chasse. Les alliés dans leur retraite s'étaient partagés en deux corps. Les Anglais, sous les ordres du général Stanhope, marcherent du côté de Brihégua, où ils furent assiégés par les Espagnols, et obligés de se rendre prisonniers de guerre, au nombre de 5000 hommes. Stahremberg s'étant mis en marche pour dégager les Anglais, fut défait à son tour le 10 Décembre à Villaviciosa par Philippe et Vendome.

Cette action fut suivie de la conquête de l'Aragon sur les alliés, et les Français s'emparerent même de Gironne en Catalogne, ne laissant aux alliés à la fin de la campagne que les seules villes de Barcelone et de Tarragone.

Campagne de 1711.

Les événemens de l'année 1711 sont peu mémorables. Marlborough passa l'Escaut en présence de Villars, et prit la ville de Bouchain.

Le chef d'escadre du Guay-Trouin fit une descente dans le Brésil, prit la ville de Janeyro, où il fit un butin immense, et causa aux Portugais une perte de vingt-cinq millions.

Les cours de France et d'Angleterre ayant trouvé moyen, sur ces entrefaites, de convenir entre elles sur les principaux articles de la paix, les Anglais séparerent leurs troupes de l'armée des alliés, et tout s'achémina pour la paix générale.

NÉGOCIATIONS POUR LA PAIX.

Louis XIV avait fait à différentes reprises des propositions de paix fort avantageuses aux alliés, qui n'avaient jamais voulu en profiter. On prétend, que, dès l'année 1705, le président Rouillé, chargé des affaires du roi auprès de l'électeur de Baviere, s'était travesti en secrétaire du fameux médecin Helvétius et rendu en Hollande; qu'il y entama une négociation avec le grand-pensionnaire; qu'il répandit des soupçons contre la puissance préponderante de la maison d'Autriche, et fit de vains efforts pour gagner les Hollandais, malgré les offres avantageuses qu'il leur fit. *)

Après la malheureuse bataille de Ramillies en 1706, le comte de Bergheik, intendant des Pays-Bas pour le roi d'Espagne, entra en négociation avec Vanderdussen, pensionnaire de la ville de Tergow, pour le même but. Le président Rouillé fut admis

*) LAMBERTY, *Mémoires*. T. III. p. 551.

au secret, et la chose fut aussi communiquée à Heinsius, grand-pensionnaire de Hollande. Louis XIV offrait de céder l'Espagne à l'archiduc, en conservant à Philippe d'Anjou le royaume des deux Siciles et les autres possessions des Espagnols en Italie. On accordait aux Hollandais, sous la dénomination de barriere, le droit de garnison dans plusieurs villes des Pays-Bas espagnols. *)

Ces propositions se firent dans l'instant où Philippe V, maître du royaume des deux Siciles, allait être chassé de l'Espagne. Les choses changerent depuis de face. Philippe, rétabli en Espagne par la bataille d'Almanza en 1707, perdit le royaume de Naples.

Quelque sincéres et quelque équitables que fussent les offres de Louis XIV, les alliés cependant les traiterent d'insidieuses. Leur langage ordinaire était, qu'on devait se défier des artifices du roi, qu'il n'avait d'autre dessein que de diviser les alliés, et qu'en soutenant encore quelques années courageusement la guerre, on ne serait plus dans le cas d'avoir à craindre la France.

Les premieres démarches pour le rétablissement de la paix ayant été infructueuses, les revers que Louis XIV ne cessa d'éprouver dans la continuation de la guerre, le forcerent bientôt d'en faire de nouvelles. Les efforts, qu'il fesait depuis une longue suite d'années, pour maintenir son petit fils sur le trône d'Espagne, avaient épuisé le royaume, et le

*) LAMBERTY, T. V. p. 266. TORCY, *Mémoires*, T. I. p. 178.

froid excessif du mois de Janvier 1709 fesait craindre une disette et une famine générales.

Le roi prit le parti d'envoyer M. Rouillé en Hollande, pour conférer avec les députés des États-Généraux sur les moyens propres à rétablir la paix. Il consentait, que le royaume d'Espagne, l'Amérique, le duché de Milan et les Pays-Bas espagnols passassent à l'archiduc. Il ne reservait à son petit fils que le royaume des deux Siciles, avec la Sardaigne et les ports de Toscane. Il se désistait même de la Sardaigne et des ports de Toscane, si les alliés fesaient instance pour les conserver à l'archiduc. Il s'engageait en outre à retirer ses troupes de l'Espagne, si Philippe refusait de se rendre à ces conditions. Il fesait aux Hollandais des avantages très considérables pour leur commerce, et leur accordait une barriere telle qu'ils pouvaient la désirer. Enfin il admettait ces clauses et plusieurs autres sous le nom de préliminaires, comme autant de conditions essentielles au traité définitif.

Les Hollandais qu'on envisageait alors, par une sorte de prévention, comme les seuls arbitres des puissances de l'Europe, bien loin d'acquiéscer à des propositions aussi équitables, ne consulterent que leur animosité contre la France, pour en exiger encore de plus dures. La premiere conférence se tint à Moerdyck le 17 Mars; M. Rouillé s'y rendit avec deux députés des États-Généraux, les pensionnaires d'Amsterdam et de Tergow. On transféra la négociation à Woerden et de Woerden à Boedgrave. Elle devait être cachée aux autres alliés. Mais le secret ayant été divulgué, le duc de Marlborough et le prince Eugene se donnerent toutes les peines imaginables pour faire rompre les conférences. *)

Ce fut dans ces circonstances que le roi envoya M. de Torcy, ministre des affaires étrangeres, à la Haye, pour essayer, s'il restait encore quelque moyen de travailler avec succès au rétablissement de la paix. M. de Torcy s'entretint d'abord secrétement avec le grand-pensionnaire, et conféra ensuite avec les députés de Hollande et avec M. Rouillé. Marlborough et le prince Eugene furent aussi admis aux conférences; mais plus les Français cédaient, plus les alliés rehaussaient leurs prétentions. Enfin M. de Torcy, pour savoir ce que les alliés exigeaient proprement sous le nom de préliminaires, demanda au grand-pensionnaire, qu'on les rédigeât par écrit. Le pensionnaire le fit, dans la persuasion où il était, que la France ne tarderait pas d'y donner les mains.

PRÉLIMINAIRES DE 1709.

Les principaux articles de ces préliminaires portent:

1°. Louis XIV reconnaîtra dès à présent, ainsi que par le traité de paix à faire, le roi Charles III en qualité de roi d'Espagne, des Indes, de Naples, de Sicile, et généralement de tous les états dépendans et compris sous le nom de la monarchie d'Espagne. Art. 3.

*) *Mémoires de* TORCY, T. I. p. 345.

2°. Le roi fera en sorte que dans l'espace de deux mois, à commencer depuis le 1 du mois de Juin 1709, le royaume de Sicile soit remis à l'archiduc, et que Philippe d'Anjou sorte de l'Espagne. Si ce terme finissait, sans que Philippe consentît à l'exécution de cette convention, le roi prendra avec les puissances alliées les mesures convenables pour en assurer l'entier effet. Art. 4.

3.° Le roi retirera, dans le terme de deux mois, les troupes et les officiers qu'il a en Espagne, en Sicile et dans les autres lieux dépendans de la monarchie d'Espagne. Art. 5.

4.° Cette monarchie demeurera dans son entier dans la maison d'Autriche, et celle de Bourbon en sera exclue à perpétuité. La France et l'Espagne ne pourront jamais être réunies sous un seul et même roi, ni un prince de France régner en Espagne, à quelque titre que ce soit. Aucune partie même de la monarchie espagnole, et particulierement les Pays-Bas, ne pourront jamais être réunis à la France, de quelque maniere que ce puisse être. Art. 6.

5.° La France ne pourra non plus se rendre maîtresse des Indes espagnoles, ni envoyer des vaisseaux pour y exercer le commerce, sous quelque prétexte que ce soit. Art. 7.

6.° Le roi rendra à l'empereur et à l'Empire la ville et citadelle de Strasbourg, y compris le fort de Kehl, pour être rétablie dans les prérogatives et priviléges de ville impériale. Art. 8.

7.° La ville de Brisac sera rendue de même à l'empereur et à la maison d'Autriche. Art. 9.

8.° Le roi possédera dorénavant l'Alsace dans le sens littéral du traité de Westphalie, ensorte qu'il se contentera des seules possessions autrichiennes et du droit de préfecture sur les dix villes impériales de cette province, et qu'il laissera jouir ces villes de tous les priviléges et immunités, qui leur compétent comme villes libres de l'Empire. On en excepte Landau, qui est réservé en plein à l'empereur et à l'Empire. Art. 10.

9.° Le roi fera démolir à ses dépens les forteresses qu'il a sur le Rhin, depuis Bâle jusqu'à Philippsbourg, nommément Huningue, Neuf-Brisac et Fort-Louis. Art. 11.

10.° Les fortifications de la ville de Dunkerque seront rasées, et le port comblé et ruiné entiérement, sans pouvoir jamais être rétabli. Art. 17.

11.° Plusieurs places des Pays-Bas, telles que Furnes, Menin, Ypres, Lille, Tournay, Condé, Maubeuge, seront cédées par le roi, pour être comprises dans la barriere des Hollandais. Art. 22.

12.° Le roi cédera au duc de Savoye la propriété et souveraineté des villes d'Exiles, Fenestrelles et Chaumont, avec la vallée de Pragélas. Art. 28.

13.° Quant aux électeurs de Cologne et de Baviere, leurs demandes et prétentions seront réglées et remises à la négociation du traité de paix; l'électeur palatin restera en possession du haut Palatinat, du comté de Cham et de la dignité électorale, dans laquelle il a été rétabli par un décret de la diéte. La ville de Donawerth sera aussi maintenue sur le pied de ville libre et immédiate. Art. 29.

14.° Le roi promettra d'évacuer les villes de Namur, Mons et Charleroy avant le 15 Juin prochain; Luxembourg, Condé, Tournay et Maubeuge 15 jours après; et avant le 15 Juillet les villes de Nieuport et Furnes, les forts de Knoque et Ypres; comme aussi de raser et combler les fortifications et le port de Dunkerque avant l'expiration des deux mois stipulés. Strasbourg sera rendu aussitôt après la ratification de l'empereur et de l'Empire. Art. 25.

15.° Au cas que le roi exécute toutes les clauses stipulées, et que toute la monarchie d'Espagne soit rendue et cédée au roi Charles III dans le terme stipulé, on accorde que la cessation d'armes entre les parties belligerantes continuera jusqu'à la conclusion et à la ratification des traités de paix à faire. Art. 37.

Quelque durs que fussent ces articles, Mr. de Torcy en accordait cependant le plus grand nombre. Ceux qui lui parurent tout-a-fait inacceptables, étaient les articles 4, 35 et 37. En vertu de l'article 4, les alliés exigeaient que la paix se fit pendant les deux mois que durerait l'armistice. Le roi devait engager, pendant le même tems, son petit-fils à se désister de la monarchie espagnole, et s'il refusait de s'y prêter de bon gré, *le roi*, *de concert avec les alliés*, *devait prendre les mesures convenables*, *pour assurer l'effet de ces conventions*. C'est à-dire, qu'il devait joindre ses armes aux ennemis alliés, pour détrôner son propre petit-fils. Les alliés ne se contentaient donc pas que le roi retirât ses troupes de l'Espagne et qu'il ne donnât plus aucune assistance à Philippe, ils exigeaient encore qu'il le forcât lui même de descendre de son trône, et dans l'intervalle, pour prouver que son intention de faire la paix était sérieuse, il devait, immédiatement après la ratification des préliminaires, se désister des principales places de la Flandre et des Pays-Bas espagnols. Les alliés ne pouvaient que gagner à cet arrangement, au lieu que le roi n'avait point de sureté, et qu'il n'était pas même possible d'accomplir tout ce que le traité portait, dans le terme préscrit.

Quelque assuré que fût Mr. de Torcy, que le roi ne se prêterait jamais à des conditions aussi inadmissibles, il laissa cependant Mr. Rouillé à la Haye, et promit au prince Eugene de lui faire savoir à son retour l'intention du roi. Louis XIV rompit aussitôt les conferences, en rappellant le président Rouillé. Mr. de Torcy écrivit au prince Eugene, pour l'avertir de cette résolution. *)

Le roi adressa alors une lettre à tous les gouverneurs de provinces, pour leur faire connaître qu'il n'avait rien omis pour procurer la paix à ses peuples. **) Quant aux alliés, ils manquerent le seul et précieux moment de faire la paix à des conditions qui leur auraient été aussi glorieuses qu'elles étaient humiliantes pour la France.

La campagne de 1709 ayant encore mal tourné pour cette couronne, Louis XIV se vit dans la triste nécessité de renouer en 1710, les conférences pour la

*) Torcy, *mémoires*, T. I. p. 216.

**) Lamberty, *mémoires*, T. V. p. 299.

la paix. Il envoya alors en Hollande, du consentement des États-généraux, le maréchal d'Huxelles et l'abbé de Polignac, qui traiterent avec les députés de Hollande, d'abord à Moerdick et ensuite à *Gertruydenberg*. On reprit les préliminaires de l'année précédente, et le roi alla si loin, que d'en approuver tous les articles, à l'exception du quatrieme et du trente-septieme, en vertu desquels on fesait dépendre la paix de la cession de la monarchie espagnole, qui devait se faire dans les deux mois. Les alliés n'ayant pas voulu s'en désister, le roi s'engagea non-seulement à ne donner aucun secours à Philippe V, et à livrer trois de ses meilleures places, comme gages de sa bonne foi ; il offrit même un million de subsides par mois aux alliés, pour les aider à détrôner son petit-fils.

Aveuglés par leur prospérité, et ne mettant plus de bornes à leur ressentiment contre la France, les alliés, qui dans les conférences antérieures s'étaient contentés d'exiger que Louis XIV joignît ses forces aux leurs, pour chasser son petit-fils d'Espagne, déclarerent pour lors, que ce serait le roi seul qui se chargerait d'engager le roi d'Espagne à renoncer volontairement à sa couronne, et à abandonner l'Espagne et les Indes, ou de l'y contraindre par la force des armes dans l'espace de deux mois. *)

Louis XIV n'ayant pu admettre des conditions aussi révoltantes, les conférences furent encore rom-

*) Torcy, *mémoires*, T. II. p. 265. Torre, *mémoires*, T. V. p. 234. Lamberty, *mémoires*, T. V. p. 311. T. VI. p. 1.

pues, et le $M^{al.}$ d'Huxelles retourna en France. Le poids d'une guerre soutenue pendant tant d'années, augmentait néanmoins à mesure que les moyens diminuaient d'en continuer la dépense, et il n'y avait gueres d'apparence que la France parvint par la voye des armes à obtenir une paix honnête.

Sur ces entrefaites, deux circonstances inattendues changerent la face des affaires, et procurerent à la France, ce qu'elle désirait avec tant d'empressement. Il survint un changement assez subit dans le ministere, ainsi que dans le parlement d'Angleterre. Les Wighs qui étaient la faction dominante depuis la grande révolution de 1688, furent culbutés par les Torys, et voici à quelle occasion.

Un docteur anglais, nommé Sacheverel, prêchant en 1710 dans l'église de St. Paul à Londres, en présence de la reine, s'avisa de plaider la cause des Torys, et de se déchaîner contre la derniere révolution, contre la tolérance et le ministere actuel. On le déféra au parlement, où sa cause fut plaidée, et où elle occasionna de grands débats. Le docteur fut suspendu pour trois ans, et son sermon brûlé en vertu d'un acte du parlement; mais la reine Anne, à qui le grand pouvoir des Wighs pésait depuis long-tems, s'appercevant en cette occasion que les opinions des Torys étaient infiniment plus favorables à l'autorité royale que celles des Wighs, commença dèslors à pencher pour le parti des Torys. Elle cacha ses vrais sentimens jusqu'au moment de la disgrace de la duchesse de Marlborough. Cette disgrace, arrivée en 1710, décida la reine pour un changement total du ministere. Tous les partisans des Wighs perdirent alors leurs charges, et furent remplacés par des Torys. La reine convoqua aussi un nouveau parlement, qu'elle composa en grande partie de Torys. Tout cela se fit contre le gré des alliés, qui ne négligerent rien pour empêcher ce changement.

Le duc de Marlborough qui était le chef de la faction des Wighs, perdit par-là son influence dans le ministere; on lui continua cependant le commandement de l'armée. La réputation de ce général, jointe aux égards qu'on devait aux puissances alliées, empêcherent les nouveaux ministres de le lui ôter. Ils se bornerent à limiter son autorité, et comme ils craignaient que le duc ne se servît de son crédit pour se venger tôt ou tard de ses adversaires, ils se déciderent de hâter la conclusion de la paix, comme étant le moyen le plus sûr de lui faire perdre tout son pouvoir.

On vit arriver alors une catastrophe des plus singulieres. La France, qui peu auparavant avait fait vainement les démarches les plus humiliantes pour obtenir la paix, se vit elle-même recherchée par l'Angleterre, et il ne fut plus du tout question des préliminaires de la Haye et de Gertruydenberg.

La mort de l'empereur Joseph I, arrivée au mois d'Avril 1711, acheva de confirmer le ministere anglais dans ces heureuses dispositions pour la paix. Charles, son frere puiné, déclaré roi d'Espagne, ayant alors hérité de tous les pays et domaines de la maison d'Autriche, et ayant aussi été élevé à la dignité impériale, les mêmes motifs qu'on n'avait cessé d'alléguer contre Philippe d'Anjou et la maison de Bourbon, s'opposaient à ce que Charles réunît à tous les états de sa maison les vastes possessions de la monarchie espagnole.

L'abbé Gaultier, qui avait été aumônier de Mr. de Tallard, et qui l'était devenu depuis du comte de Gallas, ambassadeur du roi Charles III, eut l'honneur de faire les premieres ouvertures de paix à la cour de France, où il fut envoyé à ce dessein par le nouveau ministere anglais. *)

Ce ministere proposa d'abord de renouer les conférences avec les Hollandais, en établissant le centre de la négociation à la Haye; mais le roi déclara, qu'il avait des raisons pour ne point traiter avec ces républicains, et surtout à la Haye et sous les yeux du grand-pensionnaire, qui était intimement lié avec le duc de Marlborough, opposés l'un et l'autre à la paix, particulierement Marlborough, qui n'avait d'autre intérêt que celui de prolonger la guerre. On se borna donc à traiter directement entre les deux cours.

La négociation commença à Paris. On joignit à l'abbé Gaultier un Anglais, nommé Prior, qui avait été secrétaire des derniers ambassadeurs d'Angleterre en France. Les difficultés qui se rencontrerent durant cette négociation à Paris, furent cause que le roi jugea à propos de la transférer à Londres. Il y envoya Mr. Ménager avec l'abbé Gaultier et

*) TORCY, *mémoires*, T. III. p. 153. On a faussement attribué cet honneur au maréchal de Tallard. *Mémoires de* BERWICK, T. II. p. 122.

Prior. Après plusieurs conférences tenues secrétement, et sans en communiquer avec les États-généraux, on arrêta enfin entre les deux cours un double traité de préliminaires, qui fut signé à Londres le 8 Octobre 1711. *)

PRÉLIMINAIRES ENTRE LA FRANCE ET L'ANGLETERRE, en 1711.

Le premier de ces traités renferme les avantages particuliers stipulés en faveur de l'Angleterre, et le second les articles qui devaient servir de base à la paix générale. Par le premier, il fut convenu ce qui suit :

1.° Louis XIV reconnaîtra la reine Anne en qualité de reine d'Angleterre, et approuvera la succession telle qu'elle a été réglée en faveur de la maison d'Hanovre.

2.° On dressera un nouveau traité de commerce entre les deux nations.

3.° Dunkerque sera rasé immédiatement après la paix, et on donnera un équivalent à la France.

4.° Gibraltar et Port-Mahon resteront entre les mains de l'Angleterre.

5.° Les Anglais auront le contrat d'assiento **) sur le même pied que les Français l'ont eu en vertu de leur traité avec l'Espagne.

*) LAMBERTY, T. VI. p. 681 et 689. *Actes et mémoires d'Utrecht*, T. I. p. 162.

**) Par le contrat d'assiento on entend la convention, qui autorisait

6.° Ce contrat d'assiento sera laissé pour trente ans à la Grande-Bretagne, qui aura aussi toute l'isle de St. Christophle.

7.° L'isle de Terre-neuve, la baye et le détroit de Hudson, seront rendus à l'Angleterre.

Quant au second traité ou acte relatif aux articles qui devaient servir de fondement à la paix générale, il renfermait entre autres les conditions suivantes :

1.° Le roi reconnaîtra la reine de la Grande-Bretagne en cette qualité, comme aussi la succession de cette couronne sur le pied, où elle se trouvait alors.

2.° Il consentira qu'on prenne des mesures justes et raisonnables, pour empêcher que les couronnes de France et d'Espagne ne soient jamais réunies en la personne d'un même prince.

3.° Tous les princes et états engagés dans cette guerre, trouveront une satisfaction raisonnable dans le traité de paix qui se fera.

4.° Le roi consentira par le traité qui sera conclu, que les Hollandais soient mis en possession des places fortes qui y seront spécifiées dans les Pays-Bas, pour

les Français à fournir aux colonies espagnoles de l'Amérique une certaine quantité de négres de l'Afrique, à certaines conditions avantageuses. Charles-Quint avait accordé ce commerce aux Flamands. Les Espagnols le reprirent en 1522. Philippe II le donna en 1580 aux Génois. Il passa delà entre les mains d'une compagnie qui y gagna prodigieusement. Philippe V, à son avénement au trône d'Espagne, pour favoriser les Français, leur accorda ce commerce pour douze ans.

leur servir de barriere contre toutes sortes d'entreprises du côté de la France.

5.° Le roi consentira aussi qu'on forme une barriere sûre et convenable pour l'Empire et pour la maison d'Autriche.

CONGRÈS D'UTRECHT.

Ces préliminaires ne furent point du gré des alliés, et principalement des États-généraux, qui avaient de la peine à se départir des préliminaires de 1709. On n'en indiqua pas moins pour le 12 Janvier 1712, le congrès de la paix générale à Utrecht.

La France avait proposé différentes villes pour lieu du congrès, telles que Nimégue, Utrecht, Liége, Aix-la-Chapelle. La reine d'Angleterre se décida pour Utrecht.

Les alliés cependant crurent devoir faire une derniere tentative, pour arrêter les progrès de la pacification générale. Le prince Eugene fut envoyé en Angleterre, afin d'y aviser de concert avec Marlborough, aux moyens propres à détruire le nouveau ministere, et à décider l'Angleterre pour la continuation de la guerre. Les nouveaux ministres, instruits des desseins du prince, jugerent à propos de le prévenir par la déposition de Marlborough de toutes ses charges. Ce grand homme, qui jusqu'alors avait été constamment encensé et comblé d'éloges et de remerciemens, au nom de la nation, fut accusé publiquement du crime de péculat. On lui reprocha les sommes immenses qu'il avait prises et retenues à son profit sur la solde des troupes étrangeres, et les présens qu'il avait reçus ou exigés des munitionnaires de l'armée. Le duc d'Ormond fut nommé à sa place commandant général des forces de terre de la Grande-Bretagne, et cette nomination fut suivie de près d'une suspension d'armes entre les deux couronnes de France et d'Angleterre, et de la séparation des troupes anglaises de l'armée des alliés, qui se fit le 17 Juillet 1712.

L'apparition du prince Eugene en Angleterre n'ayant produit aucun changement dans les dispositions de cette cour, le congrès indiqué à Utrecht eut lieu, et toutes les puissances intéressées se virent forcées d'y envoyer successivement leurs plénipotentiaires.

Ceux de France furent le maréchal d'Huxelles, l'abbé de Polignac et Mr. Ménager.

Ceux d'Angleterre, l'Évêque de Bristol et le comte de Straffort.

Les États-généraux envoyerent Mrs. de Randwyck, Buis, Vanderdussen, Moermond, le Baron de Renswoude, le comte de Rechteren etc.

Le duc de Savoye, le comte Maffèi, le marquis Solari du Bourg, Mr. de Mellarede.

L'empereur y envoya le comte de Sinzendorf, *) le comte de Corsana, et Mr. de Consbruck, qui fut remplacé par le Baron de Kirchner.

*) Le comte de Sinzendorf ne se rendit à Utrecht, que sur l'assurance qu'on lui donna, que tout ce que le roi de France avait proposé et qu'on débitait pour des préliminaires conclus, n'étaient que de simples projets, qui n'obligeaient personne.

Le roi de Prusse, le comte de Dönhoff, le comte de Metternich, le maréchal de Biberstein.

Le Pape envoya le comte de Passionéi.

La république de Venise, le procureur Ruzzini; celle de Gênes, Mr. de Sorba.

Les ministres des alliés s'étaient concertés, dans une de leurs premieres conférences, de s'assembler chaque fois séparément, après avoir conféré avec les ministres de France. On pratiqua pour cet effet deux chambres à côté de la salle du congrès, où les ministres de France et ceux des alliés pouvaient se retirer et délibérer séparément sur les objets proposés.

Dès la deuxieme conférence, qui se tint le 11 Février, les Français présenterent leurs offres pour la paix générale. Les alliés présenterent ensuite leurs demandes. Celles de l'empereur étaient exorbitantes.*)

Il exigeait qu'on lui rendît, ainsi qu'à l'Empire et à la maison d'Autriche, tout ce qui avait été cédé à la France par les traités de Munster, de Nimegue et de Ryswick; qu'indépendamment des royaumes et provinces de l'Espagne, de l'Italie et des Pays-Bas dont il était déja saisi, tous les états de la monarchie espagnole lui fussent abandonnés.

En présentant leurs premieres propositions, les alliés firent la faute de les donner chacun séparément, au lieu de les comprendre dans un seul et même corps de demandes. Par-là, ils ménagerent à la France le moyen de séparer leurs intérêts, et de traiter avec chacun d'eux en particulier.

*) Actes et mémoires d'Utrecht, T. I. p. 308. 314.

INTERRUPTION DES CONFÉRENCES D'UTRECHT.

La négociation se ralentit bientôt à Utrecht, à l'occasion d'un différent qui s'éleva entre les plénipotentiaires français et ceux des alliés sur la forme des délibérations. Ces derniers exigeaient une réponse par écrit à leurs demandes, au lieu que les plénipotentiaires français prétendaient s'en tenir à de simples discussions verbales des matieres, qui fesaient l'objet de la négociation.

Ce différent fut suivi de près d'une tracasserie survenue entre les laquais du comte de Rechteren, député de la province d'Oberyssel, et ceux de Mr. Ménager, ministre de France. Les deux ministres épouserent vivement la querelle de leurs domestiques, et Mr. de Rechteren alla même jusqu'à outrager publiquement Mr. Ménager. Les plénipotentiaires français en prirent occasion de ne plus se trouver aux conférences générales ; mais à dire vrai, cette résolution avait un tout autre motif. La cour de France était bien aise d'avoir un prétexte pour suspendre les conférences d'Utrecht, afin de gagner du tems pour la négociation particuliere, qui subsistait entre elle et la cour de Londres, et qui aboutissait à régler toutes les clauses principales du traité.

NÉGOCIATIONS SECRÈTES ENTRE LA FRANCE ET L'ANGLETERRE.

On négocia donc secrétement entre les deux cours par des lettres et des couriers envoyés de Versailles à Londres et de Londres à Versailles. L'avantage de cette négociation fut du côté de la France, depuis que l'Angleterre eût donné les mains à la suspension d'armes, et qu'elle eût retiré ses troupes de l'armée des alliés, ce qui la mettait nécessairement dans le cas d'en venir à un traité de paix particulier. *)

Un incident que la reine d'Angleterre fit naître, servit à embarrasser la négociation des deux cours. Elle exigea comme un préliminaire, la renonciation formelle de Philippe V au trône de France. Ce qui l'engagea à former cette prétention, c'était les pertes réiterées que la maison de France venait de faire par la mort prématurée du Dauphin, du duc de Bourgogne et du duc de Bretagne, fils ainé du duc de Bourgogne. Il ne restait de la branche royale directe que le fils puiné du duc de Bourgogne, depuis Louis XV, âgé seulement de deux ans. Si ce prince, qui était d'une complexion très-faible, venait à mourir, le trône de France, suivant les loix du royaume, passait à Philippe d'Anjou, roi d'Espagne, et le cas de la réunion des deux monarchies que l'on craignait tant, pouvait arriver.

Pour calmer cette allarme commune, la reine d'Angleterre demanda hautement que le roi d'Espagne eût à renoncer purement et simplement aux droits de sa naissance, et à les céder au duc de Berry, son frere. La cour de France observa qu'une pareille renonciation étant contre les loix fondamentales du royaume, ne serait jamais solide, et qu'elle ne pourrait point anéantir les droits de Philippe et de

*) *Histoire du congrès d'Utrecht*, p. 348.

ses enfans. Les ministres de la cour de Londres répondirent à cette objection, qu'on croyait en Angleterre, qu'un prince pouvait se départir de ses droits par une cession volontaire, et que celui en faveur de qui il aurait fait la renonciation, pouvait être soutenu avec justice dans ses prétentions par les puissances, qui en auraient garanti le traité.

L'Angleterre ajouta cependant à la demande de la renonciation une proposition alternative en faveur de Philippe, en laissant à son choix ou de renoncer à la couronne de France, en conservant la monarchie d'Espagne et l'Amérique, ou de se contenter du royaume des deux Siciles, des états du duc de Savoye et des duchés de Montférat et de Mantoue, en renonçant à l'Espagne et à l'Amérique. En ce dernier cas l'Espagne et l'Amérique passaient au duc de Savoye. Il était permis à Philippe, en cas qu'il préférât les états d'Italie, de réunir un jour ces états à la couronne de France, à l'exception du royaume de Sicile, qui passerait alors à la maison d'Autriche.

Louis XIV ne négligea rien pour engager son petit-fils à souscrire à cette derniere proposition. Il lui écrivit à cet effet une lettre très-pathétique. *) Elle n'ébranla point la résolution, que Philippe avait prise, de ne jamais abandonner les Espagnols. Il préféra de se contenter de l'Espagne et de l'Amérique, renonçant au trône de France. „ Je suis, dit-il dans sa réponse à la lettre du roi, son grand pere, „ le parti qui me parait le plus convenable à ma

*) Cette lettre se trouve, avec la réponse de Philippe, dans les *mémoires de* TORCY, au Tome III. p. 308.

„ gloire, et au bien de mes sujets, qui ont si fort „ contribué par leur attachement et leur zèle, à me „ maintenir la couronne sur la tête. "

Un autre incident survenu depuis, occasionna de nouveaux retards : la reine d'Angleterre demanda la Sicile pour le duc de Savoye, comme étant celui de tous ses alliés dont elle avait les intérêts le plus à coeur. Cette demande imprévue de la reine fit d'autant plus de peine à Louis XIV, que son intention avait toujours été de faire transférer le royaume de Sicile sur l'électeur de Baviere, pour le dédommager des pertes que son attachement aux intérêts de la France lui avait causées. En cédant aux instances de la reine, Louis XIV se borna à exiger pour l'électeur le royaume de Sardaigne, que la cour de Londres ne fit aucune difficulté de lui accorder.

La cession de la Sicile en faveur du duc de Savoye ne pouvait que déplaire à l'empereur, qui conservait le royaume de Naples ; et l'on prétend qu'elle fut une des principales causes, qui engagerent ce prince à refuser son accession aux traités d'Utrecht.

Le duc de Savoye, qui craignait de se brouiller avec l'empereur et la maison d'Autriche, balança pendant quelque tems, s'il accepterait la proposition des deux couronnes. Il ne s'y rendit qu'après une déclaration préalable de leur part, qu'elles le maintiendraient contre ceux qui s'aviseraient de le troubler dans la possession de la Sicile.

Cet article de la paix, de même que différens autres, ayant été réglés secrétement entre les deux cours, elles mirent aussi la derniere main à l'affaire des renonciations. Il fut arrêté entre elles, que le duc de Savoye et ses descendans mâles seraient appellés à la monarchie d'Espagne au défaut du roi Philippe et de ses descendans, et que cette substitution serait insérée dans l'acte que le roi d'Espagne donnerait de sa renonciation à ses droits et aux droits de ses descendans à la couronne de France : que cette même substitution serait insérée dans les actes, que signeraient les ducs de Berry et d'Orléans, contenant la renonciation à leurs droits de succession à la monarchie d'Espagne : que la renonciation de Philippe d'Anjou serait enrégistrée dans les parlemens du royaume : que les lettres patentes expédiées en 1700 en sa faveur, pour lui conserver ses droits au trône de France, seraient annullées, et que les renonciations des ducs de Berry et d'Orléans seraient admises dans les cortés ou états de Castille et d'Aragon.

En conséquence de ces stipulations, le lord Lexington fut envoyé en qualité d'ambassadeur à Madrid, pour y être témoin de l'admission que les cortés d'Espagne devaient faire des renonciations des ducs de Berry et d'Orléans. Un autre ambassadeur, qui fut le duc de Shrewsbury, alla à Paris pour assister à l'enrégistrement de la renonciation de Philippe V au trône de France.

Ce prince convoqua au mois de Novembre 1712 les cortés à Madrid, et fit ratifier par eux les renonciations susdites, en présence de l'ambassadeur d'Angleterre. L'acte de la renonciation de Philippe portait expressément, que ce prince renonçait „à toutes „ prétentions, droits et titres que lui et sa postérité

„ avaient ou pourraient avoir à l'avenir à la cou„ ronne de France. Il consentait pour lui et sa pos„ térité que ce droit fût tenu et considéré comme „ passé au duc de Berry, son frere, et à ses descen„ dans et postérité mâle, et au défaut d'héritiers „ mâles de ce prince, au duc d'Orléans, son oncle, „ et à sa postérité mâle, et au défaut de ce prince „ et de sa postérité mâle, au duc de Bourbon, son „ cousin, et à ses héritiers, et ainsi successivement „ à tous les princes du sang de France. *)

Au défaut de la descendance de Philippe, le trône d'Espagne fut assuré, par ce même acte, à la maison de Savoye, qui, étant issuë de Donna Cathérine, fille de Philippe II, roi d'Espagne, avait un droit fondé sur la monarchie espagnole. Philippe jura sur l'évangile, qu'il voulait observer, maintenir et accomplir cet acte de renonciation dans toutes les clauses qui y sont contenues.

Les renonciations des ducs de Berry et d'Orléans étaient conçues dans des termes encore plus recherchés, afin qu'on ne pût, dans aucun tems, revenir contre elles, et que ces princes restassent à jamais exclus de toutes prétentions quelconques à la couronne d'Espagne.

CONFÉRENCES D'UTRECHT RENOUÉES.

La matiere des renonciations ayant été terminée, et les principales difficultés de la négociation se trouvant applanies entre les deux cours, on renoua les

*) DUMONT, *corps dipl.* T. VIII. P. I. p. 310.

conférences à Utrecht, qui avaient langui dans l'intervalle. L'Angleterre, pour accélérer la pacification générale, menaça de tems à autre les alliés, qu'elle signerait séparément sa paix avec la France, s'ils refusaient de se prêter à des conditions équitables.

Le gain de la bataille de *Denain* par le maréchal de Villars, ne contribua pas peu à les rendre plus dociles, et particulierement les Hollandais qui ne pouvaient pas se familiariser avec l'idée d'avoir perdu la qualité d'arbitres de la paix.

Ce fut le 14 Juillet 1712, que ce général attaqua le comte d'Albemarle, qui commandait un détachement du prince Eugene, et le força dans son camp devant Denain. Cette victoire fut suivie de la levée du siége de Landrecies par le prince, et de la prise de Marchiennes, de Douay, de Bouchain et du Quesnoy, par le maréchal de Villars. Les alliés dépouillés alors des magazins considérables qu'ils avaient formés à Marchiennes, se virent frustrés des espérances qu'ils avaient fondées sur les succès du prince Eugene, qui jusques-là avaient été le motif de l'opiniâtreté de leur opposition à la paix.

L'empereur, qui prétendait que l'Angleterre avait trahi sa cause, en abandonnant la monarchie d'Espagne à Philippe d'Anjou, persista dans son refus de participer aux négociations d'Utrecht. Il était aigri d'ailleurs par la cession faite au duc de Savoye de la Sicile, et on ne put réussir à vaincre son obstination. On parvint seulement à lui faire agréer et signer à Utrecht

Utrecht le 14 Mars 1713 un traité, relatif à l'évacuation de la Catalogne et à la neutralité de l'Italie. *)

Ce traité devenait indispensable, attendu que les puissances maritimes retirant leurs troupes de la Catalogne, mettaient l'empereur dans la nécessité de suivre leur exemple; et sans la neutralité de l'Italie, la paix aurait été absolument impraticable. Le duc de Savoye exposé aux ressentimens de l'empereur, eût été dans le cas d'être secouru par la France et les puissances maritimes. Ce traité portait :

1.° Que les troupes allemandes et alliées seraient transportées hors de la principauté de Catalogne et des isles Majorque et Yviça, et afin que cela se fasse plus promptement et avec plus de sureté, il y aurait une pleine et entiere cessation d'armes et de toutes hostilités dans les lieux mentionnés.

2.° La cour du ci-devant Charles III, qui continuait à faire son séjour à Barcelone, serait transportée le plus promptement que faire se pourrait.

3.° Cette cour, ainsi que les troupes, passeraient en toute sureté de la Catalogne en Italie, et le trajet s'en ferait sous le convoi de la flotte britannique.

4.° Que jusqu'à la paix générale à faire, il y aurait une armistice et entiere cessation de toute sorte d'hostilités par mer et par terre, sous quelque prétexte que ce soit, dans toute l'Italie et dans toutes les isles de la mer méditerranée, comme aussi dans tous les états du duc de Savoye et dans les provinces de France, qui touchent les états de ce prince.

*) DUMONT, *Corps dipl.* T. VIII. P. I. p. 32[illegible]

5.° L'Angleterre se rend garante du présent traité.

Il fut arrêté par un article séparé du traité, que l'empereur ne conserverait que 20,000 hommes en Italie, aussi longtems que durerait l'armistice.

Les troupes des alliés ayant évacué la Catalogne en vertu de ce traité, les Catalans refuserent de se soumettre à Philippe d'Anjou. Ce prince fut obligé de les réduire par la voye des armes. Le maréchal de Berwick entreprit le siége de Barcelone, et s'empara de cette ville le 1 Août 1713. *)

La paix entre la plupart des puissances belligérantes fut signée à Utrecht le 11 Avril 1713.

PAIX ENTRE LA FRANCE ET L'ANGLETERRE, *signée à Utrecht le* 11 *Avril* 1713. **)

Par l'article quatrieme, la France approuve l'ordre de succession établi en Angleterre par les actes du parlement, en faveur des descendans de la reine Anne et de la ligne protestante d'Hanovre. Le roi s'engage pour lui et ses successeurs, de ne jamais reconnaître personne pour roi ou reine de la Grande-Bretagne, que conformément à cet ordre, et à porter aussi tous ses soins pour empêcher, que le fils du roi Jacques II, sorti volontairement du royaume de France, ne puisse y rentrer en quelque tems et sous quelque prétexte que ce puisse être.

*) *Mémoires de Berwick*, T II.

**) DUMONT, *Corps dipl.* T. VIII. P. I. p. 339. LÉONARD, T. VIII.

Dans l'article sixieme sont rapportés les actes concernant les renonciations du roi Philippe V au trône de France, et celles des ducs de Berry et d'Orléans au trône d'Espagne. Ces actes sont au nombre de six.

1.° La renonciation du roi Philippe V faite à Madrid le 5 Novembre 1712, réitérée et confirmée à Buen-Retiro le 7 du même mois.

2.° Le certificat expédié par D. François-Antoine de Quinçores, notaire public, du consentement, approbation et confirmation des états de Castille, sur ladite renonciation, daté de Madrid le 9 Novembre 1712.

3.° La renonciation du duc de Berry à la couronne d'Espagne, faite à Marly le 24 Novembre 1712.

4.° Celle du duc d'Orléans, faite à Paris au Palais-Royal le 19 Novembre 1712.

5.° Les lettres patentes du roi, données au mois de Décembre 1700, pour conserver au duc d'Anjou, son petit-fils, le droit de pouvoir succéder à la couronne de France.

6.° D'autres lettres patentes du roi, données à Versailles au mois de Mars 1713, cassant et annullant les précédentes, admettant et autorisant les susdites renonciations.

Il est ajouté par l'article sixieme du traité, que cette renonciation réciproque doit être éternellement une loi inviolable, et qu'en conséquence les couronnes de France et d'Espagne ne pourront jamais être réunies. „ Ainsi le sérénissime roi très-chrétien et la „ sérénissime reine de la Grande-Bretagne s'engagent

„ solennellement et par parole de roi l'un à l'autre, „ qu'eux ni leurs héritiers et successeurs ne feront „ jamais rien, ni ne permettront que jamais il soit rien „ fait, capable d'empêcher les renonciations susdites „ d'avoir leur plein et entier effet. Au contraire leurs „ majestés royales prendront un soin sincere, et feront „ leurs efforts, afin que rien ne donne atteinte à ce „ fondement du salut public, ni ne puisse l'ébranler."

Le roi s'engage par le même article à ne jamais accepter en faveur de ses sujets des avantages en fait de commerce et de navigation en Espagne, ainsi que dans l'Amérique espagnole, lesquels ne soient accordés de même aux autres nations, qui y négocieront.

L'article neuvieme regarde Dunkerque, dont le roi promet de faire raser les fortifications et combler le port à ses dépens, et dans le terme de cinq mois après la paix, sans jamais pouvoir le réparer. *)

Par l'article dixieme, le roi restitue à la reine de la Grande-Bretagne la baye et le détroit d'Hudson avec toutes les terres, mers, rivages, fleuves et lieux qui en dépendent; on convient réciproquement de nommer des commissaires pour le réglement des limites entre les colonies françaises et anglaises en Amérique.

Par l'article douzieme, l'isle de St. Christophle et la Nouvelle-Écosse, autrement dite Acadie, confor-

*) Cette clause a été renouvellée dans tous les traités subséquens jusqu'à la derniere paix de Versailles de 1783, où la France en obtint enfin l'abolition.

mément à ses anciennes limites, sont cédées à l'Angleterre.

L'article treizieme céde à cette même couronne l'isle de Terre neuve avec les isles adjacentes; mais l'isle de Cap-Breton, et les autres isles situées dans l'embouchure et dans le golfe de St. Laurent sont réservées à la France, et il doit être aussi permis aux Français d'exercer la pêche et de sécher le poisson sur la côte de Terre-neuve, depuis le cap de Bonnavista jusqu'à l'extrémité septentrionale de l'isle, et de là en suivant la partie occidentale jusqu'au lieu appellé Point-Riche.

Le même jour de la signature de la paix, on signa à Utrecht entre la France et l'Angleterre un traité de navigation et de commerce, dont les stipulations particulieres portaient entre autres, que les sujets des deux couronnes seront traités réciproquement comme ceux des nations les plus amies et les plus favorisées : qu'ils jouiront des mêmes libertés, priviléges, et franchises dans le commerce, et que particuliérement le droit d'aubaine ne sera point exercé sur eux. *)

PAIX ENTRE LA FRANCE ET LE PORTUGAL, *signée à Utrecht le* 11 *Avril* 1713. **)

Par l'article huitieme, la France se désiste en faveur du roi de Portugal de tous droits et pretentions qu'elle pourrait avoir sur les terres, appellées

*) DUMONT, *corps dipl.* T. VIII. P. I. p. 345.

**) DUMONT, p. 353.

du Cap-Nord, et situées entre la riviere des Amazones et celle de Japoc ou de Vincent-Pinson en Amérique. Les Français avaient formé des prétentions sur ces contrées situées au nord de la riviere des Amazones, comme fesant partie de la Guyanne française.

Par l'article dixieme, la France reconnait, que les deux bords de la riviere des Amazones appartiennent en toute propriété et souveraineté au roi de Portugal.

Par l'article onzieme, elle renonce pareillement à la navigation et à l'usage de cette même riviere des Amazones.

Par l'article douxieme, il est défendu aux habitans de Cayenne, sujets de la France, d'exercer aucun commerce dans le Maragnan et dans l'embouchure de la riviere des Amazones, et il ne leur sera pas permis de passer la riviere de Vincent-Pinson, pour y trafiquer et pour acheter des esclaves dans les terres du Cap-Nord. Pareillement les Portugais ne pourront commercer à Cayenne.

PAIX ENTRE LA FRANCE ET LE ROI DE PRUSSE, *signée à Utrecht le* 11 *Avril* 1713. *)

L'article sixieme confirme la paix de Westphalie, qui sera maintenue dans toute sa force, tant à l'égard de ce qui regarde la religion, que le gouvernement civil et politique de l'Empire.

*) DUMONT, *corps dipl.* T. VIII. P. I. p. 356.

Par l'article septieme, le roi, en vertu du pouvoir qu'il en a reçu du roi d'Espagne, céde la Haute-Gueldre, appellée espagnole, avec la ville de ce nom, au roi de Prusse et à ses héritiers et successeurs des deux sexes, pour en jouir en toute propriété et souveraineté, et sur le même pied que les rois d'Espagne en ont joui, avec cette clause, que la religion catholique y soit conservée telle qu'elle se trouvait sous la domination espagnole, sans que le roi de Prusse puisse y rien changer.

Par l'article huitieme, le roi céde pareillement au roi de Prusse et à ses descendans des deux sexes, en vertu du pouvoir qui lui a été conféré par le roi d'Espagne, le pays de Kessel avec le bailliage de Kriechenberg, situés dans la partie supérieure de la Gueldre, pour les posséder en toute souveraineté et avec les mêmes droits que les rois d'Espagne, sauf aussi l'état actuel de la religion catholique.

Par l'article neuvieme, le roi reconnait le roi de Prusse en qualité de seigneur souverain de la principauté de Neufchâtel et de Valangin, et accorde aux habitans de cette principauté les mêmes droits, immunités et prérogatives dont les Suisses jouissent en France, et dont eux-mêmes ont joui précédemment.

Cette principauté était devenue vacante par la mort de Marie de Longueville, duchesse de Nemours, décédée sans enfans en 1707. Une foule de prétendans, fondés sur des titres différens, s'étaient présentés pour en réclamer la succession. Louis XIV la revendiquait comme un fief de la baronnie d'Arlay, située en Franche-Comté. Le parlement de Besançon la lui adjugea, par arrêt rendu en 1707. Mais le roi de Prusse, qui fesait valoir les droits de la maison de Chalons, fondue dans celle d'Orange, dont il se portait comme héritier, obtint une décision favorable des états de Neufchâtel, qui, en vertu d'une sentence rendue le 3 Novembre 1707, l'investirent de cette souveraineté, en réservant les libertés, franchises et immunités des habitans, et leurs traités d'alliance et de combourgeoisie avec les Suisses.

Par l'article 10, le roi de Prusse renonça, à toute perpétuité, à ses droits et prétentions à la principauté d'Orange et à toutes les terres et seigneuries, qui en dépendent, situées soit dans le Dauphiné, soit dans la Franche-Comté. Il est permis au roi de Prusse d'attacher le nom de la principauté d'Orange à cette partie de la Gueldre, qui vient de lui être cédée, comme aussi de continuer à prendre le titre et les armes de la dite principauté. Ce prince se charge de satisfaire les héritiers du feu prince de Nassau-Frise au sujet de leur prétention sur la principauté et les biens en question.

Pour l'intelligence de ce passage, il faut remarquer, qu'à la mort de Guillaume III, roi de la Grande-Bretagne, Stadhouder des Provinces-Unies et prince d'Orange, décédé en 1702, sa succession fut contestée entre le roi de Prusse et le prince Jean-Guillaume-Frison de Nassau-Dietz, Stadhouder de Frise et de Gröningue. Guillaume III avait nommé ce dernier par testament son héritier universel; mais Fréderic I, roi de Prusse, dont la mere était fille de Fréderic-Henri, prince d'Orange, reclama la succession, comme lui étant due en vertu du testament du prince Réné I d'Orange et de celui du prince Frédéric-Henri, son grand-pere maternel. Il s'empara de toutes les terres et seigneuries de cette succession, qui se trouvaient à sa portée. Louis XIV en profitant de la circonstance de la guerre, se mit à son tour en possession de la principauté d'Orange et des biens et possessions de cette maison en France. La mort prématurée du prince Jean-Guillaume-Frison, qui se noya au passage de Moerdick en 1711, fut cause, que cette affaire resta en suspens pendant le bas âge de son fils, depuis Stadhouder des Provinces-Unies, sous le nom de Guillaume IV. Dans l'intervalle le roi de Prusse, en sa qualité d'héritier de Guillaume III, céda à Louis XIV, par la paix d'Utrecht, la principauté d'Orange, et se chargea de satisfaire les héritiers du prince Jean-Guillaume-Frison. Cette contestation fut entiérement terminée par un traité arrèté à Berlin le 14 May 1732, entre le roi Frédéric-Guillaume de Prusse et le prince Guillaume de Nassau-Diez, par lequel ces deux princes se partagerent la succession du prince d'Orange. La principauté d'Orange et les seigneuries de France, cédées à Louis XIV par la paix d'Utrecht, furent adjugées au roi de Prusse, avec la principauté de Moeurs, le comté de Lingen et plusieurs autres seigneuries. Le prince Guillaume conserva la plus grande partie de celles, qui étaient situées sous la souveraineté des Provinces-Unies des Pays-Bas, et il lui fut permis d'imposer le nom de la principauté d'Orange à tels autres de ses domaines, qu'il jugerait à propos, et d'en retenir le titre et les armes, pour lui et ses descendans. Le roi de Prusse s'engagea à employer ses bons offices, pour en obtenir l'agrément du roi de France.

Par un article séparé du traité entre la France et le roi de Prusse, le roi promet, pour lui et pour le roi d'Espagne, de reconnaître la dignité royale du roi de Prusse, de lui donner le titre de Majesté, et d'accorder à ses ministres les mêmes honneurs, qu'il accorde à ceux des autres têtes couronnées.

PAIX ENTRE LA FRANCE ET LE DUC DE SAVOYE, *signée à Utrecht*, *le* 11 *Avril* 1713. *)

Par l'article 3, la France restitue au duc le duché de Savoye et le comté de Nice, et généralement tous les états et lieux, qu'elle lui avait enlevés pendant la guerre.

Par l'article 4, la France céde au duc et à ses héritiers et successeurs, la vallée de Pragélas avec les forts d'Exiles et de Fénéstrelles et les vallées d'Oulx, de Sézane, de Bardonache et Château-Dauphin, et généralement tout ce qui est à l'eau pendante des Alpes du côté du Piémont. Réciproquement le duc de Savoye céde à la France la vallée de Barcelonette et ses dépendances. Les sommités des Alpes serviront dorénavant de limites entre la France et le Piémont et le comté de Nice: et les plaines, qui se trouvent sur les dites sommités, seront par-

*) DUMONT, Corps dipl. T. VIII. P. I. p. 362.

tagées. La moitié, qui sera du côté du Dauphiné et de la Provence, appartiendra à la France, et celle du côté du Piémont et du comté de Nice appartiendra au duc de Savoye. *)

Par l'article 5, le roi reconnait le duc de Savoye en qualité de légitime roi de Sicile, et lui garantit la possession de ce royaume.

Par l'article 6, le roi reconnait le duc de Savoye et ses descendans mâles, pour légitimes héritiers de la monarchie espagnole, au défaut de la postérité de Philippe V.

Ce droit de succession n'est accordé ici qu'aux mâles de la maison de Savoye et non aux femmes, et ne leur est accordé qu'au défaut de toute la postérité de Philippe V, par conséquent aussi de sa postérité féminine.

Par l'article 7, les cessions, que l'empereur Léopold avait faites au duc de Savoye, par le traité de Turin du 25 Octobre 1703, sont confirmées, savoir, celle de la partie du duché de Montférat, qui a été possédée par le feu duc de Mantoue, des provinces d'Alexandrie et de Valence avec toutes les terres entre le Po et le Tanaro, de la Lumelline, de la Vallée de Sessia, du Vigevanesco ou d'un équivalent, et du droit sur les fiefs de Langhes.

Par l'article 16, les traités de Munster, des Pyrénées, de Nimegue, de Ryswic, et autres en tant qu'ils concernent le duc de Savoye, et nommément

*) Ces limites furent définitivement réglées par la convention, signée à Turin le 24 Mars 1760 entre la France et le roi de Sardaigne.

le traité de Turin de 1696, sont renouvellés dans tous les points où le traité actuel ne leur déroge point.

PAIX ENTRE LA FRANCE ET LA HOLLANDE, *signée à Utrecht, le* 11 *Avril* 1713. *)

Par l'article 7, la France s'engage à remettre aux États-Généraux, en faveur de la maison d'Autriche, tout ce qu'elle posséde encore des Pays-Bas, communément appellés espagnols. Les États-Généraux remettront ces Pays-Bas à la maison d'Autriche, dès que celle-ci se sera arrangée avec eux sur le fait de la barriere. On excepte de cette cession la partie du haut quartier de Gueldre, cédée au roi de Prusse par son traité avec la France.

L'article 9 révoque l'acte **) par lequel le roi Philippe V avait cédé et transporté les Pays-Bas en toute souveraineté à l'électeur de Baviere et à ses héritiers et successeurs mâles. Louis XIV s'engage à faire délivrer un acte par l'électeur de Baviere, dans lequel il cédera et transportera aux États-Généraux, en faveur de la maison d'Autriche, tout le droit qu'il peut avoir sur les Pays-Bas, en vertu des cessions, qui lui ont été faites. Ce prince retiendra

*) DUMONT, *corps dipl.* T. VIII. P. I. p. 366.

**) Cet acte, daté de Madrid le 2 Janvier 1712, ordonne l'exécution d'un acte antérieur du 7 Novembre 1702, arrêté et conclu entre Louis XIV et l'électeur de Baviere sur la dite cession et transport des Pays-Bas. *Actes et mémoires*, T. I. p. 257.

cependant la souveraineté et les revenus du duché et ville de Luxembourg, de la ville et comté de Namur, de la ville de Charleroy et de leurs dépendances, jusqu'à ce qu'il ait été rétabli dans tous les états, qu'il possédait dans l'Empire avant la guerre présente, à l'exception du Haut-Palatinat, et qu'il aura été mis dans le rang de neuvieme électeur et en possession du royaume de Sardaigne et du titre de roi.

Par les articles 11 et 12, le roi céde aux États-Généraux, en faveur de la maison d'Autriche, une partie des Pays-Bas français, comme les villes de Menin et de Tournay avec tout le Tournaisis, (excepté St. Amand et Mortagne) Furnes, Furner-Ambacht, le fort de Knoque, les villes de Loo et Dixmude avec leurs dépendances, Ypres avec sa châtellenie et avec Poperingue, Warneton, Commines, Warwick.

Par l'article 14, il est arrêté qu'aucune province, ville, fort ou place des dits Pays-Bas espagnols et français, cédés par le roi, ne pourra jamais passer à la couronne de France, ni à aucun prince ou princesse de la maison ou ligne de France, à quelque titre que ce puisse être.

Par l'article 15, les États-Généraux promettent de restituer au roi la ville et citadelle de Lille avec toute sa châtellenie, Orchies, le pays de Laleu et le Bourg de la Gourgue, les villes et les places d'Aire, Bethune et Saint-Venant avec le fort français, leurs bailliages et dépendances.

Par l'article 31, les renonciations de Philippe V et celles des princes français sont déclarées loi pragmatique, fondamentale et inviolable.

Par l'article 32, le roi promet de n'accepter aucun autre avantage, ni pour lui, ni pour ses sujets, dans le commerce et la navigation, soit en Espagne, soit dans les Indes espagnoles, que celui dont on a joui pendant le regne du roi Charles II, ou qui serait pareillement accordé à toute autre nation trafiquante.

Par l'article 33, le roi consent, que par le traité, qui sera fait avec l'Empire, l'état de la religion y soit maintenu sur le pied des traités de Westphalie.

Par l'article 36, on accorde neuf mois, en cas de rupture entre les deux états, en faveur des sujets, afin qu'ils puissent se retirer de part et d'autre avec leurs effets, et les transporter où bon leur semblera.

L'article 38 porte, que ce traité sera enrégistré dans le parlement de Paris et dans les autres parlemens du royaume, ainsi que dans la chambre des comptes.

Le même jour, le 11 Avril, fut signé à Utrecht un traité de commerce entre la France et les États-Généraux. La France, par un article séparé de ce traité, promit de faire accorder aux provinces unies de la part de Philippe V les mêmes avantages de commerce et de navigation, que le traité de Munster leur avait assurés.

PAIX ENTRE L'ESPAGNE ET L'ANGLETERRE,

signée à Utrecht, le 13 *Juillet* 1713. *)

Ce qui retarda la signature de la paix entre l'Espagne et l'Angleterre, ce fut la cession formelle de la Sicile, que l'Angleterre exigea de la part du roi d'Espagne. L'acte de cette cession est daté de Madrid, le 10 Juin 1713. Cet acte ayant été présenté à Utrecht, la paix fut aussitôt signée entre ces deux couronnes.

Par l'article 2, les renonciations de Philippe V au trône de France, et celles des princes français au trône d'Espagne sont renouvellées, et il est arrêté, que les deux couronnes ne pourront jamais être réunies.

Par l'article 5, le roi d'Espagne approuve l'ordre de succession de la Grande-Bretagne sur le pied, qu'il a été réglé par les actes du parlement.

Par l'article 8, la navigation et le commerce entre les deux nations doivent être remis sur le pied où ils ont été avant la guerre et sous la regne de Charles II. Il ne sera pas permis au roi d'Espagne, ni à ses héritiers et successeurs, de vendre, ni d'engager à la France, ou à toute autre nation, aucune terre ou seigneurie en Amérique.

Par l'article 10, le roi d'Espagne céde à la reine et à la couronne de la Grande-Bretagne l'entiere propriété de la ville, citadelle et port de Gibraltar, avec

*) DUMONT, *corps dipl.* T. VIII. P. I. p. 393.

toutes ses fortifications, sans aucune jurisdiction territoriale, et sans communication ouverte par terre avec les contrées voisines de l'Espagne, afin d'éviter la contrebande. Il sera seulement permis aux Anglais d'acheter les vivres nécessaires pour leur garnison, mais ils les payeront en argent comptant, et non en marchandises. Les Anglais n'accorderont, ni aux Juifs ni aux Maures, la permission de s'établir dans la ville de Gibraltar. Les habitans y seront maintenus dans le libre exercice de la religion catholique, et si la couronne de la Grande-Bretagne voulait jamais vendre ou aliéner cette ville, en quelque maniere que ce soit, le roi et la couronne d'Espagne auront toujours la préférence sur tous les autres princes.

Par l'article 11, le roi d'Espagne céde en toute souveraineté l'ile de Minorque *) à la couronne d'Angleterre, avec défense aux Maures de s'y établir. Les Anglais n'accorderont non plus retraite aux vaisseaux de guerre maures, ni à Gibraltar ni dans les ports de Minorque.

Par l'article 12, le roi d'Espagne accorde à une compagnie anglaise le traité d'assiento pour trente ans, **) à compter depuis le premier May 1713, sous les mêmes conditions, que les Français l'avaient eu précédemment.

Par

*) Cette île fut rétrocedée à l'Espagne par la paix de Versailles de 1783.

**) L'Angleterre renonça à ce contrat en faveur de l'Espagne, par un traité signé à Madrid, le 5 Octobre 1750.

Par l'article 13, le roi d'Espagne accorde aux Catalans les mêmes priviléges, dont jouissent les Castillans.

Par l'article 14, il est stipulé, que le royaume de Sicile, cédé par le roi d'Espagne au duc de Savoye, retournera à la couronne d'Espagne, en cas d'extinction des mâles de la maison de Savoye.

Par l'article 18, il est accordé un terme de six mois aux sujets réciproques, en cas de rupture entre les deux états.

PAIX ENTRE L'ESPAGNE ET LA SAVOYE,
signée à Utrecht, le 13 *Août* 1713. *)

Par l'article 3, la succession au trône d'Espagne est assurée au duc de Savoye et à ses descendans mâles, au défaut des descendans de Philippe V.

Par l'article 4, le roi d'Espagne céde au duc de Savoye, pour lui, pour les princes ses fils et leurs descendans mâles, et successivement pour les autres mâles de la maison de Savoye, savoir le prince ainé de Carignan et le prince cadet, nommé Thomas, et leurs descendans mâles, d'ainé en ainé, le royaume de Sicile et les îles dépendantes, en toute propriété et souveraineté, en conformité de l'acte de cession, **) fait par le roi d'Espagne, le 10 Juin dernier, lequel sera censé faire une partie essentielle du présent traité.

*) DUMONT, *corps dipl.* T. VIII. P. I. p. 401.

**) Cet acte de cession est rapporté par DUMONT, ibid. p. 389.

Ce fut en vertu de cette cession, que le duc de Savoye se fit couronner roi de Sicile à Palerme, le 14 Novembre 1713, par l'archevêque de cette ville. *) L'empereur et le Pape ne le reconnurent point en cette qualité.

Par l'article 6, il est convenu, qu'en cas que les descendans mâles du duc de Savoye, et tous les mâles de sa maison, viennent à manquer, les royaumes de Sicile et îles dépendantes retourneront de plein droit à la couronne d'Espagne.

Par l'article 11, les cessions faites au duc de Savoye en 1703 par l'empereur Léopold dans les duchés de Montférat et de Milan, sont confirmées.

Par l'article 12, le traité de Turin de 1696 et les articles des traités de Munster, des Pyrénées, de Nimegue et de Ryswic, concernant la maison de Savoye, de même que le traité d'Utrecht entre la France et la Savoye, sont renouvellés, en tant qu'ils ne sont pas contraires au présent traité.

PAIX DE RASTADT ET DE BADE ENTRE LA FRANCE, L'EMPEREUR ET L'EMPIRE,

des 6 Mars et 7 Septembre 1714.

NÉGOCIATIONS.

Avant la signature de la paix entre la France et les puissances alliés, on invita formellement l'em-

*) Par le traité de la Quadruple-alliance de 1718 ce prince fut forcé d'échanger la Sicile contre la Sardaigne.

pereur et l'Empire d'accéder au traité de la paix générale. La France fit à l'empereur de nouvelles propositions, *) qui dans l'état actuel des choses pouvaient passer pour très-équitables. On tint à ce sujet différentes conférences à Utrecht entre les ministres des deux cours. L'empereur, dont l'esprit étoit aigri, finit par rejetter les propositions de la France, et se décida pour la continuation de la guerre. Quoiqu'il se vit abandonné de ses alliés, et que ses propres finances fussent épuisées, il se flattait néanmoins, qu'en rassemblant toutes ses forces sur le Rhin, il serait en état de tenir tête aux Français, et que le gain d'une bataille, que les talens du prince Eugene lui fesaient espérer, servirait à lui ménager des conditions plus avantageuses. En tout cas, il jugea plus convenable à sa dignité, d'en venir à un traité de paix particulier avec la France, qui ne le mettrait point dans le cas de renoncer à ses droits sur la monarchie espagnole, au lieu qu'en accédant au traité de paix générale, il était obligé de reconnaître Philippe V en qualité de roi d'Espagne, et d'abandonner différens états d'Italie, qu'il désirait conserver.

Les ministres de l'empereur s'étant donc retirés d'Utrecht, à l'entrée du printems de 1713, on fit des préparatifs pour une nouvelle campagne entre la France, l'empereur et l'Empire. Le maréchal de Villars entreprit au mois de Juin le siége de Landau. Le prince Alexandre de Wirtemberg, qui commandait

*) *Actes et mémoires d'Utrecht*, T. II. p. 358

dans la place, fit une vigoureuse défense; mais la grande supériorité des Français ayant empêché le prince Eugene de le secourir, il fut obligé de capituler, et de se rendre prisonnier de guerre avec sa garnison, le 21 Août, après un siége de deux mois.

Le maréchal fit alors passer le Rhin à son armée, et investit Fribourg en Brisgau vers la fin de Septembre. Les assiégés, commandés par le baron de Harsch, se défendirent courageusement. Obligé enfin d'abandonner la ville à la valeur des assiégeans, le commandant de Fribourg se retira dans les châteaux, et ne les livra à Villars que le 21 Novembre. La garnison en sortit avec tous les honneurs de la guerre.

Ces succès hâterent la conclusion de la paix. La France, qui n'en avait pas moins besoin que l'empereur, fit de nouvelles démarches pour y parvenir.

L'empereur conféra ses pleins pouvoirs au prince Eugene, et le roi conféra les siens au maréchal de Villars. Le château de Rastadt, résidence des margraves de Bade, fut choisi pour lieu des conférences. Les deux plénipotentiaires s'y rendirent le 26 Novembre. La négociation fut des plus secrétes, et le prince conféra seul avec le maréchal. Ce dernier fit des efforts pour faire comprendre dans le traité les intérets du roi Philippe V; mais le prince soutenant, que l'empereur avait des raisons pour traiter avec la France seule, on ne proposa rien de la part de Philippe, et la négociation fut bornée aux seuls différens, qui subsistaient entre cette couronne, l'empereur et l'Empire.

Dans les conférences, qui se tinrent à ce sujet, le prince Eugene ne repugna pas d'admettre pour base les articles préliminaires, que la France avait présentés au congrès d'Utrecht, mais il crut pouvoir exiger au-delà de ce que portaient ces articles. Le maréchal au contraire rabattait beaucoup de ces premieres propositions, en fesant valoir les nouvelles conquètes faites par la France, et le dédommagement qu'elle était en droit d'exiger pour les frais, que la continuation de la guerre lui avait causés: c'est ainsi que le roi prétendait conserver Landau, et ne pas rendre le fort de Kehl, le Vieux-Brisac et Fribourg, autrement que démolis. Il exigeait de même l'entier rétablissement de l'électeur de Baviere, et un dédommagement convenable pour les pertes, que ce prince avait souffertes.

Comme on avait de la peine à se rapprocher de part et d'autre, le prince Eugene prit enfin le parti de coucher par écrit les dernieres propositions de l'empereur. Il les remit au maréchal de Villars, et le pria de les envoyer au roi, pour savoir sa résolution. Il se rendit ensuite à Stuttgard auprès du duc de Wirtemberg, et le maréchal alla de son côté à Strasbourg.

Dans le même tems la diete de Ratisbonne, à la réquisition de l'empereur, ordonna de nouvelles levées, et accorda une somme de cinq millions de florins pour la continuation de la guerre. Ces mesures engagerent la cour de France à se relacher sur quelques articles. Les deux généraux retournerent à Rastadt, et les conférences recommencerent depuis le 28 Février jusqu'au 6 Mars 1714, où la paix fut signée entre l'empereur et la France. *)

CONGRÈS DE BADE.

Comme les négociations de Rastadt avaient été secrétes, et que les états d'Empire n'y avaient point participé, il fallait rendre la paix solennelle par l'accession formelle de ces mêmes états. **) Pour cet effet l'empereur désigna, par un article séparé du traité de Rastadt, pour lieu des conférences les trois villes de Schafhausen, Bade en Ergau et Frauenfeld, toutes les trois en Suisse, parmi lesquelles le roi choisit Bade.

L'empereur y envoya les comtes de Goes et de Seilern, en qualité de ses plénipotentiaires. Ceux de France furent le comte du Luc et M. de St. Contest.

On balança à Ratisbonne, s'il fallait envoyer une députation de l'Empire à Bade, ou conférer à l'empereur les pleins-pouvoirs de la diete. On se décida d'autant plus volontiers pour ce dernier parti, qu'il ne restait pas assez de tems pour nommer une députation en forme.

*) Ce traité, qui a été stipulé en langue française, se trouve dans LÉONARD, T. VIII. et DUMONT, *corps dipl.* T. VIII. P. I. p. 415.

**) C'est ce qui est ordonné par les articles 33 et 34 du traité de Rastadt.

L'ouverture du congrès n'eut lieu que le 10 Juin 1714. Outre les plénipotentiaires de l'empereur et de la France, on vit paraître à Bade les ministres de plusieurs autres princes, tels que ceux du Pape, du duc de Lorraine et de quelques princes d'Italie, qui firent des efforts inutiles, pour faire comprendre les intérêts de leurs maîtres dans le traité. On n'admit pas même au congrès les ministres des électeurs de Cologne et de Baviere, non plus que le comte Berretti, qui s'était rendu incognito à Bade, de la part du roi Philippe V. *)

La négociation ne fut pas difficile à Bade, puisque toutes les matieres, même celles qui regardaient l'Empire, avaient dejà été réglées par le traité de Rastadt. On apporta seulement quelques changemens aux articles relatifs à la restitution des électeurs de Cologne et de Baviére, et à celle de quelques autres états de l'Empire. Il n'y a d'ailleurs aucune différence essentielle entre les deux traités, et on ne fit que mettre en latin à Bade ce qu'on avait écrit en français à Rastadt.

Le traité ayant été finalement conclu entre les ministres des deux puissances, le maréchal de Villars et le prince Eugene se rendirent à Bade, pour le signer, et cette signature se fit le 7 Septembre 1714. Voici les principaux articles de ce traité. **)

*) *Histoire du congrès d'Utrecht*, p. 477.

**) On le trouve dans LÉONARD, T. VIII. et dans DUMONT, *Corps dipl.* T. VII. P. I. p. 436.

ARTICLES DU TRAITÉ.

Par l'article premier, la paix de Rastadt est confirmée en plein. Par l'article troisieme, les traités de Westphalie, de Nimegue et de Ryswic sont adoptés pour bases et fondement du traité actuel, et tout doit être rétabli en Empire sur le pied du traité de Ryswic.

Les ministres des princes protestans avaient présenté des mémoires, et fait des instances très-vives à Utrecht et à Rastadt, afin que la clause du quatrieme article de la paix de Ryswic, relatif à la religion, fût abolie. Le corps évangélique à la diete avait aussi fait insinuer une clause pour le même but dans les pleins-pouvoirs, que la diete expédia à l'empereur pour le congrès de Bade; mais loin d'y faire attention dans le traité, on y renouvella purement et simplement la paix de Ryswic, sans en retrancher la clause du quatrieme article.

Par les articles quatrieme et cinquieme, le Vieux-Brisac et la ville de Fribourg avec leurs dépendances au-de-là du Rhin, sont rendus à l'empereur et à la maison d'Autriche, conformément aux stipulations du traité de Ryswic.

Par l'article sixieme, le fort de Kehl est rendu tout de même à l'Empire. Le roi s'engage à faire raser le fort de Pile et autres forts construits dans les îles du Rhin près de Strasbourg. La navigation du Rhin sera parfaitement libre aux sujets des deux états, sans qu'il soit permis de rien entreprendre pour détourner le fleuve et en rendre le cours et la navigation plus difficiles, moins encore d'exiger de nouveaux droits, impôts ou péages, ou augmenter les anciens, d'obliger les bateaux d'aborder à une rive plutôt qu'à l'autre, d'y exposer leurs charges ou marchandises, ou d'y en recevoir. Cet article a été tiré mot pour mot du traité de Ryswic.

Par l'article huitieme, le roi promet de faire raser les fortifications construites vis-à-vis Huningue, de même que le pont construit en cet endroit sur le Rhin, ainsi que différens autres forts.

Par l'article neuvieme, le roi promet de faire évacuer les châteaux de Bitsch et de Hombourg. Par l'article douzieme, les électeurs de Trêves et Palatin, le grand-maître de l'ordre Teutonique et évêque de Worms, l'évêque de Spire, les maisons de Wirtemberg et de Bade, sont rétablis dans tout ce qui leur à été enlevé contre la teneur de la paix de Ryswic. Toutes les conditions et clauses de ce dernier traité, auxquelles il n'a pas été dérogé expressément, sont renouvellées, et particulierement celles qui regardent le duc de Lorraine. *)

Par l'article treizieme, la France reconnaît la dignité électorale de la maison d'Hanovre.

Par l'article quatorzieme, la ville de Landau avec ses dépendances, consistant dans les villages de Nusdorf, Danheim et Queichheim, est cédée à la France. Cette cession est ainsi énoncée dans le traité: „Réci„ proquement sa sacrée majesté impériale et l'Empire,

*) Cette clause donna depuis lieu à un traité de limites, qui fut signé à Paris entre la France et le duc de Lorraine le 21 Janvier 1718.

„ voulant témoigner le désir qu'ils ont de contribuer „ à la satisfaction de sa majesté très-chrétienne, et „ d'entretenir désormais avec elle une amitié et une „ concorde sincere et éternelle; et *en vertu de la paix* „ *de Ryswic rétablie par ce présent traité*, *) consen- „ tent que la ville de Landau avec ses dépendances, „ consistant dans les villages de Nusdorf, Danheim „ et Queichheim, avec leurs bans, *ainsi que le roi* „ *très-chrétien en jouissait avant la guerre*, demeure, „ fortifiée, à sa majesté très-chrétienne."

Par l'article quinzieme, les électeurs de Cologne et de Baviere sont rétablis dans tous leurs états, rangs, prérogatives, dignités électorales et autres droits dont ils ont joui avant la guerre. Les deux électeurs seront tenus à demander et à prendre de l'empereur le renouvellement de l'investiture de leurs électorats, principautés, fiefs, titres et droits, de la maniere préscrite par les loix de l'Empire. La ville de Bonn ne sera gardée que par ses bourgeois; mais en tems de guerre il sera libre à l'empereur et à l'Empire d'y mettre garnison.

Par l'article dix-neuvieme, le roi consent que l'empereur prenne possession des Pays-Bas espagnols, pour en jouir, lui, ses héritiers et successeurs conformément à l'ordre de succession usité dans la maison d'Autriche, sauf la convention qu'il fera avec les États-généraux touchant leur barriere, sauf aussi la

*) La France tenait la ville de Landau *en toute souveraineté* avant la guerre; elle la tenait ainsi en vertu des réunions, que le traité de Ryswic, confirmé par celui de Bade, avait reconnues et approuvées.

partie du haut-quartier de la Gueldre cédée au roi de Prusse.

Par les articles vingtieme et vingt-unieme, la cession de la partie des Pays-Bas français faite en faveur de l'empereur par la paix d'Utrecht, est pareillement confirmée.

Par l'article trentieme, le roi promet de laisser l'empereur en possession tranquille de tous les états et places qu'il occupe en Italie : comme du royaume de Naples, du duché de Milan, de l'ile de Sardaigne et des ports de Toscane. En revanche l'empereur s'engage à observer exactement le traité de neutralité, conclu à Utrecht le 14 Mars 1713, et à laisser chacun des princes d'Italie en possession de ce qu'il tient actuellement.

Le traité de Bade s'écarte en plusieurs points des traités d'Utrecht, en ce que

1.° Il ne fait aucune mention de la monarchie d'Espagne, l'empereur ne reconnaissant point Philippe en qualité de roi d'Espagne, Philippe à son tour ne renonçant point au démembrement de la monarchie d'Espagne, fait en faveur de l'empereur.

2.° L'électeur de Baviere, contre la teneur du traité de paix d'Utrecht, est rétabli dans le haut Palatinat et la dignité électorale, qu'il tenait avant la guerre. En revanche la Sardaigne, qui par le même traité devait passer à ce prince, est laissée à l'empereur, qui en était en possession.

3.° L'électeur de Cologne est affranchi de la nécessité que lui imposait la paix d'Utrecht, d'admettre garnison hollandaise dans sa ville de Bonn.

4.° L'empereur, qui par les traités d'Utrecht devait rendre le duché de Mantoue aux ducs de Guastalle, le duché de la Mirandole à la maison de Pic, et la ville de Commachio au Pape, conserva par le traité de Bade tous ces différens pays et places.

La ratification de la paix essuya beaucoup de difficultés à la diete, à cause de l'opposition des princes protestans, qui se plaignaient de ce que, sans avoir égard à leurs représentations, on avait laissé subsister la clause du quatrieme article de la paix de Ryswic; cette ratification n'eut lieu que le 9 Octobre 1714. Ces princes arrêterent cependant, qu'ils n'approuvaient point les dispositions de la paix de Bade, en tant qu'elles étaient contraires à la paix de Westphalie.

PAIX ENTRE L'ESPAGNE ET LES HOLLANDAIS, *signée à Utrecht le 26 Juin 1714.* *)

Ce qui fit différer la paix entre les Espagnols et les Hollandais, ce fut l'ambition de la princesse des Ursins, qui abusait du crédit qu'elle s'était acquise sur l'esprit du roi Philippe V, pour exiger, que des débris de la monarchie d'Espagne, il fût détaché quelque portion dans les Pays-Bas, qu'on érigerait en sa faveur en souveraineté libre et indépendante. Il s'agissait de lui donner le duché de Limbourg ou une souveraineté semblable. L'Angleterre et la Hollande ne s'y opposaient point, mais l'empereur, à qui appartenait la souveraineté des Pays-Bas, ayant con-

*) DUMONT, *corps dipl.* T. VIII. P. I. p. 427.

stamment refusé d'y donner les mains, le roi d'Espagne, sur les représentations du roi de France, prit enfin le parti de se désister de cette prétention. *) L'ordre en conséquence ne fut pas sitôt arrivé à Utrecht, qu'on renoua les conférences entre les Espagnols et les États-généraux, et que la paix fut signée le 26 Juin 1714.

Par l'article dixieme de ce traité, la paix de Munster de 1648 entre l'Espagne et les États-généraux est renouvellée, à l'exception des articles, auxquels il serait dérogé par le présent traité.

La plupart des articles suivans renferment des stipulations, qui se rapportent au commerce. Il est arrêté entre autres, que les sujets des États-généraux jouiront en fait de commerce et de navigation, et généralement en tout, des mêmes priviléges, franchises, exemptions et immunités, dont jouissent ou jouiront dans la suite les nations les plus favorisées en Espagne.

L'article trente-unieme porte, que le roi d'Espagne ne permettra à aucune nation étrangere d'envoyer des vaisseaux ou d'exercer le commerce dans les Indes espagnoles; mais les choses resteront à cet égard sur le pied où elles étaient du tems de Charles II, et conformément aux loix d'Espagne, qui réservent ce commerce uniquement aux Espagnols.

Cette exclusion des étrangers du commerce de l'Amérique espagnole ne doit cependant pas préjudi-

*) *Mémoires de* TORCY, T. III. p. 434. *Mémoires de Berwick*, T. II. p. 164.

cier au contrat d'assiento arrêté entre l'Espagne et la Grande-Bretagne, pour la traite des négres.

Par l'article trente-troisieme, le traité de marine arrêté à la Haye le 17 Décembre 1650 entre Philippe IV et les États-généraux, est confirmé, comme s'il était inséré ici mot pour mot, à l'exception de la défense comprise dans les articles 3 et 4.

Par l'article trente-sixieme, on laisse aux sujets de part et d'autre, en cas de rupture, une année et un jour, pour mettre leurs marchandises en sureté.

Par l'article trente-septieme, la loi qui défend la réunion des deux couronnes d'Espagne et de France et les renonciations y relatives, sont confirmées dans les termes les plus énergiques.

PAIX ENTRE L'ESPAGNE ET LE PORTUGAL,

signée à Utrecht le 6 *Février* 1715. *)

On allégue différentes causes, qui firent différer jusqu'en 1715 la conclusion de la paix entre l'Espagne et le Portugal. La principale paraît dériver de l'animosité, qui subsista de tout tems entre les deux nations.

Le roi de Portugal croyait pouvoir au moins exiger une partie des avantages, que son traité d'accession à la grande alliance lui avait assurés. Il s'était enfin borné à demander la seule ville de Badajoz en Espagne, avec la cession des droits et prétentions

*) DUMONT, *corps dipl.* T. VIII. P. I. p. 444.

des Espagnols sur la colonie du St. Sacrement en Amérique. Philippe V lui refusa l'une et l'autre de ces demandes, et insista de son côté sur la restitution de tous les biens confisqués sur des familles portugaises, qui, lors de la révolution de 1640, s'étaient retirées en Espagne. Cette restitution avait déja été ordonnée par l'article huitieme de la paix de Lisbonne de 1668. Il exigea en outre la reparation du dommage causé par la confiscation de quelques vaisseaux espagnols, évalués à plusieurs millions. On prétend que l'Espagne n'ayant pas fait sa paix avec l'empereur, différa à dessein celle avec le Portugal, dans l'intention de négocier les deux traités à la fois, en se servant du crédit que la reine de Portugal avait sur l'esprit de l'empereur, son frere.

La situation des affaires ayant changé depuis, et l'empereur s'étant obstiné à ne point vouloir faire sa paix avec l'Espagne, cette derniere puissance reprit enfin sa négociation avec le Portugal, et la paix fut signée à Utrecht le 6 Février 1715. Les principaux articles de ce traité portent ce qui suit.

Par l'article cinquieme, on se rend de part et d'autre tout ce qu'on s'était enlevé pendant la guerre, ensorte que les limites des deux monarchies demeureront dans le même état, où elles étaient auparavant.

Par l'article sixieme, le roi d'Espagne, en restituant aux Portugais le territoire et la colonie du St. Sacrement, située sur le bord septentrional de la riviere de la Plata en Amérique, renonce pour lui et ses successeurs à toute action et droit qu'il prétendait avoir sur ladite colonie. *)

Par l'article treizieme, la paix arrêtée à Lisbonne entre les deux couronnes le 13 Février 1668, est renouvellée, et particulierement l'article huitieme de ce traité, qui ordonnait la restitution des biens confisqués.

Par l'article vingt-un, les sujets des deux couronnes ont six mois, en cas de rupture, pour mettre leurs marchandises en sureté.

*) Cette clause du traité d'Utrecht fut changée par la derniere paix entre les deux couronnes, signée à St. Ildefonse le 1 Octobre 1777 à la suite de nouvelles dissensions, qui s'étaient élevées entre elles. La reine de Portugal y céda à l'Espagne la colonie du St. Sacrement et la navigation exclusive de la riviere de la Plata, ainsi que celle de l'Uraguay. En revanche l'embouchure du grand Fleuve St. Pierre et ses bords jusqu'à la riviere de Jacûi, furent adjugés exclusivement au Portugal.

HISTOIRE

HISTOIRE DU TRAITÉ DE LA BARRIERE,

signé à Anvers le 15 Novembre 1715,

ENTRE L'EMPEREUR, LE ROI DE LA GRANDE-BRETAGNE, ET LES ÉTATS-GÉNÉRAUX DES PROVINCES-UNIES.

NÉGOCIATION.

Les États-généraux s'étaient stipulé une nouvelle barriere contre la France, par l'article neuvieme de la grande alliance de 1701. Cette barriere fut plus amplement détaillée par un traité particulier, conclu le 29 Octobre 1709 à la Haye, entre les États-généraux et l'Angleterre. *)

Par ce traité les États-généraux se chargerent de la garantie de la succession britannique dans la ligne protestante, telle qu'elle avait été réglée par le roi Guillaume III et par la reine Anne. Cette princesse au contraire s'engagea à faire ses efforts, pour concerter les choses de maniere, que par le traité de paix les Pays-Bas espagnols et autres villes conquises dans les Pays-Bas pussent servir de barriere aux Provinces-unies contre la France : que pour cet effet elle leur ménagerait le droit de garnison dans les places de

*) DUMONT, *corps dipl.* T. VIII. P. I. p. 243.

Nieuport, Furnes, fort de Knoque, Ypres, Menin, Lille, Tournay, Condé, Valenciennes, et dans les places qu'on pourrait encore conquérir sur la France : que les revenus de toutes celles dont la couronne d'Espagne n'était pas en possession, lors du decès du roi Charles II, appartiendraient aux États-généraux, et qu'on fixerait en outre un million de livres à payer annuellement sur les revenus les plus clairs des Pays-Bas espagnols pour l'entretien des garnisons de l'état, et pour fournir aux frais ou à l'entretien des fortifications : qu'aucune ville, fort, place ou pays des Pays-Bas espagnols ne pourraient jamais être cédés, transportés ou donnés à la couronne de France, à quelque titre que ce puisse être.

Ce traité essuya quelque changement par un autre, conclu à Utrecht le 30 Janvier 1715 entre les deux états. *) On y retrancha quelques places de la barriere, pour les céder à la France, telles que les villes de Ville, Condé, Valenciennes, Maubeuge; mais la reine, pour mieux assurer la barriere qui restait, s'engagea à fournir aux États-généraux, en cas d'attaque, un secours de 10,000 hommes et de vingt vaisseaux de guerre, et de faire régler plus avantageusement pour les États-généraux les limites de la Flandre hollandaise, par le traité qui se ferait avec l'empereur.

Les traités d'Utrecht entre la France, l'Angleterre et la Hollande, de même que ceux de Rastadt et de

*) DUMONT, *corps dipl.* T. VIII. P. I. p. 322.

Bade, porterent expressément, que les Hollandais resteraient saisis des Pays-Bas espagnols, jusqu'à ce que l'empereur se serait arrangé avec eux sur la barriere. C'est ce qui amena depuis une négociation entre l'empereur et les États généraux, sous la médiation de l'Angleterre. On convint enfin d'un congrès, qui se tiendrait à Anvers entre les trois puissances.

L'empereur y envoya le comte de Königseck; le roi d'Angleterre, le Sr. Cadogan; et les États-généraux, le Sr. Vanderdussen, le comte de Rechteren et Mr. de Gockinga.

Les articles qui essuyerent le plus de difficultés, furent la cession d'une partie de la Gueldre espagnole, que les États-généraux exigerent, et l'extension des limites de la Flandre hollandaise. Le Sr. Cadogan entreprit à ce sujet un voyage à Vienne; enfin le traité connu sous le nom de traité de la barriere, fut signé à Anvers le 15 Novembre 1715. *)

SOMMAIRE DU TRAITÉ.

Art. 1. Les États-généraux remettent à l'empereur, immédiatement après l'échange des ratifications du présent traité, toutes les provinces et villes des Pays-Bas, tant celles qui ont été possédées par le roi Charles II, que celles qui ont été cédées par la France lors du dernier traité d'Utrecht.

*) Dumont, *corps dipl.* T. VIII. P. I. p. 458. Lamberty, *mémoires*, T. IX. p. 24.

Art. 2. L'empereur s'engage qu'aucune province, ville, place, forteresse ou territoire des Pays-Bas ne pourra être cédé ou transféré à la couronne de France, ni à un autre prince, qui ne sera pas successeur et héritier de la maison d'Autriche en Allemagne, soit par donation, vente, échange, contrat de mariage, hérédité, succession testamentaire ou ab intestat, ni sous quelque autre titre que ce puisse être, de sorte qu'aucune partie des dits Pays-Bas ne pourra jamais être soumise à aucun autre prince qu'aux seuls successeurs des états de la maison d'Autriche.

Art. 3. L'empereur et les États-généraux entretiendront dans les Pays Bas autrichiens un corps de trente à trente-cinq mille hommes, dont l'empereur fournira trois cinquiemes, et les États-généraux deux cinquiemes. Si l'empereur diminue son contingent, il sera permis aux États-généraux de diminuer le leur à proportion. Lorsqu'il y aura apparence de guerre ou d'attaque, on augmentera le dit corps jusqu'à 40,000 hommes, et en cas de guerre effective on conviendra ultérieurement à cet égard.

La répartition des dites troupes en tems de paix se fera par les États-généraux, en tant qu'elle concerne les places commises à la garde de leurs troupes, et le reste se fera par le gouverneur général des Pays-Bas autrichiens.

Art. 4. L'empereur accorde aux États-généraux garnison privative de leurs troupes dans les villes et châteaux de Namur et Tournay, et dans les villes de Menin, Furnes, Warneton, Ypres et le fort de Knoque.

Art. 5. Dans la ville de Dendremonde il y aura garnison commune. Le gouverneur de cette place, nommé par l'empereur, prètera serment aux États-généraux.

Art. 6. Dans les places où les États-généraux auront garnison privative, ils pourront y mettre aussi les gouverneurs, commandants et autres officiers qui composent l'état-major.

Art. 7. Ces gouverneurs et officiers seront aux seuls ordres et à la judicature des États-généraux pour tout ce qui regarde la défense, garde, sûreté de leurs places, mais ils seront cependant obligés de prêter serment à l'empereur, de garder fidélement les dites places à la souveraineté de la maison d'Autriche et de ne s'ingérer dans aucune affaire civile.

Art. 9. L'empereur accorde l'exercice de la religion aux troupes des États-généraux par-tout, où elles se trouveront en garnison, sans que l'endroit où ils exerceront leur culte, puisse avoir aucune marque extérieure d'église.

Art. 10. Les munitions de guerre et de bouche, les matériaux nécessaires à l'entretien des fortifications, les draps pour l'habillement des soldats, ne payeront aucun droit, en passant sur les terres de la maison d'Autriche, pour se rendre dans les villes de la barriere.

Art. 13. Il est permis aux États-généraux de faire réparer et fortifier à leurs frais les villes de la barriere, mais ils ne pourront construire de nouveaux forts que du consentement de l'empereur.

Art. 17. Pour mieux assurer les frontieres des États-généraux en Flandre, l'empereur leur céde tels forts et autant de territoire de la Flandre autrichienne limitrophe, qu'ils en auront besoin pour faire les innondations nécessaires en tems de guerre, et pour les bien couvrir depuis l'Escaut jusqu'à la Meuse.

Art. 18. L'empereur céde aux États-généraux en pleine souveraineté et propriété dans le haut quartier de Gueldre la ville de Venlo avec sa ban lieue et le fort de St. Michel ; de plus le fort de Stévenswerth avec son territoire ou ban-lieue ; l'ammanie de Montfort, avec les villes de Neustadt et d'Echt, et une dixaine de villages.

Art. 19. Pour l'entretien des troupes, auxquelles les États-généraux se sont engagés par le présent traité, aussi bien que celui des fortifications des places où ils auront garnison, l'empereur s'engage de payer annuellement aux États-généraux, la somme de cinq cents mille écus ou douze cents cinquante milles florins monnoie d'Hollande, laquelle somme sera assurée et hypothéquée sur tous les revenus des Pays-Bas autrichiens, y compris les pays cédés par la France, et spécialement sur les revenus les plus clairs et liquides des provinces de Brabant et de Flandre.

Art. 22 et 23. L'empereur se charge des dettes de Charles II, inhérentes aux Pays-Bas espagnols.

L'art. 26, porte que le commerce des Pays-Bas autrichiens et tout ce qui en dépend, restera sur le pied établi par la paix de Munster en 1648, qui est confirmée; que les navires, denrées et marchandises venant de la Grande-Bretagne et des Provinces-unies, et entrant dans les Pays-Bas autrichiens, de même que les navires, denrées et marchandises sortant des Pays-Bas et destinées pour la Grande-Bretagne, ou pour les Provinces-unies, ne payeront les droits d'entrée et de sortie que sur le même pied qu'on les léve à présent, et qu'ainsi le tout restera *jusqu'à ce que les trois puissances en conviennent autrement par un traité de commerce*, à faire le plutôt qu'il se pourra.

Par l'article 28, l'Angleterre confirme et garantit ce traité dans tous ses points et articles. Cette garantie de la Grande-Bretagne est plus amplement détaillée par le traité signé en 1713 à Utrecht pour la garantie de la succession de la Grande-Bretagne et celle de la barriere des États-généraux. L'Angleterre s'y engage, dans le cas qu'on attaque les places de la barriere, à fournir à ses dépens dix mille hommes d'infanterie et 20 vaisseaux de guerre. Si ce secours ne suffisait pas, les Anglais agiront de toutes leurs forces, en déclarant même la guerre à l'aggresseur.

Le traité de la barriere fut suivi d'un réglement fait à Anvers le 30 Janvier 1716, entre les plénipotentiaires de l'empereur et des États-généraux, sur le logement et la conduite des troupes hollandaises dans les places confiées à leur garde.

Ce fut le 5 Février 1716, que les Hollandais remirent à l'empereur les Provinces et districts des Pays-Bas, qui avaient été possédés par le roi Charles II; mais ils garderent encore, sous le prétexte de quelques prétentions, les villes et districts que la France avait retrocédés en faveur de la maison d'Autriche par les traités d'Utrecht, de Rastadt et de Bade. Les États-généraux ne les délivrerent à l'empereur, que dans le cours de l'année 1719.

TABLE DES MATIERES

DU

PREMIER VOLUME.

VI. HISTOIRE DES TRAITÉS DE PAIX DE NIMEGUE, conclus en 1678 et 1679.

VII. HISTOIRE DE LA TRÈVE DE RATISBONNE, en 1684.

VIII. HISTOIRE DU TRAITÉ DE PAIX DE RYSWIC, en 1697.

ERRATA

DU PREMIER VOLUME.

pag. 30. lin. 16. pas *lisez* par
— 32. — 23. Boissese *lisez* Boissise
— 79. — 12. du Ballier *lisez* du Hallier
— 81. — 6. Gelchu *lisez* Gelehn
— 86. — 18. Rabor *lisez* Tabor
— 92. — 10. Lutzan *lisez* Lutzau
— 154. not. ** lin. 3. sa suprématie *lisez* la suprématie
— 155. not. lin. 13. Morsenvicum *lisez* Moyenvicum
— 158. lin. 7. dictes *lisez* dettes
— — — 18. l'évêché de Damin *lisez* l'évêché de Camin
— 169. — 5. Oudemarde *lisez* Oudenarde
— 202. — 11. le prince de Stadhouder *lisez* le prince Stadhouder
— 219. — 9. les états de Brunsvic *lisez* les ducs de Brunsvic
— 242. — 22. pendant la guerre *lisez* tant pendant la guerre
— 246. — 18. situés dans la souveraineté *lisez* situés sous la souveraineté
— 276. — 25. Leuk *lisez* Leak
— 287. — 9. Art. 25. *lisez* Art. 35.
— 289. — 21. d'Espagne *lisez* de l'Espagne
— 304. — 11. 14 Juillet *lisez* 24 Juillet
— 338. — 16. 1715 *lisez* 1713.

www.ingramcontent.com/pod-product-compliance
Lightning Source LLC
LaVergne TN
LVHW020531230826
846091LV00002B/240

* 9 7 8 2 3 2 9 4 2 8 9 3 2 *